生活13
認真
13

健力三項 鍛鍊全書

訓練 · 飲食 · 心態 · 比賽

POWERLIFTING

The complete guide to
technique, training, and competition
(2nd ed.)

健力運動名人堂

Dan Austin 丹・奧斯汀

NSCA體能訓練專家

Bryan Mann, PhD 布萊恩・曼博士 ——— 著

翁尚均 ——— 譯

目次

訓練索引

臥推

硬舉

基礎練習

人體正面肌肉圖

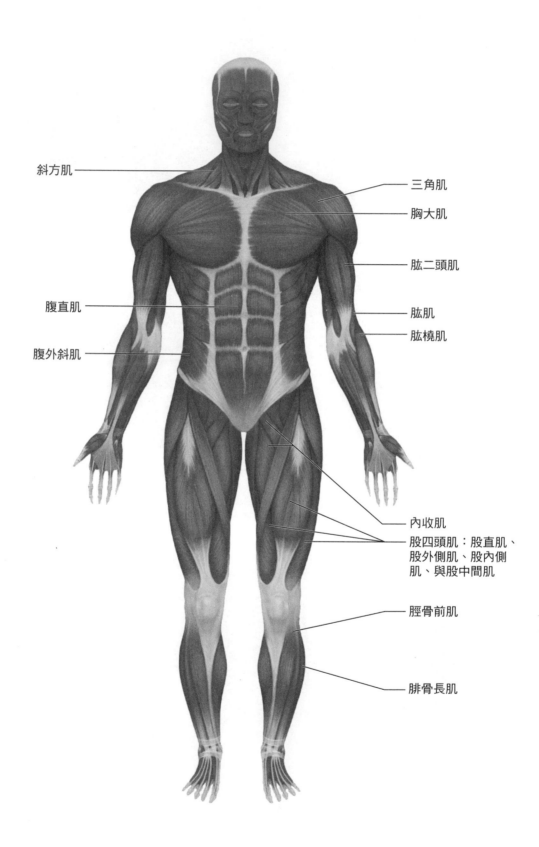

斜方肌

三角肌

胸大肌

肱二頭肌

腹直肌

肱肌

肱橈肌

腹外斜肌

內收肌

股四頭肌：股直肌、
股外側肌、股內側
肌、與股中間肌

脛骨前肌

腓骨長肌

人體背面肌肉圖

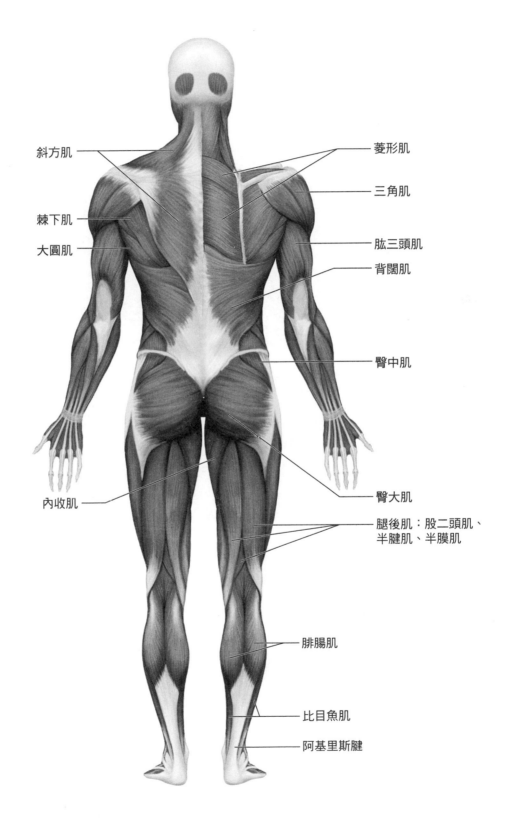

斜方肌

棘下肌

大圓肌

內收肌

菱形肌

三角肌

肱三頭肌

背闊肌

臀中肌

臀大肌

腿後肌：股二頭肌、
半腱肌、半膜肌

腓腸肌

比目魚肌

阿基里斯腱

序言
「健力」（Powerlifting）一詞由來

從這本書的第一版開始，很多人都問我：「為什麼要叫『健力』？聽起來不夠份量。」用科學術語來說，爆發力就是力量乘以速度。深蹲和硬舉1RM的速度都遠低於每秒0.3公尺，而訓練有素的舉重運動員，通常則遠低於每秒0.2公尺（有些訓練了很長時間的人甚至在降至每秒0.08公尺的情況下，依然可以完成舉重）。我們看到，這種速度確實很低，但也表明，雖然力量可能很大，爆發力卻很低。從物理學的角度來看，比較理想的術語可能是「力量舉（forcelifting）」或「扭力舉（torquelifting）」。然而，這種運動並不是這樣命名的。本人接觸這項運動時只有十六歲，當年還沒有很強的科學背景，所以從不曾質疑過這一名稱。這種例子也很常見，比方，為什麼我們稱杯子（cup）為杯子而不是玻璃杯（glass）？就是約定俗成，所以我從來不加質疑。

正如我在本書第一版中提到的，我有幸接觸過比爾．克拉克，因為當年我住在密蘇里州哥倫比亞市時，曾在他的健身房訓練過。在某次慶生兼送別的聚會中，比爾來和我們同歡，他是以前推動這項運動的人，我就問他為什麼挑選這個名稱。雖然他的回答缺乏科學依據，但卻交代了背景。當年，奧林匹克式的舉重（weightlifting）運動通常稱為快速舉重（quick lifts）。動作執行的速度很快，慢了就做不來，因此大家都稱它為快速舉重。舉重運動員執行深蹲和硬舉，能夠快速移動就能執行更大的重量，所以這就是英文Powerlifting中Power的來源，也是何以該運動被稱為Powerlifting的原因。

雖然這些術語在科學上不算正確，但就背景而言，卻交代得很清楚。從科學的角度來看，奧林匹克舉重具有更大的爆發力，但運用的力量卻較小。藉由分力的提升，你可以更快速地移動更大的重量，進而完成舉重動作。在他們看來，Powerlifting中「爆發力」（Power）這概念似乎比quick lifts中「快速」（quick）的概念要慢，因此就成了這一字眼的由來。雖然有人會對這點感到不以為然，並且想到：「那些人怎麼會這麼想？」但他們也明白，運動生理學這領域還很年輕，而肌力和體能訓練則更新穎（美國體能協會〔NSCA〕遲至1978年才成立），多種學術期刊直到2018年才發表有關術語釐清的論文。與健力運動出現的時間相比，細緻研究該運動的各種組織成立的年代比較晚，因此有關命名的探究是很合理的。雖說涵義並不正確，但時代背景可以幫助我們了解為何選定該詞。你知道嗎？我喜歡「健力」（powerlifting）一詞的程度遠勝過「力量舉」（forcelifting）一詞。

第一章
肌力、肌肉大小和爆發力的生理學

如果要了解身體在健力過程中運作的原理，讀者應先具備一些基本的生理學知識，但這類基本知識並不包括例如肌絲滑動理論、粒線體在細胞中的運作模式，或在一整天的競賽活動裡，脂肪酸對新陳代謝的影響等主題。如果你對這些主題感興趣，不妨讀讀運動生理學領域的書，甚至可以去上人體解剖學、生理學和運動機能學的課。本章涵蓋了你需要知道的生理學知識，以便你在比賽當天可以盡量維持強健，成績盡量符合理想。

運動技能學習

了解身體的學習機制，有助於你了解如何利用以及為何利用各種不同的技術。試想嬰兒是如何學會走路的。嬰兒觀察別人走路，自己也想嘗試一下。他們先觀察和分析別人的動作，然後有樣學樣：先慢慢站起來，身體搖搖晃晃的，最後難免跌倒。接著，他們再度站起，步履依舊蹣跚，但在跌倒之前已能走個一兩步。最終，經過一再嘗試、不斷練習以及肌肉發育，他們開始能正常行走了。

塔馬斯·阿讓和拉扎爾·巴羅加合著的《舉重：適合一切運動》（國際舉重聯合會，1988）一書提到，每個動作，不論看起來多新穎，都脫胎自以前習得的動作型態。因此，你掌握的運動技能越多，可以學習的動作型態就越多，而且學習的速度也越快。拿兩個開始學習深蹲的人為例，為何某甲學得那麼辛苦，而某乙的表現卻那麼出色？這是因為後者已經熟悉必要的運動模式，而前者沒有。後者也許能體會深蹲的訣竅，表現也較亮眼，只是需要較長的時間。教練必須多次演示某一動作，這樣苦練舉重的人才能理解，且他還必須親自舉起槓鈴練習才行。在剛開始學習舉重的人看來，各種動作可能都很有趣，就像第一次嘗試走路的嬰孩那樣。舉重運動的初學者可能會雙膝併攏，然後做出一個類似霹靂舞的扭身動作，只不過還得扛著重量撐起身體；此外，他們也可能做出曲腿彎腰的「早安式」動作。初學者大多會將類似深蹲的動作組合在一起，而教練的任務就在於教導他們認清自己做錯什麼，以及如何改正。最終，初學者就能做出接近深蹲的動作，只不過技術仍有待精進。路易·西蒙斯曾經說過，教練必須將每一位跟著他學習舉重的人訓練成一名教練，這樣一來，當你舉重時，在旁邊觀看的教練就不只是一個，而是十個。

　　當你學習一項舉重的新技巧時，如果能先觀摩技術出眾的人，接受對方指導，然後再自行練習，這樣幫助就很大了。如果你想省略整套步驟中的任何一項，那麼應該先聽聽高手的意見。是否有人指導，這問題很關鍵。如果你不清楚正確的感覺是什麼，那麼萬一做錯動作也就渾然不知了。

　　初學舉重的人肌力會大幅增強。難怪常有新手在一個月內（甚至更短的時間）便在舉重架上加了三十到四十磅（十到二十公斤）的重量，而這與神經肌肉系統效率的提高大有關係。基本上，大腦可說是指導整個身體運作的中央處理器。人體中發生的一切，沒有哪項不是大腦中意識或潛意識運作處理的結果。舉重者以這種速度提升肌力時，並不會增加肌肉量；如果想透過增加大量肌肉以快速提高肌力，需要的時間就太長了。我們的身體只是單純學習如何進行運動，同時將自己既有的更多運動單位派上用場。還請讀者記住「用進廢退」這句成語。我們身體有許多自己從未使用過的高閾值運動單位，我們必須善加利用，否則在接受重量訓練時，這些運動單位就無法發揮功效了。

　　運動單位要麼完全不動，要麼全動起來。當運動神經元引發肌肉收縮時，所有受神經刺激的肌纖維都會收縮。肌纖維感受到神經衝動時，不可能其中一部分收縮，另一部分卻不收縮。不過，我們也須了解，單一神經不會刺激任何一個主肌群的全部，幾條神經會一起刺激肌肉，因此，如果舉重時需要用到更多肌肉，那麼就會有更多的神經元刺激更多的肌肉。

　　肌肉並非全體一直都在運作，而是一次只用幾個單位。就拿二頭肌為例吧。當你把一罐十二盎司的汽水湊近嘴邊時，二頭肌會動員足夠的運動單位，將罐子從桌子上移往嘴邊。如果二頭肌用盡一切力量拿起十二盎司的罐子，那麼運動速度及其產生的力量不會讓罐子乖乖停在嘴前，反而可能會撞裂你的嘴唇並且敲壞幾顆牙齒。如果二頭肌須以四十磅的重量執行彎舉（身體在日常生活中經常遇到這種負荷），那麼就會動員大量肌纖維來完成任務。假設你打算挑戰八十五磅的個人彎舉紀錄，第一次嘗試時，你可能無法成功，而且成績看起來慘不忍睹。然而，如果你隔週再度嘗試八十五磅的彎舉，成績就會穩定改善。雖說沒有增加肌肉，但身體已學會如何動員以前從未使用過的運動單位。

　　在執行諸如健力等更複雜的運動時，處於不同肌群中的運動單位必須協同運作。這種舉重運動比簡單的單關節運動（例如彎舉）複雜得多。不妨將單關節運動想像成教導三歲兒童完成一項任務。雖然一開始很難，但孩子很快就學會，並能在毫無協助的情況下達成一些簡單任務。而執行一項複雜練習就像讓十五名三歲兒童一起完成一項工作，其中大多數孩子朝著正確方向邁進，但少數的孩子卻偏離了方向，還隨心所欲做自己的事。在學習深蹲時，有時舉重者無法恰當地將臀部向後推，有時膝蓋內夾，有時會臀部錯誤地先於肩膀抬高。需要他人不斷指導並且投入時間，舉重者才能在恰當的時間、以正確的步驟，並於合適的肌肉中動員運動單位，如此方能正確進行鍛鍊。

　　「運動神經徵召」可分肌內和肌間兩種類型，分別對應兩種類型的肌肉學習。肌內

運動神經徵召發生在肌肉內，是單一肌群學習如何運作得更好，而且只在自身內部運作。在肌內合作時，單個肌肉內的肌纖維學習如何更有效地協同工作，以便產生更大的力量或更快的速度。

　　肌間協作則是不同肌肉學會相互合作，以便更有效地進行大幅度的運動。當舉重者盡可能利用最理想的形式，讓肌肉一遍又一遍地重複動作時，效率就能提高。試想一名剛結束發育陡增期、動作仍不協調的孩子第一次嘗試弓步蹲的情況。他可能會跌向側邊，軀幹前傾，甚至可能在練習前跨步時向後摔倒。如果他能持續接受適當的訓練，最後就不會再跌倒了，而且學會挺著胸膛，身體呈一直線跨出弓箭步，擺出漂亮的姿勢。能力培養到這階段，肌肉已經學會執行任務。這種現象可比工廠裡的工人。汽車廠的新手工人起初可能需要三小時才能組好一個變速箱。不過，經過反覆施作，這位工人將學會有效率地只花一半的時間，便完成組裝步驟。這單純是學做事的過程。一旦你學會做一件事，就可以更有效、更快速地完成任務。雖說身體學會如何更有效地利用其運動單位後，很快就能獲得肌力，但增加肌肉卻是一個緩慢得多、困難得多的過程，也就是說，獲得肌力的速度比增加肌肉的速度要快。

作用肌與拮抗肌

　　積極做功並產生移動物體力量的肌肉，稱為作用肌。作用肌可以是原動肌、輔助肌或穩定肌。拮抗肌是與作用肌相對的肌肉或肌群。作用肌運作時，拮抗肌就放鬆。作用肌和拮抗肌通常分別位於關節的兩側。就舉肘關節為例。在二頭肌彎舉的過程中，二頭肌負責舉起重量，因此是作用肌（圖1.1）。而這時處於放鬆狀態的三頭肌即是拮抗肌，能讓二頭肌達成最大程度的收縮和動作範圍。如果作用肌和拮抗肌同時收縮，肌肉是無法改變其長度的。有時肌肉長度的確會變化，但不常見，通常代表某個肌群比另一個肌群更強壯，並且贏得了拉鋸戰，這時候槓鈴運動效率不彰、槓鈴移動非常緩慢。在這種情況下，重量並非對手，身體才是。

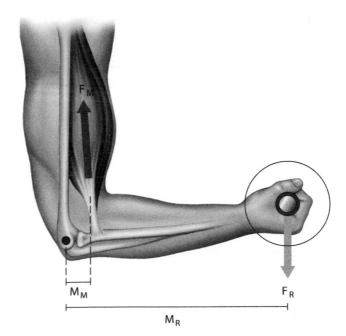

圖 1.1：當二頭肌（作用肌）作為第三槓桿舉起重物時，三頭肌（拮抗肌）則進入放鬆狀態，以利重物盡可能地加速。

增強運動技能學習

　　有關健力的運動心理學我們會在下文詳細討論。本節只觸及學習技術的內在部分，也就是能大幅加快一切練習過程的學習技術，探討的主題為庫克模型（參見《出奇制勝從心開始》, Vernacchia, McGuire, and Cook, 1996, Warde Publishers, p84）。該模型倚重「看見它、感受它、信任它、相信它並實現它」的心理常規程序。這模型很有效，因為可視化（visualization）可以讓參與運動的神經準備好，並以正確的步驟投入活動，是一種公認有效的方法。如果你在練習或修正技術時遭遇困難，那麼請你回歸庫克模型，改善你的技術。

　　第一步是看見它。你必須想像自己將這項技術做正確的樣子，就像電影畫面一幕幕浮現在眼前似的，也必須在腦海中看到一切相關的東西，例如槓鈴、觀眾和裁判，還必須看到自己完美地、成功地完成步驟，且三個裁判燈全亮白色。

　　下一步是感受它。感受一下槓鈴重量、裝備、賽台、觀眾、爆發力，以及肌肉以適當的步驟火力全開的樣子，此外還要嗅聞空氣中阿摩尼亞以及擦劑的味道。

　　一旦完成這兩個步驟，你應該信任自己能完美舉起槓鈴，相信自己能夠達成目標。接下來單純就是付諸實現了。

肌纖維

　　我們的身體有兩種主要的肌纖維類型，以及數量不確定的次要類型。主要的類型包括慢縮肌纖維和快縮肌纖維（見表1.1）。慢縮肌纖維收縮慢，主要是耐力肌纖維，可以全天使用，但每次收縮都無法產生太大的力量。日常行走和站立靠的即是慢縮肌纖維。

　　快縮肌纖維收縮速度快並會產生能量，用於更費力的活動，例如短跑、跳躍、投擲和舉重。一個人強壯的程度或爆發力的強度，大部分取決於肌纖維的類型。人類天生不是慢縮肌纖維較發達，就是快縮肌纖維較發達。這就是為什麼有些人天生擅長耐力運動，但臥推比較弱，或者有些人可以在十秒內完成百米短跑衝刺，但跑完一整圈就上氣不接下氣。有些人即使未經訓練，但由於肌纖維類型的關係，就是能比其他體型相似的人舉起更大的重量。肌纖維類型是一個體重一六五磅的人可以重複臥推四〇五磅重量的關鍵因素之一。這類人的快縮肌纖維占了主導地位，所以能以較少的肌肉量，產生較大的力量來移動更重的重量。

表1.1　快縮肌纖維和慢縮肌纖維的特徵比較

特徵	快縮肌纖維	慢縮肌纖維
運動單位大小	較大（每單位的纖維量大於100 條纖維）	較小（每單位的纖維量 1 至100 條）
偏好的基質（燃料）	磷酸肌酸和葡萄糖	肝糖和脂肪
收縮速度	較快	較慢
鬆弛速度	較快	較慢
收縮力	較大	較小
鈣消耗量	較多	較少
粒線體密度	較高	較低

增肌

　　許多人認為，肌肉是在重訓室鍛鍊出來的，因為他們看到肌肉就是在那裡變大的。這個推測說它對也可以，說它不對也行。肌肉會隨著在重訓室中所做的練習而變大，但讓肌肉變大的地方並不是在重訓室。

肌肥大

　　練習舉重時，肌纖維會受到微創。肌肉舉起重量和放下重量時，其向心收縮和離心收縮都會造成一些損傷，如果舉重者採用「漸進性超負荷法」，並迫使肌肉適應新刺激，這種狀況尤其明顯。由於形成損傷，額外的血液和體液便會流向肌肉，讓舉重者產生熟悉的振奮感。肌肉受損時，身體會自行修復，而且身體因不想要受損過的肌纖維，所以會加以重建。此外，身體也會體認到自己需要更多肌肉來滿足強加給它的各種需求，所以就增加了肌肉。身體一方面分解受損肌肉中的蛋白質，另一方面添加更多蛋白質以產生額外的肌肉。不過，這種添加的量很少，因此需要一段時間額外的肌肉才會顯現出來。如此增加的肌肉稱為肌肥大（hypertrophy）。

　　根據推測，肌肥大的類型有兩種。一種是非功能的（或稱細胞質的）肌肥大（圖1.2a）。另一種是功能性（或稱肌原纖維的）肌肥大（圖1.2b）。肌原纖維型的肌肥大是因負荷重物

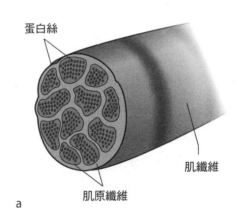

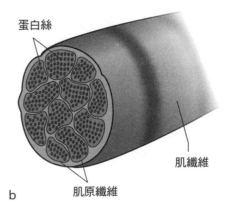

圖1.2：非功能的（或稱細胞質的）肌肥大（a）與功能性（或稱肌原纖維的）肌肥大（b）。

而發展起來的，是增加肌肉大小較慢的方法，不過肌纖維大小的增加會提升肌纖維的強度。這種肌肥大發生在肌原纖維內的肌動蛋白和肌球蛋白中，從而增加了收縮的強度。

透過重量較輕、高訓練量的鍛鍊可以發展肌漿型的肌肥大。這種方法雖令肌肉負重，重點不在移動多少重量，這種肌肉破壞的方式是不同類型的。在這種情況下，肌原纖維不會增加，但肌小節間的空間會變大。這一類型的肌肥大在肌肉大小及其可產生的力量間，並未呈現一致，也就是這種肌肥大為何會有「非功能性」的稱呼了。健力的目標在於，以盡可能輕的體重在槓鈴上移動最大的重量。為此，你必須注重的肌肥大是功能型的，而不是非功能型的。

健美運動主要依靠大量練習、中間的休息時間短、訓練的重量輕，以求在最短的時間內獲得最大的訓練量。這種方法只能使體形變大而不是變強壯。古語有云：「大不算強，壯才真強。」許多健美運動員看起來好像可以臥推900磅，其實加到315磅就力不從心了，這跟他們肌肥大的類型大有關係。相較之下，健力運動員往往人不可貌相。參加過181磅和198磅重量級比賽的傑森‧佛萊，看起來只像個身材勻稱的人。如果在健身房看到他，你會認為他頂多能臥推365磅。然而，他在181磅和198磅重量級的比賽成績已分別超過750磅和770磅，所以光從他的體型判斷是非常不準的。他發展的肌肥大一直是功能性的，所有增加出來的肌肉都發揮了作用。

「特定適應性訓練」（SAID）的原則

肌力的增強是從SAID（Specific Adaptations to Imposed Demands）原則出發的，也就是說，當身體處於某種壓力之下時，就會開始適應施加於其上的刺激，以使自己日後能更完善地應付特定形式的壓力。就舉一個建築工人為例。他一開始整天揮動一把八磅重的大錘，以至於晚上回家時，既累又痛，除了癱在沙發上睡覺外，什麼也做不了，連洗澡的力氣都沒有了。三週後，他已可以整天輕鬆揮動那把八磅重的錘子，甚至下班後出去打壘球休閒聯賽也沒問題。然而，如果他的錘子壞了，並且不得不改用重量多了幾磅的新錘子，那麼他下班後還是會立刻躺回沙發上，直到他適應新錘子的重量為止。這是因為他的身體先前已適應了八磅錘子的刺激。錘子對身體強加要求，從而造成肌肉的特定適應。然而，剛換了更重的錘子後，這時的身體還沒有準備好負荷超過八磅的錘子，所以他才又變得疲倦和痠痛了。

漸進性超負荷法

漸進性超負荷法強調，你的身體一旦適應了SAID原則所強加的需求，就需要更大的重量。你用越來越大的重量對身體施加新的要求，從而產生新的適應。古希臘摔角手克羅頓的米洛正是漸進性超負荷法的經典例子。為了讓自己變得更加強壯，米洛決定把一頭小牛扛在肩上，然後繞著競技場走幾圈。他每天都這樣做，隨著小牛逐漸長大，米

洛也增強了力量。他變得如此強壯，以至於希臘人誰也制服不了他，最終以全勝的成績結束摔角生涯。

　　漸進性超負荷法是大多數週期化訓練的運作模式。這些訓練從較低的重量開始，在訓練週期的過程中，利用每週預先計畫好的遞增加重，讓肌肉適應超負荷的要求。就像米洛和小牛的故事一樣，你可以藉由每週增加的訓練重量來變得更加強壯。

佛薩瓦氏壓力均衡法

　　如果你是為了健康因素而接受重訓，那麼人家會教你，吸氣時用離心收縮，呼氣時則採向心收縮。但在健力訓練中，這項技術並不正確。在健力過程中，你應該採用佛薩瓦氏壓力均衡法（Valsalva maneuver，或稱努責現象）。實行這項技術時，你可以吸入空氣，然後支撐著，以產生流體球效應（fluid ball effect）。通常引起頭疼的壓力與在最大負荷下保護脊柱的壓力是相同的，並讓力量經由身體傳送，而非停在某個軟弱點上。例如，在深蹲時，舉重者會設法盡量吸入空氣來擴張腹腔（圖1.3），如此便可將胸腔鎖住，防止舉重者向前偏轉。如果這位舉重者沒能閉氣，胸部會因負重量而向前彎，那麼，即使他的腿多麼強壯，也無法將槓鈴抬高，因為核心力氣不足，導致槓鈴向下壓。

　　透過堅硬的表面，力量才能最完整傳遞。能夠緊繃並盡可能產生最大壓力的舉重者，方能藉由身體傳遞最多力量，然後舉起最大重量。試想在雪地或混凝土地面推車，哪種比較容易呢？在混凝土地面上，施加在地面上的力會直接作用於車體，而在雪地上，施加在地面上的力會被雪分散而非轉移。

　　這個原則適用於所有運動。每次鍛鍊產生的緊繃和壓力越大，可以傳遞的力量就越多，就算在臥推時也是如此。就以臥推界傳奇、名聲將永垂不朽的比爾·吉萊斯皮為例，比爾在135磅時臉色變紅，這是因為他訓練身體產出壓力，讓身體變得緊繃，利於傳遞力量。

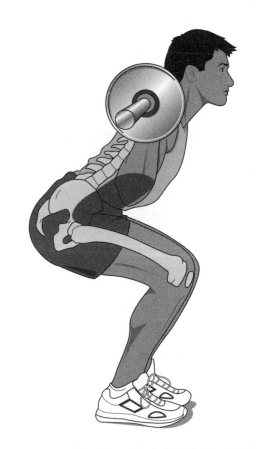

圖1.3：佛薩瓦氏壓力均衡法的重點在於緊鎖橫膈膜、骨盆底、腹部肌肉和背部肌肉來壓縮空氣和體液，以便保護脊椎，從而形成一個剛性結構，讓力量透過身體傳遞。陰影部分是流體球。

血壓

　　健力運動員在做最大負重試舉時，他的血壓會上升到心肌梗塞（心臟病發作）的強度。只要看看健力運動員在深蹲或硬舉過程中做最大負重試舉時的照片，幾乎每個人的臉色都轉為紫色，也就是說，所有的肌肉都收縮到最大程度，同時給動脈和靜脈施加壓力，造成血液難於在體內流動。如此一來，心臟就會更加努力運作，並且更加努力輸送血液。

　　還記得漸進性超負荷法的原則嗎？這是另一個例子。由於心臟必須更加費勁克服阻力，並將血液推向身體各處，因此左心室的體積大小和力度都大幅增加。基本上這樣可以防止左心室破裂。心肌和其他肌肉一樣，如須更賣力工作時，體積就會變大。

　　由於將血液泵入身體，心臟本身會變大，其收縮力也會增加，而且沒有太大的阻力，有助於推動血液流通。在健力過程中，肌肉必須承受巨大壓力，使其變得更加堅硬。這種效果需要透過某種心肺運動來平衡，不一定是高強度的有氧運動，而是讓心臟適度運作的運動。心臟也需良好的運轉才行。

總結

　　「特定適應性訓練」的原則適用於所有類型的訓練。在健力運動中，訓練目標是讓身體變得更壯，所以必然會引發更佳的肌肉適應能力。如果沒有對身體施加正確要求，身體就無法適應，舉重運動員也永遠不會變得更強壯，也不會在舉重比賽中打破個人紀錄。漸進性超負荷的概念從克羅頓的米洛以來就一直存在，而其要旨在於，隨著時間推移，每週採用較大的重量以產生逐步加重的超負荷，從而再次用上「特定適應性訓練」的原則，以使身體適應。

　　佛薩瓦氏壓力均衡法是所有競賽選手的關鍵點。其原理在於增加體內壓力，致使力量能夠有效透過身體傳遞。如果體內壓力未能產生足夠的緊繃度，力量就無法傳遞，也就降低了可舉起的重量。

　　無論訓練背後的哲理是什麼，這些基本概念都是正確的，是每一套訓練過程都須立足其上的生理關鍵概念。一個無法越舉越重的舉重者，是不可能變得更強壯的。不願採用佛薩瓦氏壓力均衡法的舉重者，勢必無法積聚足夠的緊繃力來舉起最大的重量。

第二章

營養與補充

　　許多健力運動員都缺乏一般的營養知識。他們都花大量時間研究鍛鍊方法與例行步驟，以求提高深蹲、臥推和硬舉的水準，但很少有人願意花時間閱讀有關食物（吃什麼、如何吃）的訊息。營養攝取得當的話，可以助你恢復，為下一次的鍛鍊做好準備，並讓你在鍛鍊時擁有更多能量，同時大幅降低受傷風險。

　　本章旨在向讀者介紹營養的基礎知識。至於更深入的營養專門知識，坊間另有數以百計的書可供參考。對舉重者來說，了解基礎知識可能就足夠了。

　　首先，本章探討蛋白質、碳水化合物和脂肪等巨量營養素，重點在於解釋巨量營養素是什麼、功用何在，以及存在哪些食物當中。水也可算是一種巨量營養素。之所以稱為巨量營養素，因為它們都包含大量的營養物質。如果你把營養放在首要位置，那麼大多數比較次要的事就會變得順利。

蛋白質

　　蛋白質可能是舉重者最喜歡的巨量營養素。蛋白質有利肌肉生長，並能在損傷後，幫助修復肌肉。如果不攝取蛋白質，肌肉就無法修復。如果肌肉在鍛鍊時受傷卻未修復，肌肉就無法變得更強壯，而且在隨後的鍛鍊中更容易撕裂。就拿修築人行道做比喻。工人可以挖地、構架、整平並準備一切他想要的，但如果缺了水泥，人行道還是修不起來。同樣道理，你可以如己所願施行一切訓練（適當配比、訓練量和困難程度），但沒有蛋白質，肌肉就無法恢復，所以你就看不到任何成果。

　　簡言之，蛋白質就是肌肉。蛋白質每公克提供四卡路里熱量，由二十一種胺基酸組成，其中九種更是肌肉生長時必不可少的。身體不會製造必需胺基酸（essential amino acids），因此你必須從食物或營養補充品中攝取。身體確實會製造非必需胺基酸，因此你不需要從食物等外部來源吸收。

蛋白質的最佳來源

火雞胸肉：每3盎司含有24克蛋白質。　　　　　毛豆：每一杯含有18.5克蛋白質。

去骨去皮雞胸肉：每4盎司含有24克蛋白質。　　瘦火腿：每3盎司含有15克蛋白質。

瘦牛肉：每4盎司含有25克蛋白質。　　　　　　脫脂牛奶：每8盎司含有8克蛋白質。

水煮罐裝鮪魚：每3盎司含有22克蛋白質。　　　蛋白：一顆蛋的蛋白含有4克蛋白質。

蛋白質的主要來源是動物性的。如果食物本身是某種肉類，那就是優質的蛋白質了。牛肉、雞肉和魚都是很好的蛋白質來源。雞蛋、乳製品、堅果、種子和豆類也提供蛋白質。蔬菜含有一些蛋白質，但大部分是不完全蛋白質，這代表蔬菜並未包含所有的必需胺基酸。如你想讓身體從蔬菜吸收蛋白質並用來鍛鍊肌肉，則必須從其他種類的食物（含有蔬菜沒有的必需胺基酸）獲取額外蛋白質，這樣的組合才能提供完整的蛋白質。例如，豆類和稻米是互補的，因為後者含有前者所欠缺的要素。

大家對蛋白質常有頗多誤解。許多人認為蛋白質多多益善，這並不正確。身體一天能處理的量是有限的，據估計男性和女性每公斤體重只需要1.5至2克的蛋白質。例如，體重220磅（100公斤）的人每天可以很有效地吸收利用150到200克的蛋白質。有一種流行的說法是，健力運動員和健美運動員每磅體重需要2克蛋白質，也就是說，體重220磅的人每天應該攝取440克蛋白質！這是不符合上述實情的。攝取如此大量的蛋白質只會讓你的尿變貴而已！

碳水化合物

碳水化合物是能量。就像幫助火焰持續燃燒的瓦斯，可讓你持續完成鍛鍊。碳水化合物與蛋白質相同，每克提供4卡路里的熱量。碳水化合物可以分為簡單和複合的類型，甚至可以進一步以升糖指數來分類。

簡單的碳水化合物是糖，比方果汁、糖果、汽水和其他甜食，吸收之後我們可以快速獲得能量。這種碳水化合物的能量可以迅速進入血液，經消耗或儲存為脂肪即迅速消失。如果你開始鍛鍊時感覺精力充沛，但在結束之前卻感疲憊，那麼原因就在這裡：你的身體首先消耗簡單的碳水化合物，這種能量很快就用完了。

複合碳水化合物可以延長能量，比方義大利麵、馬鈴薯泥、糙米飯、地瓜和麵包等。複合碳水化合物產生的能量需要較長的時間才能進入血液，但因可以提供比較持久的能量，所以是最佳的能量來源。在鍛鍊和競賽前務必食用。

簡單的碳水化合物常被稱為「壞的」碳水化合物。我們應該要知道，所有食物均有適合攝取的時間和地點，這點十分重要。簡單的碳水化合物也不錯，因為在鍛鍊的過程中非常適合用來延緩疲勞，而且只需要一點能量便能分解，又能迅速增加血糖水準。運

動飲料、能量膠、葡萄乾和其他類似食物都是不錯的選擇。

由於碳水化合物是能量的主要來源，因此，首先要考慮用它來為鍛鍊提供能量。如果沒有足夠的碳水化合物，身體並不會立即以脂肪替代，而是分解肌肉以獲取能量。這就是為什麼說「攝取碳水化合物等於節省肌肉」的原因了。碳水化合物可以避免肌肉遭受分解以便供應身體能量。你的整個身體大約只能儲存250克的碳水化合物，但儲存脂肪的空間卻無限大。

我們也可以進一步用升糖指數來為碳水化合物分類。升糖指數是衡量食物能量進入血液之速度的標準。能量進入血液的速度越快，該食物的升糖指數值就越高。糖進入血液時，身體便釋放胰島素，以便儲存血液中的糖。升糖指數越高，同時一次進入血液中的糖分就越多，這會刺激胰臟產生胰島素。每當血液中含有大量糖分時，人體便會產生大量胰島素，以便將糖以肝糖的形式儲存在肌肉中，以供立即使用，或是長期儲存在脂肪細胞裡。當所有的糖都被儲存起來後，大腦會向胃發出信號，表示餓了，需要攝取更多能量。

食物的升糖指數值越低，能量進入血液所需的時間就越長。升糖指數考慮的是食物脂肪和纖維的含量，以確定糖進入血液所需的時間。例如，馬鈴薯和地瓜都是複合碳水化合物。地瓜含有較多纖維，因此其升糖指數值較低，也就是說，身體消化地瓜需要較長的時間，而糖進入血液的時間也較長。那麼，升糖指數較低的食物和升糖指數較高的食物哪一種比較適合？這取決於你的目標為何。如果你正在進行激烈的鍛鍊，那麼就需要一些可供快速吸收且隨手可得的食物。這時，你可以選擇例如運動飲料等升糖指數高的碳水化合物。但是，如果你在辦公室度過漫長一天，那就盡可能選擇需長時間才能吸收、最能持久的能量。地瓜或其他升糖指數較低的食物則是不錯的選擇。非澱粉類的蔬菜也是碳水化合物的來源，但其糖分含量低，所以升糖指數也低，而且纖維含量較高。

碳水化合物的最佳來源

燕麥片：每杯含有56克碳水化合物，升糖指數為61。

糙米：每杯含有44克碳水化合物，升糖指數為50。

地瓜：每杯含有41克碳水化合物，升糖指數為54。

氣炸爆米花：每四杯含有34到40克碳水化合物，升糖指數為55。

藜麥：每杯含有39克碳水化合物，升糖指數為53。

全麥麵食：每杯含有37克碳水化合物，升糖指數為45。

香蕉：一根中等大小的香蕉含有27克碳水化合物，升糖指數為51。

蘋果：一個中等大小的蘋果含有16克碳水化合物，升糖指數為38。

全麥麵包：每片含有11克碳水化合物，平均升糖指數為71。

碳水化合物基本來自任何用穀物、塊莖或糖製成的食物，包括麵包、義大利麵、燕

麥片、稻米、運動飲料、馬鈴薯、玉米、玉米薄餅、蔬菜、水果。你選擇品項時可依自己的目標為何來判斷。例如，如果你想減少體脂，請盡可能選擇升糖指數最低的碳水化合物，因為這樣會減少飢餓感，而攝取的總卡路里數也較少。

脂肪

脂肪也是能量的來源。所有類型的脂肪每1克都含有9卡路里的熱量。多年來，脂肪一直被人嫌棄，僅僅是因它叫「脂肪」而已。大家都說脂肪讓你發胖，或是你吃下多少脂肪，身體就直接增加多少脂肪。儘管有些說法大行其道，但你攝取的脂肪並不會原封不動地轉化為體內的脂肪。

脂肪可以分為飽和脂肪和不飽和脂肪。一般認定飽和脂肪是不健康的，會導致動脈粥狀硬化、高膽固醇和腹部脂肪。飽和脂肪主要來自油炸食品、紅肉、巧克力、烘焙食品和洋芋片。

一般相信不飽和脂肪則可以清潔動脈和靜脈。橄欖油、杏仁和魚肉都含有不飽和脂肪。

脂肪的最佳來源

橄欖油：每湯匙含有14克脂肪（1.9克飽和脂肪和11.2克不飽和脂肪）。

杏仁：每盎司含有14克脂肪（1.1克飽和脂肪和12.1克不飽和脂肪）。

奶油：每湯匙含有11.5克脂肪（7克飽和脂肪和0克不飽和脂肪）。

鮭魚：每三盎司含有10.5克脂肪（2.1克飽和脂肪和8克不飽和脂肪）。

酪梨：三分之一中等大小的酪梨含有8克脂肪（1克飽和脂肪和6克不飽和脂肪）。

蛋黃：一個蛋黃含有4.5克脂肪（1.6克飽和脂肪和2.7克不飽和脂肪）。

亞麻籽（磨碎）：每湯匙含有3克脂肪（0.3克飽和脂肪和2.5克不飽和脂肪）。

脂肪十分重要，原因不只一個。脂肪可以幫助身體吸收脂溶性維生素 A、D、E 和 K。體脂肪讓你保持溫暖並像氣囊那樣保護你的器官。就運動成果而言，你攝取的脂肪最好以不飽和脂肪為主，因為這種脂肪能為你提供最大的健康助益，並讓你的錢花得最值得。每日卡路里攝取量的25%至30%最好來自脂肪。

水

水是健力運動員數一數二重要、卻攝取不足的營養素。人體由60%的水組成，而肌肉的含水量更高達80%。一旦脫水，你用來執行推力的肌肉就變少。如果流失體重2-3%重量的含水量時，便會出現脫水現象，會顯著降低肌肉產生最大力量和維持力量的能

力。如果體重減輕2-3%，你就無法舉起足夠重的重量，也無法多次重複動作。身體產生能量、產生力量或自我修復的每項作為都需要水。沒有水，你會感覺不舒服，這是因為你的身體無法發揮作用。身體一旦脫水，你在接受高強度訓練時，肌肉拉傷和撕裂的風險就會增加。水讓肌肉保持彈性和柔韌度，以防止拉傷和撕裂。肌肉如果脫水，彈性和柔韌度的特徵就會消失，變得效率低下，無法正常運作。

下面列舉脫水更為負面的影響：

- 心率加快
- 心輸出量減少；心臟每次跳動，身體必須更費勁運作以使血液流通
- 肌肉耐力減低
- 肌肉痙攣增加
- 肌力和爆發力下降
- 平衡下降
- 中暑或熱衰竭的風險增加

如果你覺得口渴，那麼你身體的含水量已經流失大約1%。單是這樣就會影響你的表現。除上述的衡量標準，還有一種可供檢查你狀況的簡單方法，以確保自己的水分充足：到廁所小便，觀察自己尿液的顏色。但不要尿在有加清潔液而呈藍水色的馬桶中，這樣會影響尿液的顏色。你尿液的顏色應該盡可能清淡。每天訓練前，尿液應呈檸檬水色或更淺的顏色。如果顏色比這更深，就表示你已脫水，應立即喝水。

水負責將營養物質輸送到肌肉，同時將乳酸和運動產生的廢物帶離肌肉，使其得以修復。如果你喝的水不夠，肌肉就無法修復，痠痛也會持續更長時間。你有沒有想過，原來多喝水可以減輕疼痛或縮短疼痛的時間？如此便宜的補充品竟能造成這樣驚人的效果。由於每個細胞都有水，所以水還擔負一部分保護器官和潤滑關節的任務。我們身體日常出現的僵硬現象，有一些其實是脫水的症狀。只要多喝水，簡簡單單就可以大大改善我們身體的感覺。

你可以從喝下的任何飲料中補充水分。飲料可分兩類：補水的和非補水的。

補水飲料指的是任何能增加你身體目前含水量的液體。補水飲料可以解渴，實際上就是將水分傳送到你全身。由於喝飲料的目的在於補充水分，因此補水飲料才是你最想喝的東西。水、檸檬水和運動飲料是補水飲料中的幾種。

非補水飲料不會增加身體水分。這些飲料含有一種或多種利尿劑，而這些化學物質會命令身體排出而非留住水分。咖啡因和酒精是常見的利尿劑。咖啡因的利尿作用是否會引起脫水，或單純只是排掉與咖啡因一起攝取的水，這點目前還不完全清楚。另一方面，酒精確實會使身體脫水。造成酒後宿醉感的原因很大部分來自脫水，以及來自缺乏維生素B群和血糖的降低。

請記住，身體不會產生水，所以你必須喝水才行。

增重

　　若在過去，增加體重的方法就是吃下手邊所有的食物，以求盡快達到目標體重。一般認為，那是變強變壯最好的方法。然而時代變了，大家現在對人體已有更深入的了解。肌肉無法很理想地儲存能量，因此長得慢卻流失得快。脂肪正好相反，增加得快，消耗得慢。如果有誰一個月內就增加15磅的體重，那很明顯，增重的部分主要是脂肪。健力運動員如果增加15磅的脂肪，並不會變得更強壯。古諺有云：「以肉制肉」，說得真沒錯。但是，這種肉不會是最強壯的。脂肪不具收縮組織，沒有肌動蛋白或肌球蛋白。脂肪不會收縮，無法推動體重。就健力的目的而言，如果目標在於求得運動佳績，那麼增加體重來提升力量是可接受的。

　　正確增加體重的方法，是以非常緩慢的速度實行的。體重較重的運動員每週增重以不超過1至2磅（0.5至0.9公斤）為宜，至於體重較輕的運動員，每週的增重幅度則應維持在體重的0.5%至1.5%，以確保增重的部分盡可能是肌肉。試比較1磅脂肪與1磅肌肉的熱量構成。1磅肌肉和1磅脂肪包含的卡路里數大致相同，然而其各別體積並不一樣。1磅脂肪比1磅肌肉的體積大。下次你去雜貨店買東西時，比較一下1磅的碎牛肉瘦肉與1磅豬油的體積大小。你一定看得出其間的差異，豬油體積要大得多。如果舉重者將目標訂在每週增加1磅肌肉，那麼每週需比基礎代謝率（BMR）增加3500卡路里才行，也就是平均每天額外增加約500卡路里。你可能會想，這卡路里數並不是很多，大約是兩瓶20盎司（0.6公升）的汽水、麥當勞一個加了起士的漢堡或是一小杯奶昔的熱量。在「看到食物，隨手取用」的舊式飲食法裡，卡路里的攝取每天會增加2000到3000卡路里，因此，不難了解他們是如何快速增加體重的，但增加的大部分是儲存起來的脂肪。

　　增重並沒有一定的卡路里標準（例如每天攝取3000卡路里）。就算每天都固定攝取3000卡路里的熱量，有些人的體重可能減輕，有些人可能增加，還有些人可能維持不變。確定自己的熱量需求有很多種方式，從高度專業的、價值數千美元的彈卡計，到比較簡單、成本也比較低的方法都有。以下的簡單方法可供估算增重所需的卡路里量，同時適用於男性和女性：體重（以磅計）分別乘以18和19（男女皆同）即可得出目標熱量的區間範圍。這是你計畫增重時，每天需要攝取的卡路里數。假設一個體重160磅的舉重者嘗試增重，那麼他可以把160分別乘以18和19，相當於每天應攝取2880到3040卡路里的熱量。如果保持在這個卡路里範圍內，他的體重應會增加。

　　另有一些更準確的方法可供確定卡路里的攝取量，但通常需要額外的測試，例如體脂肪率或二氧化碳呼出量。如果有機會接受這類測試，請務必把握。但是，如果你需要的只是一個估計值，那麼前面提到的算法就足夠了。

　　除了攝取適量的卡路里外，蛋白質的攝取量也會大幅影響舉重者肌肉增重的表現。

瘦肉類蛋白質是理想的選擇，其中包括雞肉、火雞肉、魚肉、鹿肉和牛排。

　　碳水化合物就有點棘手了。有些人容易長肌肉，有些人則不容易。前者要堅持攝取低到中等升糖指數的碳水化合物，以便控制血糖並盡量減少脂肪增加　如果他們多吃食物也沒什麼問題的話更應如此。維持血糖相對穩定，你始終不覺得餓。

　　不容易長肌肉的人通常覺得體重很難跟上吃下的食物量。這類人應維持攝取較高升糖指數的碳水化合物的習慣。這點似乎違反常理，因為吃了不太健康的食物。原因就在於，吃下高升糖指數的碳水化合物後的結果。這時，血糖值相對較快攀高，於是身體向胰臟發出信號，以便胰臟將大量胰島素釋入血液，導致血糖接著急劇下降。在這時候，大腦便向胃發出飢餓的信號，促使主人再吃頓飯。對於那些不容易多吃的人來說，含糖食物可能是一種理想選擇，因為這類食物基本上會讓你在較短的時間內感覺飢餓。這樣有助於不容易長肌肉的人增加體重。雖然勸人多吃布朗尼、甜甜圈和蛋糕的例子很少，但如果有人向你這樣建議，你就安心享用吧。

減重

　　為避免減肥時流失肌肉，減重也是急不得的，慢慢來才好。許多人有快速減重的本事，但減去的通常先是水分，後是肌肉，而不是脂肪。請記住，脂肪增加得快，消失得慢。為了盡量多多保留肌肉，男性和女性舉重者的理想目標應該是每週慢慢減掉體重的0.5%到1%。減重速度如果比這更快，通常只是肌肉流失罷了。

　　每磅脂肪約有3500卡路里。因此，如果你計算出的身體減重量是每週1磅（0.5公斤），那麼你每天需要減少攝取500卡路里的熱量。為了彌補這種體重流失，選擇適當食物是有其必要的。在蛋白質方面，盡量選擇含脂量最低的食物：蛋清、去皮雞胸肉或蛋白粉。這些蛋白質來源的脂肪含量都很低，因此你可以在攝取極少卡路里的前提下，獲得更多蛋白質。

　　至於碳水化合物，就選擇升糖指數最低的那些吧。你要盡可能保持血糖穩定，因為血糖一旦飆升，你就會覺得餓，接著可能一頓暴飲暴食。如果你在一週之內達成減少3500卡路里的熱量，但因飢餓反而吃下4000卡路里的冰淇淋和餡餅，那麼你就有500卡路里的剩餘熱量用於增重，而非減重。

　　你每天應該吸收多少卡路里才能減重？簡單估算一下，就是每磅體重原則上吸收12到13卡路里，而這數字對於男女同等適用。先試行幾星期，然後再根據體重減輕的磅數或速度重新加以評估。例如，如果你的體重為210磅（95.5公斤），而你希望減至198磅（90公斤）的等級，那麼請將你體重210乘以12卡路里，算出每天2520卡路里的攝取量，然後再將210乘以13卡路里，得到每天攝取2730卡路里的量。這就表示，如果你每天吸收的熱量卡路里數介於2520和2730，那麼即能正常減重。

　　在減重過程中，一個人的體脂肪量會大幅影響所需的卡路里數。脂肪在新陳代謝方面並不特別活躍，因此體脂肪較多的人燃燒的卡路里數會較少。例如，假設兩個人的體重都是175磅（79.5公斤），甲的體脂肪百分比為20%，乙的體脂肪百分比為30%，那麼甲的新陳代謝會較活躍，因此會比乙的肌肉較多、脂肪較少。這意味乙攝取的卡路里量必須比甲低才能達成減重目標，因為乙用來燃燒卡路里的活動肌肉比甲少。以每小時50英里（80公里）速度行駛的兩輛汽車為例，燃燒較多汽油的是四缸引擎的還是八缸引擎的？因為八缸引擎較大，所以需要更多的燃料來執行同樣的事。擁有較大的肌肉基本上如同具備較大的引擎，也就等於能夠發揮更大力量，可以更快移動，但也需要更多燃料才能運作。因為減重與身體許多方面息息相關，而且情況因人而異，所以你可能需要更具體估算減重時所需攝取的熱量。如果你很難減重，那麼請諮詢合格的營養師，讓對方幫助你實現目標。合格營養師的營養專業經過認證，可以協助你準確找出實現目標所需的卡路里量，並幫你做出改變以便達成心願。

　　對於嘗試減重的人來說，良好的碳水化合物食物包括綠葉蔬菜、十字花科蔬菜（例如綠花椰菜和白花椰菜）、葡萄柚、蘋果、橙子、葡萄、哈密瓜、西瓜、地瓜、鋼切燕麥粒、藜麥、豆類、洋蔥、椒類以及如燕麥片的全穀物。這些都是升糖指數非常低的碳水化合物，比高升糖指數的食物更有助於你避免暴飲暴食。

　　說到減重，卡路里的問題可不簡單。你的設定是維持每天3000卡路里的減重目標。如果攝取高熱量和高升糖指數的食物，你可能會感到更餓，這是因為你吃的東西量比較少，導致血糖飆升然後迅速下降。不過，如果攝取低熱量、低升糖指數的食物，你反而比較不會飢餓，這是因為你每天可吃的食物量較大，血糖也較穩定的關係。

　　舉重者嘗試減重時，通常會感到力氣減弱，但不一定會發生大幅降低的情況。以下是減重時你必須記住的幾件事。

　　首先，慢慢來，別操之過急。確保每週減掉0.5%至1%的體重即可。你的目標可能是減掉15磅（6.8公斤），但為保持體力，你會希望減掉的以脂肪為主。務必記住：脂肪來得快，減得慢，這是一種生存機制。慢慢減重，這樣才能盡量保有肌肉和力量。

　　其次，維持蛋白質的高攝取量。盡量讓肌肉處於修復狀態。如果你為了減少卡路里而沒攝取足夠的蛋白質，肌肉就無法自我修復，而且會被分解為能量。先減少脂肪的攝取，其次再考慮碳水化合物，但盡可能保持蛋白質不變的攝取量。體重一旦降低，你便可以開始減少蛋白質的吸收，因為你蛋白質的需求量會降低，所以通常不再需要吃下那麼多蛋白質或卡路里了。

　　第三，也是最後一點：要做有氧運動，但要保持較低強度。你該藉由有氧運動來燃燒額外的卡路里，但不該為此損傷肌肉，導致無法好好訓練或是好好恢復，以便為下一次鍛鍊做好準備。

神奇祕訣

　　無論是增重還是減重，成功的祕訣都是努力不輟。這讓很多人感到驚訝。如果你的飲食計畫始終如一，而且勤奮執行，你就會實現目標。減重或增重的效果不會在幾天內出現，通常必須等上數週、數月甚至數年。維持不懈怠的態度需要投入時間以及精力。花六週的時間依循指導方針，如果沒能看到進展，可能你該諮詢合格的營養師了。要給自己一個機會，並且確信一定會有成果。日本有句古諺講的就是「蝴蝶效應」：在日本拍打翅膀的蝴蝶會在印度引發海嘯。雖說這不是絕對的真理，但確實表明了，小事會導致不可預知的結果。例如，一週吃兩頓不符合指導方針的餐，這可能會對你的目標產生巨大的影響。假設你正在努力減重，而這兩頓飯讓你一週多吃下1000卡路里。好吧，單在這一週內，其影響還看不到，但如果一年中每週都多出1000卡路里熱量，那就等於多產生約15磅（6.8公斤）的脂肪。小事可以造成大大不同。緊抱你的計畫，堅持下去。

用百分比考量熱量

　　許多有關營養的文章都提到，你從食物中獲取的蛋白質、脂肪和碳水化合物應該各占多少百分比。這有什麼關係嗎？卡路里就是卡路里呀！嗯，這確實有點重要，就讓本節來解釋原因。

　　記住，1克碳水化合物含有4卡路里，1克蛋白質也含有4卡路里，而1克脂肪卻含有9卡路里的熱量。在查看源自脂肪、蛋白質和碳水化合物的卡路里百分比時，請確定自己考量的是卡路里數而非幾克。比方，如果某種食物含有20克蛋白質、20克碳水化合物和20克脂肪，請注意到，這不是33%蛋白質、33%碳水化合物和33%脂肪的組合，而是24%蛋白質、24%碳水化合物和52%脂肪的配比。如果你用百分比細分，這種差異是極其重要的。

　　百分比細分通常以碳水化合物百分比／蛋白質百分比／脂肪百分比的順序加以排列，一般在80／10／10和0／40／60之間變動。應該採用哪種百分比組合？這端看你的目標何在。如果你想減掉體內脂肪，請堅持40／30／30左右的比例，同時維持上文「減重」一節所提到的卡路里平衡。要做到這一點，你必須食用低升糖指數的碳水化合物，並選擇以瘦肉為主的蛋白質。吃吃堅果等零食來應付日常脂肪消耗所需。如果你想增重，那麼請參考60／20／20左右的細分比例，並選擇升糖指數較高的碳水化合物。由於你會攝取較多的卡路里，因此需要升糖指數更高的碳水化合物來幫助自己吃進更多的食物。

補充品

補充品不是靈丹妙藥或萬能鑰匙，甚至不是什麼神奇的東西。正如其名稱所隱含的意思，補充品最適合用來補充你飲食的不足，改善你營養攝取可能出現的任何欠缺，而這種欠缺，或因營養不良，或因你根本攝取不到。

在服用補充品之前，請確認幾件事。首先，查明你的組織是否允許選手服用該補充品。例如，國際奧林匹克委會等組織會檢測偽麻黃鹼，但其他組織則不會。參加該組織比賽的人，如果服用含有偽麻黃鹼的感冒藥，檢查起來可能呈現陽性。必須確認的另一件事，是補充品生產廠商的聲譽。在許多情況下，運動員在接受禁藥檢測時呈陽性，僅是因為服用了被污染的補充品。一些生產補充品的公司會對其產品進行獨立測試，以確保這些產品不會在測試時呈現陽性反應。

只從信譽良好的公司購買補充品，因為這些公司的產品已通過美國全國衛生基金會等組織的第三方驗證測試。每個健力組織的禁用藥物清單可能有所不同，但重要的是，你必須知道那些差異，也需弄清你吃進體內的所有東西。你總不希望因為沒詳讀細則而遭判停權或禁止參賽。

在服用補充品前，你必須先了解，適當的營養才是良好表現的基礎，而補充品只不過是為你增添一點優勢罷了。在營養失衡的情況下，就算你服用所有最新、最有效的補充品，還是本末倒置的。關鍵點是什麼？如果你有任何疑問，請諮詢合格的營養師，而不是自行上網找答案。

肌酸

肌酸是一種存在於肌肉細胞粒線體中的天然物質。人體會製造它，它也存在於紅肉等食物中。肌酸在需要力量的運動員身上做了幾件事。首先，它為肌肉細胞提供額外的磷酸肌酸，用於ATP-PC能量系統。這對舉重運動員意味著什麼？這意味著你可以在訓練中重複動作更多次，因為你的肌肉中有更多的液體。這本質上就像將20瓦的燈泡換成40瓦的燈泡；你可以從40瓦燈泡中獲得更亮的光。肌酸對肌肉的能量產生也有同樣的作用。它也是一種細胞增大劑。基本上，它會將更多的水吸入肌肉細胞或肌纖維中，並增加其大小。

肌酸有多種輸送方式。一水肌酸可有效增加力量和大小，但有些人會出現腸胃不適。其他可用的形式，例如磷酸肌酸和檸檬酸肌酸，仍然可以有效提高強度，但不會出現胃腸道問題。

一水肌酸的常見劑量建議是每天25克，持續一週，然後每天5克。初始填充階段可使系統飽和並提高肌酸水平，而5克的維持劑量使肌酸保持在系統中。然而，其他類型的肌酸沒有這個填充期。

　　肌酸最好與某些物質一起（或混合）服用，以便將其帶入細胞，單純的甜葡萄汁是極為理想的選擇。人體釋放出的胰島素將糖帶進細胞，同時也將肌酸驅入其中。多項研究表明，單純的碳水化合物（如葡萄汁）會大大增強肌酸的效果。不過，也有研究發現，在胰島素沒有升高的情況下，鈉也一樣能將肌酸導入肌肉細胞。對於想減少碳水化合物攝取、又想讓肌酸增強肌力的人來說是大有助益的。減少碳水化合物攝取除了能防止血糖飆升外，每日卡路里的攝取量也隨之降低。處處減少碳水化合物的攝取可以幫助你在競賽當天盡可能降低體重。

麩醯胺酸

　　麩醯胺酸是骨骼肌中含量最豐富的胺基酸，具有抗分解代謝的特性，換句話說，它非但不會積聚任何東西，還可以防止肌肉進一步分解。麩醯胺酸也是一種條件式必需胺基酸。雖然人體會自行製造麩醯胺酸，但在進行鍛鍊或生病等生理壓力時，會很快將它耗盡。

　　雖然麩醯胺酸不會直接影響肌力或肌肉，但能促進腸道和免疫系統的健康，進而幫助你恢復。如果恢復得較快，你的身體就能為下一次訓練做好準備。身體準備得越充分，你就能接受更高難度的訓練，而你連續接受高難度訓練的課程越多，在訓練週期結束時取得的成績就越理想。

魚油

　　魚油含有omega-3和omega-6脂肪酸，這兩種酸的不飽和脂肪含量都很高。對健美運動員而言，omega-3和omega-6除了對心臟健康和大腦功能有益（這點經常見諸報導）外，還有其他好處，例如藉由調節身體的發炎週期來減少疼痛和發炎。魚油可以預防和緩解以「炎」字收尾的疾病，例如肌腱炎和滑囊炎。有些研究發現，魚油可以減少身體脂肪，從而改善身體組成，並且延緩疲勞發生。魚油的推薦劑量為每天1000毫克，你可以食用富含脂肪的魚類（例如鮪魚和鮭魚）以獲取魚油，但大多數人習慣把它當作補充品服用，主要是因為不喜歡吃魚，或因為吃魚後打嗝會聞到魚味。如今，許多魚油膠囊都有包膜，只有送到腸道時才分解，這樣便可防止上述情況發生。

葡萄糖胺和軟骨素

　　葡萄糖胺是一種胺基糖，可以幫助修補和形成關節軟骨，而軟骨素則是一種有助於維持軟骨彈性的蛋白質。一般認為這兩種成分可以防止軟骨受損，並且改善關節功能，可能具有下列功效：

- 減輕疼痛，尤其是膝蓋疼痛
- 讓關節更靈活

- 抗炎
- 避免軟骨遭受損害
- 讓關節更潤滑
- 生成更多滑液
- 重建軟骨
- 緩解骨關節炎症狀

葡萄糖胺和軟骨素也可以縮短急性關節損傷（如腳踝或手指扭傷）的癒合時間。如果八到十二週後你感覺不到傷勢好轉，那麼可能沒有幫助。葡萄糖胺和軟骨素是貝類製品，所以如果你對貝類過敏，請不要服用這類補充品。每日的推薦劑量為1500至2000毫克的葡萄糖胺和1200毫克的軟骨素。口服液是最理想的形態，因為身體更容易吸收，但如果你只適合膠囊，那也未嘗不可。

鈣

鈣是一種天然礦物質，所有乳製品、某些蔬菜（如綠葉蔬菜）和某些非乳製品中都有。鈣是肌肉收縮時所必須的，缺鈣正是抽筋常見的一種原因。在細胞中，鈣離子的釋放能使肌肉收縮。如果細胞沒有鈣，肌肉就無法收縮。要是鈣含量低，要麼根本無法產生太大力量，要麼發生抽筋。你可以從食物中攝取鈣，但如果你患有乳糖不耐症或無法經由飲食攝取足夠的鈣，那麼可以服用兩種鈣的補充品：碳酸鈣和檸檬酸鈣。檸檬酸鈣較容易透過胃壁吸收，較不會引起胃腸道的不適，不過價格昂貴。碳酸鈣的價格便宜許多，但吸收效果差很多。最近一些研究發現，同時服用維生素D和鈣有助於身體吸收和利用鈣，對骨骼的發育尤其重要。

鉀

鉀是另一種幫助肌肉收縮的礦物質。和鈣一樣，缺鉀會導致肌肉收縮無力或肌肉痙攣。馬鈴薯、地瓜、香蕉，以及強效運動飲料中都有鉀。

鈉

鈉是一種礦物質，日常的食鹽和大多數食物中都有，可幫助維持體內的滲透平衡。出現抽筋現象時，經常是因為肌肉或血液沒有足夠的水。如果比賽當天出現抽筋，吸收鈉是消除這現象既理想又快速的方法。儘管大多數食物都含有鈉，但如果你抽筋了，請喝點運動飲料補充鈉吧。運動飲料是以適量的鈉和其他電解質配製而成的，有消除痙攣的功效。

鎂和鋅

適當的荷爾蒙運作需要鎂和鋅。如果缺乏其中一種，那麼你體內睪固酮的濃度就會不足。如果你無法經由堅果或肉類等食物獲得足夠的這兩種礦物質，大多數的綜合維他命裡也都找得到。

羥甲基丁酸鈣

羥甲基丁酸鈣（HMB）用於阻力訓練時，其評價是褒貶不一的。它可以有效促進修復嚴重損傷的肌肉。不少補充品公司會引用醫學專業人士所做的一項研究，以證實HMB的功效，但卻經常略過不提的是，在發現HMB可以顯著增加瘦體組織的研究中，那些受試者都是愛滋病患和身體曾遭受大面積三度燒傷的病人。人們動不動就強調，HMB能促進傑出運動員的肌肉增長，並且在運動員節食到較小體重級別的過程中，可能有助於防止肌肉流失。這一補充品很受歡迎，本書不得不提上一筆。但因其功效缺乏明確證據，也許並不值得服用。基本上，消費者必須存疑，因為它可能起作用，也可能不會。除非你拿來用在病人身上，否則其功效仍有待觀察。

咖啡因

咖啡因是一種天然物質，也世界上用量最多的藥物成分之一。這種興奮劑能與腺苷受體結合，可防止身體的倦怠感，還能經由自主交感神經系統通路加快心率。用於耐力賽時，其益處顯而易見，因為咖啡因能促進脂肪分解。當脂肪派上用場時，促進有氧代謝的基質更容易發揮功效，從而延緩疲勞發生的時間。雖然咖啡因提高警覺度和幸福感的作用可能刺激訓練的欲望，但對速度、爆發力和肌力的影響還不清楚。運動員攝取咖啡因後可能更能接受更長時間的訓練，所以其進步是來自額外的工作量，而不是得益於咖啡因本身增進機能的作用。

預鍛鍊飲料

預鍛鍊飲料通常將高劑量的咖啡因與其他物質（如β-丙胺酸、酪胺酸、瓜胺酸和肌酸）結合在一起。這裡提醒一下：過度訓練的徵兆是缺乏活力和接受訓練時提不起勁。如果每次訓練你都依賴預鍛鍊飲料，過度訓練的症狀也許暫被掩蓋，但可能導致你承受越來越多過度訓練的危害，等你真正站上賽台時，成績反而退步。這些飲料最好只在訓練的後期階段服用，或在前一晚睡不好才偶爾飲用。不同廠牌的預鍛鍊飲料，含有不同比例且不同的成分，因此務必服用相同一種，千萬不要為了比賽而改服不同的或更強效的。如果你服用的預鍛鍊飲料打斷了你的睡眠，聰明的做法是換成另一種飲料，以確保能睡得安穩，並在後續訓練開始前恢復體力。若不這麼做，你可能會增加興奮劑或預鍛

錬飲料的用量，反而進一步造成睡眠問題惡化，也會讓自己過度訓練。

β-丙胺酸

　　β-丙胺酸是一種值得注意的物質，能有效提升運動效能並減少疲勞，並藉由減緩細胞內氫離子的方式來發揮作用，使酸度保持較低水準，從而避免動用功能較弱的有氧能量系統。服用β-丙胺酸會導致每次訓練的運動量增加，還可能提升整個訓練週期內成績。β-丙胺酸的副作用是暫時的瘙癢和麻刺，即所謂的「感覺異常」。不過這些現象短時間內便會消失，一般認為沒有大礙。如果這種感覺讓你覺得不舒服，那麼就試試β-丙胺酸含量較低的飲料，瘙癢和麻刺感即可能消失。一般認為，在訓練期間，β-丙胺酸和肌酸一併服用能產生加乘效果，增加能量基質同時緩衝氫的作用。

酪胺酸

　　酪胺酸是一種由苯丙胺酸產生的胺基酸，有助於人體製造多種物質，例如多巴胺、腎上腺素和甲狀腺激素。增加這三種要素能提升活力、警覺度和注意力，而多巴胺的增加則能提振心情。酪胺酸會干擾單胺氧化酶抑制劑（monoamine oxidase inhibitor, MAOI），如果你正在服用MAOI藥物，則不建議攝取這一補充品。

瓜胺酸

　　一般認為，瓜胺酸可以增加體內精胺酸的濃度。精胺酸很重要，因為它會增加一氧化氮（一种血管擴張素）的產生。血管擴張可改善血液流動，從而增加氧氣與營養物質的輸送，並提高運動過程中基質的利用率和新陳代謝。

總結

　　良好的營養對於提高運動成績至關重要，因為這可為你提供了高強度訓練的材料，並讓你在訓練後盡快恢復，為下一次的訓練做好準備。良好的營養之於人體，就像磚頭和砂漿之於建築。需要的時候，請服用補充品。補充品提供你無法經由飲食吸收的物質，這些物質可能是維生素和礦物質，也可能是肌酸等可以提升運動表現的成分。

　　弗雷德·哈特菲爾德（外號「深蹲博士」）指出，沒有人能吃得正確，但有些人就是比其他人吃得均衡。務必記住，我們要把良好的飲食營養放在首位。沒有哪種補充品能神奇到既讓你長出肌肉和力量，又讓你減少體脂肪。

第三章
熱身和恢復

在投身爆發力訓練之前，有必要先了解柔軟度和活動度的區別。柔軟度是指肌肉做出某一姿勢的能力，而活動度則指關節進行一系列運動的能力。雖然這些功能聽起來十分相似，但其間的差別是具體的。柔軟度是靜態的或靜止的，這表示你可以做出某一姿勢並靜態地（不移動）、而非動態地維持該姿勢。活動度意味順利完成活動範圍內的動態動作，且在任一時間點都不會停在某一固定的姿勢上。

本質上講，做出某一姿勢、推動或舉起重量都是動態行為。如果你是健力運動員，為了提升能力，你要加強的是活動度。雖然柔軟度和活動度之間存在基本關係（一個肢體緊繃的人也許可以單純透過伸展操來小幅改善活動度的），但注意力仍需集中在活動度上。在練習深蹲的過程中，伸展操實在無法幫助你蹲得更深。

首先介紹肌肉的兩類組織（即串聯彈性組織和平行彈性組織），這樣我們才能了解肌纖維的作用。在串聯彈性組織中，肌肉纖維首尾相連成一條直線，而與肌纖維平行的結構（如外肌膜、肌束膜、肌內膜、筋膜和細胞間基質）則構成了平行彈性組織。平行彈性組織與肌力和活動範圍比較相關，因此動態伸展效果最好。串聯彈性組織與速度以及靜態姿勢有關，因此靜態伸展效果最佳。動態和靜態伸展都在健力運動中各有各的重要，但仍需要將其分開看待。鍛鍊之前，建議進行動態伸展以提高靈活性，而鍛鍊後，靜態伸展則可確保肌肉恢復正常長度。

動態伸展

動態伸展同時涉及熱身和伸展。無論你處於健力學習的哪個階段，本章提出的論點都是很有說服力的，畢竟這是讓你的身體能為訓練和競賽做好準備的正確方法。中階和高階的健力運動員經常認為熱身和伸展可有可無，甚至很少或根本不做熱身。本章要告訴你動態伸展的重要性，以及它如何改善並提升你單次舉重的成績，以及整體的總成績。

回想第一次參加休閒性或組織性的運動時，別人可能會告訴你，開始之前要熱身。這個叮嚀如今依然適用。那時，說到訓練課程或健力比賽，最流行的熱身方式還是靜態伸展。目前許多健力運動員仍以這種方式熱身。靜態伸展的要點包括每次的伸展動作保持十到十五秒，然後再伸展身體的另一個部位。

正如運動設備和規則都已有所改進一樣，健力運動員訓練前的準備步驟也有所改進。對於任何級別的運動員（業餘的、高中的、大學的或專業的）來說，動態伸展都是不可或缺的。動態熱身中的動作通常模仿你即將參與的運動或活動。

認為熱身和伸展是可有可無的健力運動員應該了解，多年下來，他們的身體活動度已縮小，這可能導致在深蹲或將槓鈴放低到胸部時，無法達到適當的深度。動態熱身可以讓你即將用到的肌肉熱起來，破壞疤痕組織，讓你做好心理準備，並增加肌腱和韌帶的彈性。如果忽略熱身，你在舉重時就無法激活必要的肌群，這通常是無法達到足夠深度或正確槓鈴行程的原因。要是省略本應有的熱身步驟，你就無法在舉重時做出正確的姿勢，並可能做出導致你姿勢出錯的運動模式。可惜的是，不良的運動模式通常會讓運動員以不正確的方式扯動關節線，而且日復一日，可能導致受傷或關節炎。動態熱身能增加你的活動範圍。

至關重要的是，健力運動員應該把動態伸展視為訓練計畫的一部分。為了讓身體準備好你將舉起的重量，這是最理想、最有效的方法。進行動態伸展時，請投入時間，以適當的技巧徹底實行伸展。你可以借助槓鈴、啞鈴、藥球、壺鈴或僅利用自己的體重進行動態伸展。如果你是第一次做，可以預期的是，最後你會有點喘不過氣來，這是因為你同時在伸展和熱身。以下是所有你可以藉由動態熱身獲得的益處：

• **體溫升高**：體溫升高可使關節的滑液流動並且覆蓋關節。滑液是關節中一種類似酥油的物質，遇冷時變得很黏稠，其作用是潤滑關節並使關節進行全活動幅度的運動。滑液遇冷只會留在原位，一旦人體的核心溫度升高了，滑液就隨之升溫並變成流動的液態，同時包覆整個關節。如果你硬要在滑液變熱之前運動，那麼關節就無法有效在活動範圍內運作。要是你能做好熱身，你的疼痛就會減輕，並且能夠流暢而有效地完成動作。

• **呼吸速率增加**：較高的呼吸速率會向身體輸送更多含氧血液。氧氣是代謝脂肪以

產生運動能量所需的一種主要成分。

•　**向肌內輸送氧氣和儲存的能量**：這與呼吸速率增加有關。血液中較高的氧氣濃度可以激活肌肉中的能量。

•　**激活肌肉中的毛細血管**：一開始鍛鍊時，你肌肉中的毛細血管並未派上用場，血液也正為其他功能效力。等到熱身階段，毛細血管開始充滿血液並向肌肉輸送氧氣，讓肌肉實現最多的收縮和最大的收縮強度。

•　**破壞疤痕組織**：疤痕組織是高負荷訓練的後遺症。如能破壞疤痕組織，肌肉就會變得更加柔韌，收縮能力更強，也就是變得更強壯。

•　**增加肌腱和韌帶的彈性**：如果未經訓練，肌腱和韌帶狀態就只是柔軟，無法變得較有彈性，這會增加撕裂的風險。有時，唯一能鍛鍊肌腱和韌帶的就是熱身運動。請勿錯過這個預備開工的機會，否則一旦受傷，你暫時只有在場外觀賽的份。

•　**具有激勵效果，同時提高熱情、渴望，讓你做好心理準備**：健力運動員置身健身房時，腦子經常想著其他事情。熱身過程能讓你從一天的壓力過渡到重訓的樂趣。如果你沒熱身、沒經過這一過渡階段，就可能無法將煩心的事拋在腦後，專心接受訓練。

•　**提高肌肉溫度**：肌肉變暖較易放鬆。作用肌收縮時會迫使拮抗肌放鬆。如果肌肉未經適當激活，拮抗肌可能會嘗試與作用肌同時運作。本質上，在放低或抬升重量時，身體內部會發生對抗現象，而這並不是你要的。你會希望所有的肌肉都朝著同一個目標努力。動態熱身可造就有益的作用肌／拮抗肌關係。

•　**提升承重能力**：由於身體暖起來了，肌肉便耐得住更大力量，同時也更易適應較重的負荷。額外的血流和活動度能使肌肉為眼前的鍛鍊吸收更多力量。

動態伸展無痛、有趣、簡單，而且讓人覺得舒服。這類型的熱身有助於降低受傷風險並加大活動範圍。

動態熱身的整套步驟

無論你是初學、中階還是高階健力運動員，本節都示範了幾套步驟供你選擇。你可以借助自己的體重或是槓鈴、啞鈴、藥球、壺鈴等來進行。一旦你決定要做動態伸展，請在整個訓練週期裡堅持下去，同時避免每週新換一套。如果動態伸展需要重物輔助，那麼請使用你最滿意的選項。務必記住，這是低強度的練習。請你維持良好的姿勢、運用良好的技巧，並以全幅範圍的動作執行所有練習，同時不要變動練習步驟的順序。

利用體重

第一套動態熱身步驟讓你只使用自身的體重。如果你正在訓練上半身，請利用上半身的動態步驟來幫肌肉做好準備，但如果你正在訓練的是腿部或背部，那麼請使用下半身的步驟。

每次重複同一動作時，請嘗試更大的活動範圍，並以可控的方式完成每項練習。動態伸展和彈震伸展的主要區別在於動作的速度。在彈震伸展的過程中，你會試著勉強自己快速加大活動範圍。而動態伸展，你可以優雅地完成整個活動範圍。如果你的表現能超出自己平常的活動範圍，那就太棒了，但如果辦不到，也請至少保持在同一範圍內。務必記住，你的目標在於擴大活動範圍、減少疼痛，並為後續的鍛鍊做好準備。

如果你在熱身結束後仍然感到緊繃，就請做更多的練習，或是重複相同動作，以便改善活動範圍並放鬆肌肉或特定部位。如果一開始某項鍛鍊時你就想：「哎，身體怎麼還繃得緊，也不知道今天能不能達成預計的深度。」那麼你熱身的時間還不夠長。

上半身動態熱身

1. **繞手（向前動作）×20**：雙腳分開與肩同寬站立，雙臂伸向身體兩側，呈T字形。握住25磅或10公斤的重訓槓片向前畫圓弧線旋轉手臂。重複一組共20次的動作。

2. **轉體×20**：雙腳分開與肩同寬站立，將手臂抬至胸部高度，肘部彎曲，雙手手掌交叉。上半身盡可能向右扭轉，然後再向左扭轉，算一次動作。重複一組共20次的動作。

3. **繞手（向後動作）×20**：雙腳分開與肩同寬站立，雙臂伸向身體兩側，呈T字形。握住25磅或10公斤的重訓槓片向後旋轉手臂。重複一組共20次的動作。

4. **側彎（左右雙側）×每側15**：雙腳分開與肩同寬站立，左手手掌貼在頭部後面，右手抵住身體右側。接著上半身向右傾斜，並將右手滑到膝蓋下方。然後將手向上滑移，並且回到原來姿勢。完成右側一組15次的重複動作，然後換邊。右手手掌貼在頭部後面，左手抵住身體左側，接著上半身向左傾斜，然後將手向上滑移，並且回到原來姿勢。左右兩側均須做完一組15次的重複動作。

5. **繞手（雙臂向前伸直，然後向上舉至頭頂，接著復歸原來姿勢）×15**：雙腳分開與

肩同寬站立，雙臂在身前伸直。握住一塊較輕的重訓槓片，向上舉起你的雙臂畫圓弧線，直到雙臂來到你頭部的正上方為止。接著仍以畫圓弧線的方式慢慢放低你的手臂。重複一組共15次的動作。

6. **伏地挺身×20**：俯臥姿勢，雙手與肩同高，雙掌平放在地板上，間距略寬於肩膀，頭向前看，雙腿伸直，腳趾向內折收腳下。接著打直手臂，將身體推離地板，而打直手臂時亦請保持身體呈一直線。停頓一秒，然後彎曲手臂放低身體，直到胸部重新貼回地板為止。重複一組共20次的動作。

7. **手臂交叉（在身體前方相互交叉）×20**：雙腳分開與肩同寬站立，雙臂在身體前方伸直。將右臂疊上左臂，然後回歸原來姿勢，再將左臂疊上右臂，然後回歸原來姿勢。將手臂上下交替互疊，重複一組共20次的動作。

下半身動態熱身

1. **擺腿（向後）×每條腿15次**：站直並抓住牢固的物體。只用左腿保持平衡，收緊身體核心，右腿保持伸直，然後盡量向後盪去，越高越好。恢復原來的姿勢時，控制好腿的動作。接著換成右腿，重複一次上述動作，然後又切換到左腿。每條腿都需重複一組共15次的動作。

2. **固定弓步蹲×每條腿10次**：雙腳分開與肩同寬站立，將雙手放在頭部後面或是腰部位置，接著向前邁出一個低弓步。頭部保持抬高，肩膀後縮，上身挺直，腳趾向前伸直，身體重量均勻分佈。收回前腳，復歸原來姿勢。右腿重複10次動作，然後換腿，左腿也須重複10次。

3. **擺腿（向前）×每條腿15次**：站直並抓住牢固的物體。只用左腿保持平衡，收緊身體核心，右腿保持伸直，同時盡量向前踢去，越高越好。恢復原來的姿勢時，控制好腿的動作。接著換成右腿，重複一次上述動作，然後又切換到左腿。每條腿都需重複一組共15次的動作。

4. **深蹲×15次**：雙腳分開與肩同寬站立，腳尖微微朝外，再將雙手放在頭部後面或是腰部。彎曲臀部和膝蓋，將身體重量均勻地從腳掌分配到腳跟。保持頭頸和背部挺直。一旦大腿低於與地板平行的線，就可以把腿伸直，回到原來姿勢。重複一組共15次的動作。

5. **擺腿（向側邊）×每條腿15次**：站直並抓住牢固的物體，並用左腿保持平衡，然後盡可能將右腿向右抬，接著慢慢回到原來姿勢。先以重複右腿完成動作，然後換到左腿。每條腿重複一組共15次的動作。

6. **蜘蛛人式×每條腿10次**：先做俯臥姿勢，雙臂和雙腿放鬆分開。抬起一條腿並彎曲膝蓋，然後將小腿靠向手臂。在你抬高膝蓋時，彎曲手臂。回到原來姿勢。雙腿交替練習，直到完成所有次數。每條腿重複一組共10次的動作。

7. **側弓步 × 每條腿 15 次**：雙腳分開與肩同寬站立，雙手置於頭部後面或腰部。右腿盡量跨出，然後彎曲膝蓋，而左腿則應打直。頭部、胸部和軀幹保持筆直，腳趾指向前方。最後收回兩腿，站起身子，回到原來姿勢。重複右側動作，然後換到左側。每條腿重複一組共 15 次的動作。

運用阻力

接下來的十種動態熱身動作需要利用阻力。使用重量合適的負重，務請記住，這是為熱身而設計的一種低強度運動。

重複 5 次如下連續且不間斷的動作，然後是 4 次和 3 次，同樣連續且不間斷。在將槓鈴放回地板之前，請先完成所有的重複動作。以舉槓鈴的動態上半身熱身運動為例：做完 5 次直立划船、5 次抓舉高拉、5 次俯身划船、5 次瞬發上搏與借力推舉，以及 5 次槓鈴前平舉。重複上述每一步驟 5 次，接著 4 次，最後 3 次。

上半身槓鈴練習

1. **直立划船**：將雙手分開 12 至 18 英寸（約 30 至 45 公分），然後伸直手臂，握住槓鈴。稍微彎曲膝蓋，同時抬頭挺胸。彎曲肘部，再將槓鈴拉到下巴位置，肘部保持向外、朝上姿勢。慢慢伸直雙臂，控制力道，放低槓鈴。這一動作必須完成三組，第一組重複 5 次，第二組重複 4 次，第三組重複 3 次。

2. **高拉抓握**：雙手放上槓鈴，間距比肩略寬。然後伸直手臂，俯身抓住槓鈴。略微彎曲膝蓋，同時抬頭挺胸。接著盡可能將槓鈴向上拉舉，彎曲肘部，使其向外並且朝向上方。最後慢慢伸直雙臂，控制力道，放低槓鈴。這一動作必須完成三組，第一組重複 5 次，第二組重複 4 次，第三組重複 3 次。

3. **俯身划船**：彎腰握住槓鈴桿，背部保持平坦，膝蓋略微彎曲同時抬頭（圖 3.1a）。緊鎖你抓住槓鈴的手臂。彎曲肘部，將槓鈴拉舉向胸腔下部（圖 3.1b）。最後慢慢伸直雙臂，控制力道，放低槓鈴，直到槓鈴接觸地板為止。這一動作必須完成三組，第一組重複 5 次，第二組重複 4 次，第三組重複 3 次。

4. **瞬發上搏與借力推舉**：深蹲並抓住槓鈴。一口氣將槓鈴拉舉到與肩膀等高的位置，這時雙腳分開與肩同寬。改深蹲為微蹲，然後再將槓鈴朝天花板舉高，直到手臂緊鎖為止。接著控制力道，將槓鈴放低到胸部，然後降至大腿，最後放回地板。這一動作必須完成三組，第一組重複 5 次，第二組重複 4 次，第三組重複 3 次。

5. **槓鈴前平舉**：雙腳分開與肩同寬（或是稍窄亦可）。伸直手臂，抓住槓鈴，然後雙臂保持伸直，直接將槓鈴拉舉到你視線的高度。最後控制力道，放低槓鈴，直到槓鈴回到原來位置為止。這一動作必須完成三組，第一組重複 5 次，第二組重複 4 次，第三組重複 3 次。

圖 3.1：俯身划船：（a）原來姿勢；（b）將槓鈴拉舉向胸前。

下半身槓鈴練習

1. **項後深蹲借力推舉**：將槓鈴橫放在後肩上，微蹲，然後向上朝天花板推舉槓鈴，直到雙臂緊鎖為止。控制力道，慢慢彎曲手臂，放低槓鈴，使其回到後肩位置。這一動作必須完成三組，第一組重複5次，第二組重複4次，第三組重複3次。

2. **早安式**：把槓鈴橫放在後肩上。略微彎曲膝蓋站立。向後推臀部肌肉，背部保持平坦，頭向上抬。向前傾身，直到你的上半身與地板平行為止。慢慢將臀部收回下方，並恢復直立姿勢。這一動作必須完成三組，第一組重複5次，第二組重複4次，第三組重複3次。

3. **抓舉／過頭深蹲**：槓鈴舉到頭頂，雙腳分開與肩同寬。抓好槓鈴，兩手距離比肩膀寬。彎曲臀部和膝蓋，蹲姿盡可能低。手臂、頭部和背部保持挺直，腳跟平貼地面，然後伸直雙腿，回到原來姿勢。這一動作必須完成三組，第一組重複5次，第二組重複4次，第三組重複3次。

4. **登階**：將槓鈴橫放在後肩上。面向一個18到24英寸（約45到60公分）高的箱子站立。右腳先踩上箱子（圖3.2a），接著是左腳（圖3.2b）。下來時也是右腳先左腳後。從右腳先開始，完成一組中所有的重複動作，然後再換成左腳。這一動作必須完成三組，第一組重複5次，第二組重複4次，第三組重複3次。回到原來姿勢並從右側開始重複。

5. **固定弓步蹲**：將槓鈴放在後肩上。雙腳分開，與肩同寬站立。向前邁出一個低弓步。抬起頭，肩膀向後挺，上身姿勢保持挺直，腳趾朝向前方，身體重量務求均勻分

圖 3.2：登階：（a）右腳踩上箱子；（b）左腳隨後踩上箱子。

佈。收回前腳，復歸原來姿態。這一動作必須完成三組，第一組重複5次，第二組重複4次，第三組重複3次。

啞鈴或小槓片的上半身熱身

1. **啞鈴直立划船**：雙手各握一個啞鈴，手臂向下伸直。膝蓋稍微彎曲，保持抬頭挺胸姿勢。彎曲肘部，將啞鈴提至下巴位置，保持肘部朝外、向上。慢慢伸直手臂，控制力道，放下啞鈴。這一動作必須完成三組，第一組重複5次，第二組重複4次，第三組重複3次。

2. **啞鈴高拉抓舉**：抓好啞鈴，伸直手臂，靠在雙腿外側，膝蓋略微彎曲，抬頭挺胸（圖3.3a）。將啞鈴拉舉到盡可能高的位置，彎曲肘部，使其向外並且朝上（圖3.3b）。伸直手臂，控制力道地放下啞鈴。這一動作必須完成三組，第一組重複5次，第二組重複4次，第三組重複3次。

　3. **啞鈴俯身前平舉**：膝蓋彎曲、背部放平、頭部抬起。握住啞鈴，伸出手臂。在你面前將啞鈴盡可能高舉起來。然後控制力道，慢慢放低啞鈴，恢復原來姿勢。這一動作必須完成三組，第一組重複5次，第二組重複4次，第三組重複3次。

　4. **啞鈴單手抓舉**：首先膝蓋彎曲，背部放平，頭部抬起，右手垂在一側，左手抓住啞鈴。接著伸展你的膝蓋、臀部和腳踝，務求站得筆直，同時將啞鈴直接拉舉過頭頂，並且緊鎖手臂。然後將啞鈴依序放低到你胸前、腿部和地板。這一動作必須完成三組，第一組重複5次，第二組重複4次，第三組重複3次。回到原來姿勢，接著重複練習右臂。

　5. **啞鈴俯身飛鳥**：膝蓋彎曲站立，背部與地板平行並抬頭。雙手各握一個啞鈴，向下打直手臂。橫向拉抬啞鈴，直到與肩同高為止。控制力道，慢慢放低啞鈴，回到原來位置。這一動作必須完成三組，第一組重複5次，第二組重複4次，第三組重複3次。

圖 3.3：啞鈴高拉抓舉：（a）原來位置；（b）向上拉舉啞鈴。

啞鈴或小槓片的下半身熱身

1. **啞鈴弓步蹲**：雙手握住啞鈴，手臂向下打直，雙腳分開與肩同寬。向前邁出一個深弓步。保持抬頭，肩膀後挺，上身挺直，腳趾朝向前方，體重均勻分佈。控制力道，收回前腳，恢復原來姿勢。先在一條腿上完成所有重複動作，然後換腿。這一動作必須完成三組，第一組重複5次，第二組重複4次，第三組重複3次。

2. **啞鈴羅馬尼亞硬舉（RDL）**：雙腳分開與肩同寬站立，雙手各握一個啞鈴，手臂在身體前面向下打直。保持抬頭挺胸姿勢，背部也須挺直。彎曲腰部，直到軀幹與地板平行為止，膝蓋略微彎曲。放低啞鈴，直到啞鈴降到脛骨中段部位。控制力道，挺直軀幹，回歸原來姿勢。這一動作必須完成三組，第一組重複5次，第二組重複4次，第三組重複3次。

3. **啞鈴深蹲**：雙腳分開與肩同寬站立，腳趾稍微朝外，雙手握住啞鈴，手臂向下打直，將啞鈴靠在大腿外側。彎曲臀部和膝蓋，但仍抬頭挺背，體重從腳掌均勻分佈到腳跟。一旦蹲姿低於大腿與地板的平行線，即可重新站直，回到原來姿勢。這一動作必須完成三組，第一組重複5次，第二組重複4次，第三組重複3次。

4. **啞鈴登階**：面向一個18到24英寸（約45到60公分）高的箱子站立。雙手各握一個啞鈴，手臂垂放身體兩側，啞鈴靠在大腿外側。右腳先踏上箱子，然後再是左腳。下來時也是右腳先，左腳後。先用右腳重複完成所有的動作，然後換腳。這一動作必須完成三組，第一組重複5次，第二組重複4次，第三組重複3次。

5. **啞鈴側弓步蹲**：雙腳分開與肩同寬站立。雙手各握一個啞鈴，手臂打直垂放在身體前面（圖3.4a）。右腿盡可能跨出，並彎曲右膝蓋（圖3.4b）。左腿應該保持筆直。頭部、胸部和軀幹亦須挺直，腳趾朝正前方。最後收回左右腿，回到原來姿勢。這一動作必須完成三組，第一組重複5次，第二組重複4次，第三組重複3次。

圖 3.4：啞鈴側弓步蹲：（a）原來姿勢；（b）向右跨步。

壺鈴上半身熱身

1. **壺鈴瞬發上搏**：深蹲並且握住壺鈴。腳後跟保持平坦，抬頭，背部挺直，雙臂鎖緊。接著站直雙腿，將壺鈴從地板拉上來。彎曲肘部繼續拉動，藉著壺鈴重量轉動肘部，最後將壺鈴擱到肩上。這一動作必須完成三組，第一組重複5次，第二組重複4次，第三組重複3次。

2. **壺鈴單臂划船**：彎腰，胸部微抬，頭也抬起。彎曲膝蓋，單手握住壺鈴，手臂在面前朝下打直，另一隻手可支撐在健身椅上。彎曲肘部，手臂貼近身體，將壺鈴靠著體側拉抬上來。放低壺鈴時，伸展手臂直到打直。這一動作必須完成三組，第一組重複5次，第二組重複4次，第三組重複3次。回到原來姿勢，再練另一手臂。

3. **壺鈴單臂擺動**：雙腳間距寬於肩膀，彎曲膝蓋，背部保持挺直。單手拿著一個壺鈴，打直手臂，在兩腿間把壺鈴擺盪到肩膀上方的高度，然後控制力道讓壺鈴回到原來位置。這一動作必須完成三組，第一組重複5次，第二組重複4次，第三組重複3次。回到原先姿勢，用另一手臂重複動作。

4. **壺鈴直立划船**：雙手握住壺鈴，兩臂於身體前方打直（圖3.5a）。膝蓋略微彎曲站立，抬頭挺胸。彎曲肘部，將壺鈴拉抬至下巴位置，肘部保持向外、朝上（圖3.5b）。慢慢伸直手臂，控制力道並放低壺鈴。這一動作必須完成三組，第一組重複5次，第二組重複4次，第三組重複3次。

5. **兩臂交替盪動壺鈴**：雙腳間距大於肩寬。膝蓋微曲站立，抬頭挺胸，打直手臂，右手抓住壺鈴，然後將壺鈴從兩腿之間盪向肩膀上方，接著鬆開壺鈴，以左手接住。控制力道，將壺鈴盪回原先兩腿之間位置，接著再盪回肩膀上方，然後鬆開壺鈴，以右手接住。這一動作必須完成三組，第一組重複5次，第二組重複4次，第三組重複3次。

6. **單手壺鈴底朝上式肩推**：雙腳分開與肩同寬站立，膝蓋微曲。上半身保持垂直，壺鈴上肩。將壺鈴高舉過頭，直到手臂緊鎖為止。控制力道，將壺鈴放回肩上。這一動作必須完成三組，第一組重複5次，第二組重複4次，第三組重複3次。

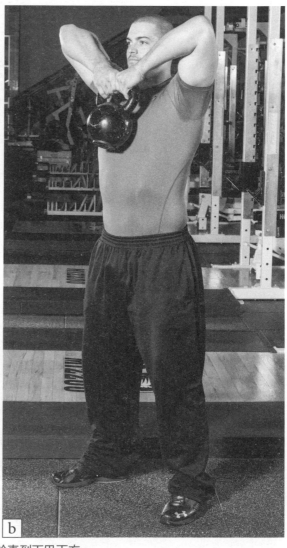

圖3.5：壺鈴直立划船：（a）起始位置；（b）拉舉壺鈴直到下巴下方。

壺鈴下半身熱身

1. **壺鈴上搏與深蹲**：雙腳分開與肩同寬站立。彎曲臀部和膝蓋，然後深蹲，一旦蹲姿低於大腿與地板的平行線，雙手即抓緊壺鈴。腳跟平貼地面，抬起頭挺起背，豎鎖雙臂。接著，在站起雙腿的過程中，將壺鈴從地板上拉起來，肩膀同時上聳。彎曲肘部繼續拉動，並借壺鈴的重量轉動兩肘，然後將壺鈴拉舉到肩膀位置。最後回到原來姿勢。這一動作必須完成三組，第一組重複5次，第二組重複4次，第三組重複3次。

2. **壺鈴羅馬尼亞硬舉**：雙腳分開與肩同寬站立，雙手合提一個壺鈴，垂在身體前方。抬頭挺胸，背部保持挺直。彎曲腰部直到背部與地板平行，膝蓋也稍微彎曲。放低壺鈴直到脛骨中段位置。最後，伸直軀幹恢復原先姿勢。這一動作必須完成三組，第一組重複5次，第二組重複4次，第三組重複3次。

3. **行走擺盪壺鈴**：雙腳間距大於肩寬站立，膝蓋彎曲，背部挺直。兩手抓住一個壺鈴，使其懸在兩腿之間（圖3.6a）。然後右腳踏出（圖3.6b）、左腳跟進，同時將壺鈴

圖3.6：行走擺盪壺鈴：（a）起始姿勢；（b）踏出右腳，同時向上盪出壺鈴。

向上甩盪到高過肩膀的位置。控制力道,讓壺鈴回到原先位置。這一動作必須完成三組,第一組重複5次,第二組重複4次,第三組重複3次。

4. **壺鈴硬舉**:深蹲在壺鈴前,打直手臂握住壺鈴。保持背部和胸部挺直、腳底緊貼地板的姿勢。站起身子,升高臀部,拉起壺鈴直到腿部緊鎖,且站直後,拉壺鈴的兩臂必須打直。彎曲膝蓋回到原先姿勢,過程之中保持胸部挺直,直到壺鈴觸地為止。這一動作必須完成三組,第一組重複5次,第二組重複4次,第三組重複3次。

5. **將壺鈴高舉過頭的農夫走路**:抓緊壺鈴,高舉過頭,並且打直手臂,縮緊你的身體核心,兩眼直視前方。舉著壺鈴,同時步行一段距離(約10至30公尺)。這一動作必須完成三組,第一組重複5次,第二組重複4次,第三組重複3次。

6. **壺鈴深蹲**:雙腳分開與肩同寬站立,腳趾稍微朝外。兩手各自抓緊一個壺鈴,體側雙臂向下打直。彎曲臀部以及膝蓋,從腳掌到後跟均勻分配體重,同時抬頭挺胸。一旦蹲姿低於大腿與地板的平行線,伸直雙腿回到原先姿勢。這一動作必須完成三組,第一組重複5次,第二組重複4次,第三組重複3次。

藥球上半身熱身

1. **藥球前舉**:雙腳分開與肩同寬站立,膝蓋稍微彎曲,背部挺直,雙手拿著一顆藥球。伸直手臂,在面前將藥球舉到視線高度。慢慢地將藥球放回原先位置。這一動作必須完成三組,第一組重複5次,第二組重複4次,第三組重複3次。

2. **藥球胸推**:雙腳分開與肩同寬站立,膝蓋微曲,頭抬起來。肘部彎曲,雙手拿著一顆藥球,置於胸前位置。在身體前將藥球舉高,直到手臂伸直為止,然後控制力道,將藥球放低到原先位置。這一動作必須完成三組,第一組重複5次,第二組重複4次,第三組重複3次。

3. **站姿藥球肱三頭肌伸展**:雙腳分開與肩同寬站立,膝蓋微曲,背部挺直。雙手拿著藥球,高舉過頭,然後在腦後彎曲手臂(圖3.7a)。收緊身體核心,並將手臂伸直至固定位置(圖3.7b)。慢慢恢復原先姿勢。這一動作必須完成三組,第一組重複5次,第二組重複4次,第三組重複3次。

4. **藥球大圈**:雙腳分開與肩同寬站立,膝蓋微曲,背部挺直。兩臂伸直,在你面前拿著藥球。收緊核心,並將藥球移至到身體左側,弧線長度大約是一個45磅(或20公斤)槓片的周長。這一動作必須完成三組,第一組重複5次,第二組重複4次,第三組重複3次。

5. **藥球二頭肌彎舉**:雙腳分開與肩同寬站立,膝蓋微微彎曲,背部挺直。雙手拿著一個藥球,向下伸直,至於大腿位置。收緊身體核心,同時彎曲肘部,將藥球彎舉到胸前。慢慢恢復原先姿勢。這一動作必須完成三組,第一組重複5次,第二組重複4次,第三組重複3次。

　　6. **藥球鑽石伏地挺身**：俯臥下來，雙臂與肩齊高，兩手壓在藥球上，構成鑽石形狀。抬頭看向前方，雙腿打直，腳趾彎曲壓在腳下。保持身體筆直，然後撐直手臂，將身體從藥球上撐起來，並停留　秒鐘　接著彎曲肘部，放低身體，直到胸部接觸藥球為止。這一動作必須完成三組，第一組重複5次，第二組重複4次，第三組重複3次。

圖 3.7：站姿藥球肱三頭肌伸展：（a）原先姿勢；（b）將藥球高舉過頭頂至固定位置。

藥球下半身熱身

1. **藥球高舉過頭分腿深蹲**：雙腿分開站立，一條腿在前面，膝蓋稍微彎曲，另一條腿在後面。腳趾指向正前方。將藥球舉過頭頂，緊鎖雙臂，同時挺起胸膛。收緊身體核心並放低後面那條腿的膝蓋，直到膝蓋觸及地板為止。回到原先開始位置。這一動作必須完成三組，第一組重複5次，第二組重複4次，第三組重複3次。接著換練另一條腿。

2. **藥球早安式**：雙腳分開與肩同寬站立。將一個藥球放在腦後的肩膀上。抬頭挺胸，打直背部。在整個運動過程中，膝蓋應保持略微彎曲。彎曲腰部，直到上半身與地板平行、藥球置於脛骨中段位置為止。伸直軀幹回到原先姿勢。這一動作必須完成三組，第一組重複5次，第二組重複4次，第三組重複3次。

3. **藥球弓步蹲**：雙腳分開與肩同寬站立。將藥球拿在胸前。右腿盡量前伸，彎曲兩膝，並以左膝觸地，同時腳趾指向前方。將前腳收回，使其與後腳齊平。這一動作必須完成三組，第一組重複5次，第二組重複4次，第三組重複3次。然後換左腿跨出，並重複先前動作。

4. **藥球深蹲**：雙腳分開與肩同寬站立，腳尖微微朝外。伸直手臂，將一個藥球拿在面前。彎曲臀部和膝蓋，將身體重量從腳掌均勻分配到腳跟。頭部和背部保持挺直。一旦雙腿低於與地板平行的線，伸直大腿回到原先。這一動作必須完成三組，第一組重複5次，第二組重複4次，第三組重複3次。

5. **藥球羅馬尼亞硬舉**：雙腳分開與肩同寬站立。伸直手臂，手中拿著一顆藥球。抬頭挺胸，打直背部。在整個運動過程中，膝蓋應該微微保持彎曲。彎曲腰部，直到上半身與地板平行為止，然後回到原先姿勢。這一動作必須完成三組，第一組重複5次，第二組重複4次，第三組重複3次。

6. **藥球弓步側轉**：雙腳分開與肩同寬站立。將藥球拿在胸前。左腿盡可能跨出，彎曲膝蓋（圖3.8a），同時將藥球轉到左側（圖3.8b）。右膝觸地，左腳腳趾朝向前方。收回前腳，使其與後腳齊平，以便回到原先姿勢。這一動作必須完成三組，第一組重複5次，第二組重複4次，第三組重複3次。接著換身體另一側重複先前的動作。

圖 3.8：藥球弓步側轉：（a）左腿弓步；（b）向左側轉。

　　運動彈力帶是提高動態柔軟度的絕佳工具。你可以想像、自創獨有的鍛鍊招數和伸展角度。外號「橡膠彈力帶先生」的迪克・哈策爾最推薦以運動彈力帶來提高柔軟度和活動度。他雖然不算年輕了，但身體仍非常靈活。運動彈力帶有多種顏色，各自代表不同的阻力程度：

- 黃色（輕等阻力）
- 藍色（強等阻力）
- 紅色（次輕等阻力）
- 黑色（超強等阻力）
- 紫色（中等阻力）
- 銀色（最重等阻力）
- 綠色（一般阻力）

運動彈力帶上半身熱身

　1. **彈力帶直立划船**：雙腳踩住彈力帶，抓住其頂部，向前打直手臂。保持身體挺直，收緊身體核心。彎曲肘部，慢慢將彈力帶拉向下巴，肘部保持向上、向外的方向。控制力道，直到手臂伸直，彈力帶回到起初的位置。這一動作需重複10次。

　2. **彈力帶板凳撐體**：坐在長凳邊緣。將彈力帶置於後肩上，雙手抓住其末端。雙手放在臀部旁的長凳邊緣，然後將上半身撐離長凳，同時保持膝蓋伸直、身體核心收緊、雙臂緊鎖的狀態（圖 3.9a）。接著彎曲肘部，將臀部朝地板放低（圖 3.9b），直到上臂與地板平行或更低為止，然後伸直雙臂並緊鎖，完成一次完整動作。這一動作需重複10次。

圖 3.9：彈力帶板凳撐體：（a）手臂上撐，讓臀部離開板凳；（b）朝地板放低臀部。

3. **彈力帶側平舉**：挺身站直。右腳踩住彈力帶的一端，右手抓住另一端。身體核心保持收緊狀態。側舉右臂，直到右臂打直並與地板平行。慢慢回到原先姿勢，然後重複上述動作。先以右臂完成所有重複動作，接著再換左臂。每條手臂均需重複該動作10次。

4. **彈力帶二頭肌彎舉**：挺身站直，膝蓋微微彎曲。右腳踩住彈力帶的一端，右手抓住另一端。彎曲肘部，將彈力帶彎舉到胸上部。慢慢回到原先姿勢，然後重複上述動作。先以右臂完成所有重複動作，接著再換左臂。每條手臂均需重複該動作10次。

5. **彈力帶伏地挺身**：將彈力帶放在背部，雙手各抓住彈力帶的一端。俯臥，雙臂與肩齊平，抬頭前看，雙腿伸直，腳趾彎縮腳下。身體保持挺直，將身體撐離地板時手臂打直。維持該動作一秒鐘，然後彎曲肘部、放低身體，直到胸部觸及地板為止。不能停頓，迅速回到初始姿勢。這一動作需重複10次。

運動彈力帶下半身熱身

1. **彈力帶深蹲**：雙腳分開與肩同寬站立，腳趾略微朝外。將彈力帶一端掛至後肩，雙腳踩住彈力帶另一端。彎曲臀部和膝蓋，將身體重量從腳掌均勻分配到腳跟。頭、背保持挺直。一旦大腿已低於其與地板平行的線，伸直腿部，恢復原先姿勢。這一動作需重複10次。

2. **彈力帶弓步蹲**：雙腳踩住彈力帶的一端，另一端則繞過後肩。挺身站立，雙腳分開與肩同寬。右腿盡量前伸，彎曲兩膝，並以左膝觸地，腳趾同時指向前方。收回前腳，使其與後腳齊平，恢復原先姿勢。這一動作需重複10次。

3. **彈力帶登階**：面向一個18到24英寸（約45到60公分）高的箱子站立。將兩條彈力帶各自繞過左後肩和右後肩，於胸前交叉後，右腳踩住繞過左後肩的那一條，而左腳則踩住繞過右後肩的那一條（參見圖3.10以了解如何使用彈力帶）。先以右腳踏上箱子（圖3.11a），左腳隨之跟進（圖3.11b）。下階時也是右腳先、左腳後。從右腳開始，完成所有重複動作，然後換至左腳，完成所有重複動作。每一條腿都需重複10次這一動作。

圖 3.10：彈力帶登階使用示範。

圖 3.11：彈力帶登階：（a）右腳踩上箱子；（b）左腳隨後跟進，兩腳齊平站立。

4. **彈力帶早安式**：雙腳分開與肩同寬，彈力帶的一端踩在兩腳下，另一端則繞過後肩。抬頭挺胸，背部打直。在整個運動過程中，雙膝保持輕微彎曲。彎曲腰部，直到軀幹與地板平行為止。伸直軀幹回到初始姿勢。這一動作需重複10次。

5. **彈力帶腿部彎舉**：腹部朝下俯臥。將彈力帶的一端繞過左右腳踝，另一端固定在舉重架。向上彎舉雙腿，將彈力帶盡可能拉近臀部。控制力道，慢慢將彈力帶放低到原先位置。這一動作需重複10次。

彈力帶伸展一般練習

1. **大腿後肌**：仰臥。將彈力帶的一端繞過左腳下，然後用雙手抓住彈力帶的另一端。盡可能拉動彈力帶，慢慢將腿抬起（圖3.12）。然後慢慢將腿放低到原先位置，並且重複這一動作。先用左腿重複彎舉，接著換到右腿。每條腿都須重複10次這一動作。

2. **膕肌**：仰臥。將彈力帶的一端繞過右腳下，而另一端則以雙手抓住。抬起右腿，拉

圖 3.12：大腿後肌伸展。

舉至垂直狀態，然後保持這一靜態姿勢。接著伸展右膝後部肌肉。慢慢將腿放低到原先位置，然後換腿。這一動作每條腿都須重複10次。

3. **小腿肚**：坐在長凳邊緣，雙腿伸直，然後將彈力帶的一端繞過右腳掌上，而另一端則以雙手握住。在施加阻力的同時，腳趾須交替外展和內縮。換腳再做。這一動作每條腿都須重複10次。

4. **腹股溝**：仰臥。將彈力帶的一端繞過右腳底，另一端則由右手抓住。用彈力帶扯動右腿，令其橫向擺動，同時盡可能把腿抬高。控制力道，慢慢將腿放低到初始位置，然後換腿再做。這一動作每條腿都須重複10次。

5. **髂脛束**：仰臥，膝蓋彎曲。將右腿交叉在左腿上。將彈力帶繞過右腳底，並且抓住彈力帶，令其靠近右腳。將右腳拉向你的胸部，同時利用左腿引導右腳。換腿再做。這一動作每條腿都須重複10次。

6. **股四頭肌和髖屈肌**：俯臥。將彈力帶的一端繞過左腳踝，另一端則以雙手抓住。抬起左腿並拉動彈力帶，使左腿盡可能高舉（圖3.13）。這時胸部會稍微撐離地面。恢復原先姿勢，然後換做右腿。這一動作每條腿都須重複10次。

圖 3.13：股四頭肌和髖屈肌。

7. **背闊肌和肩部**：雙腳分開與肩同寬站立，雙手抓住彈力帶的兩端，然後打直手臂，將彈力帶舉過頭頂（圖3.14a），然後放低到臀部位置（圖3.14b）。在整個運動過程中，手臂必須保持挺直。暫停一下，並將彈力帶放回起始位置。這一動作需重複10次。

　　無論你選擇哪種動態步驟，你都會從中獲得精神上和身體上的好處。過了一段時間，你將更能體會動態熱身和提高體溫的重要性，因為這些都能增強能力，令你的表現更出色。藉由練習所有的多關節運動，你能讓動態熱身變得更加令人興奮，變得更有趣、更具挑戰性。例如，使用啞鈴、槓鈴、壺鈴或藥球來進行上搏、前深蹲和過頭推舉。

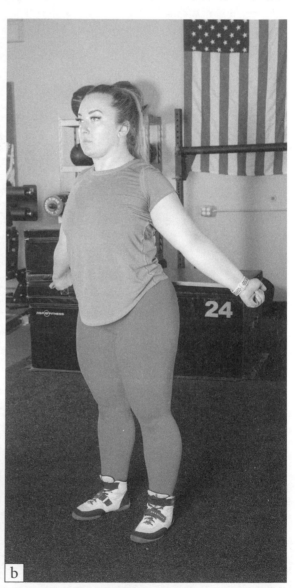

圖 3.14：背闊肌和肩部：（a）雙手抓住彈力帶的兩端，然後打直手臂，將彈力帶舉過頭頂；（b）將彈力帶放低到臀部位置。

使用泡棉滾筒

　　泡棉滾筒有助放鬆肌肉和破壞疤痕組織，因此可以用來補充動態熱身。如果肌肉緊繃或抽筋，泡棉滾筒的壓力可以讓肌肉放鬆。

　　使用泡棉滾筒時，你可能會注意到，滾筒滾過身體某個部位時會感覺疼痛。這就是一個「痛點」，是肌群緊繃的地方。該部位已形成疤痕組織，需要鬆開。與其避開那個位置，不如勉強自己，讓滾筒在那個位置上多滾動一段時間，以便肌肉放鬆。試想一條打了結的橡皮筋。如果你拉動橡皮筋的末端，結就會變得更小更緊。結不會自動消失，但如果你多加扭動，那個結最後就會鬆動，這樣你便可以將它解開，並伸展到你想要的長度。基本上，這說明了泡棉滾筒能讓肌肉柔軟。如果你先用泡棉滾筒鬆動那個「結」，然後再用靜態和動態伸展來重新排列肌纖維，那麼你就可以大大降低受傷的風險。以下是泡棉滾筒的基本練習（另見第248頁表13.4）。

泡棉滾筒常規步驟

1. **小腿**：雙腿伸直坐在地板上，然後將泡棉滾筒放在兩塊小腿肌的下方。將雙手放在身後以起平衡和支撐的作用，接著在滾筒上向前滾動雙腿，從小腿頂部滾到小腿底部，這樣算完成一次動作。這一動作須重複10次。為了增加強度，還要在左右腿上再各做10次。

2. **大腿後肌**：雙腿伸直坐在地板上。然後將滾筒放在兩塊大腿後肌的下方。將雙手放在身後以起平衡和支撐的作用。在滾筒上向前滾動雙腿，從大腿後肌的頂部滾到大腿後肌的底部，這樣算完成一次動作。這一動作須重複10次。為了增加強度，還要在左右腿上再各做10次。

3. **髂脛束（左右兩邊）**：側臥在地板上，然後將滾筒放在左臀部下方（圖3.15a）。向下滾動滾輪直到膝蓋部位為止，接著再向上滾動。這樣算完成一次動作（圖3.15b）。換邊再做。這一動作每條腿都須重複10次。

4. **臀肌（左右兩側）**：坐在地板上，彎曲右腿，右腳平放在地板上。將左腿交叉在右腿上，然後將滾筒放在左臀部下方。從臀部的上方滾動到臀部的下方。換邊再做。這一動作每側都須重複10次。

圖 3.15：髂脛束（左右兩邊）：（a）將滾筒放在臀部下方，然後平躺；（b）在滾筒上滑動直到膝蓋。

5. **下背部**：仰臥，膝蓋彎曲，雙腳掌平放。將滾筒放在下背部的下方。在滾筒上來回滾動一次，這樣算完成一次動作，這一動作須重複10次。

6. **胸椎**：仰臥，膝蓋彎曲，雙腳掌平放。將滾筒放在上背部的下方。在滾筒上從背闊肌上方到下方來回滾動一次，這樣算完成一次動作。這一動作須重複10次。

7. **背闊肌**：側躺，雙腿伸直。將滾筒放在手臂下方的背闊肌上。在滾輪上從背闊肌上方到下方來回滾動一次，這樣算完成一次動作。換邊再做。這一動作左右兩邊都須重複10次。

鍛鍊後的舒緩伸展

鍛鍊完成後，請做一下舒緩伸展。這時，靜態伸展會更有效，原因是你的肌肉已變得比較溫暖而且更有伸展性。靜態伸展的時間不超過五分鐘，僅伸展當天鍛鍊過的肌肉，以利肌肉加速恢復，去除乳酸，同時減少高強度鍛鍊所引起的肌肉痠痛和僵硬。但更重要的是，這種伸展運動有助你為下一次訓練做好準備。鍛鍊後的靜態伸展可加快恢復速度，減少肌肉痠痛或僵硬，讓人感覺比較舒服，還讓你有時間從重量訓練的課程過渡到現實世界。如果你拿重量訓練時表現的攻擊性和猛強度與人相處，可能會造成麻煩。這段過渡時間能讓受訓者重新融入社會，所以有必要預做準備，這樣受訓者就能夠以冷靜和理性的方式與人接觸。下面是一套常見的、簡單的伸展步驟。

鍛鍊後靜態伸展的步驟

1. **半跨欄（左右兩腿）**：坐在地板上，右腿伸直，左腿彎曲，左腳接觸右大腿的內側。接著雙手伸向右腳踝。換腿再做。每條腿均須維持這種姿勢20到30秒。

2. **V形坐姿（中、左、右）**：坐在地板上，雙腿張開，上身垂直。雙手伸向右腳踝，然後再伸向左腳踝，然後從中間向下，將左右手分別放在左右腳踝上。每次伸展均需維持20到30秒。

3. **蝴蝶餅式伸展**：坐在地板上，右腿伸直，左腿放在右腿上，膝蓋彎曲，上半身保持垂直。上半身向左扭轉，並將右肘靠在左膝上，眼睛看向左肩。將左手撐在地板上以保持平衡和穩定（圖3.16）。換腿再做。每次伸展均需維持20到30秒。

4. **蝴蝶式**：坐在地板上，雙腿膝蓋彎曲，腳跟併攏。身體前傾，用肘部將膝蓋推向地板。這個動作需維持20到30秒。

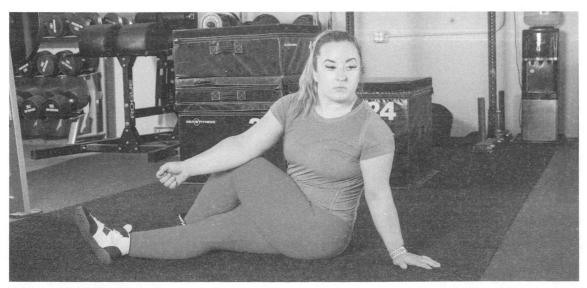

圖 3.16：蝴蝶餅式伸展。

5. **跪姿髖關節伸展**：左膝曲在身後，右腿放在身前，右腳平放在地板上。盡可能向前推移臀部。保持上半身垂直，雙手放在臀部上（圖3.17）。換腿再做。這個動作每條腿均需維持20到30秒。

圖 3.17：跪姿髖關節伸展。

6. **仰臥扭轉軀幹**：仰臥，雙腿垂直上舉，肩膀緊貼地面，伸出雙手，手掌朝下。雙腿轉向右側，直到雙腳接觸地板為止。保持不動，然後回到原先姿勢。接著雙腿轉向左側，直到雙腳接觸地板為止。重複這一動作，左右轉動腿部。重複次數依個人的喜好而定。每側均須保持不動，時間20到30秒。

7. **睡姿肩部伸展**：身體右側臥下，將右上臂壓在地板上，肘部彎曲，再用左手抓住右手，嘗試將其拉向地板，但右上臂仍須壓在地板。換邊再做。這個動作每側均須維持20到30秒。

8. **坐姿髖關節 90/90**：左臀坐在地板，左腿在你面前彎曲呈一直角，右腿伸向身後，保持跨欄姿勢。伸展左膝，這一伸展姿勢須維持20到30秒（圖3.18）。左腳呈對角線伸展。換腿重複這一動作。

9. **頭頂三頭肌伸展**：雙腳分開與肩同寬。雙臂高舉過頭，盡量伸直向上，手指交叉。稍微彎曲肘部放鬆，然後重複動作。每次動作均須維持20到30秒。

圖 3.18：坐姿髖關節 90/90。

恢復

　　健力運動員普遍有個困難點，那就是不能為下一次鍛鍊預做準備。在訓練年度不同的時間點上，都應包括恢復步驟，以確保選手在比賽當天能拿出最佳的成績。然而，如果選錯時間，做了太多恢復動作，將會導致身體過度仰賴這些動作，而非依靠其內部的恢復機制。根據經驗法則，如果需要在休賽期初期進行恢復訓練，那就是訓練量或訓練強度（可能兩者都有）都太大了，無法引發有效適應，這個問題必須解決。

　　每個人對恢復技術的反應都不同，因此需要個別看待。由於基因、個人偏好和信念的差異，對某人有效的方式可能對其他人毫無作用。基因因素使人較能輕鬆應付這件事或那件事。例如，有些人對於訓練量的反應較好，而另一些人則擅長應付訓練強度。同樣，僅因基因不同，兩個人對同一種恢復方法的反應也會不同。個人偏好以及先前經驗可能會極大地影響恢復反應。對於怕冷的人來說，冷水浴可能只是壓力源，結果導致過度訓練而非恢復；或是有人本來就把例如跑步等穩定式運動視為懲罰，那麼這個人就會一直堅守這信念，所以要他跑步等於對他施加壓力，而不是幫助他恢復。信念也會影響恢復。一個人如全心全意相信某種東西可以促進康復，那麼他通常錯不了。大腦是個複雜系統，可以自己釋放一些物質（例如腦內啡）來讓人覺得舒服。堅信某事可能會起作用（因為高中教練都會這麼說），可能有助恢復，即使從生理角度來看其實不起作用也一樣。以下是一些基本的恢復技術。

睡眠

　　睡眠不足是造成過度訓練的單一最大因素。身體要能恢復，唯一的辦法是睡覺，一

個人如果不睡覺，是無法從鍛鍊中恢復的。有幾件事可以幫助運動員入睡，例如讓周遭環境變暗、使用舒適的枕頭或床墊、調節溫度、冥想或聽些適合冥想的聲音。此外，也可以服用鋅和鎂等補充品或纈草和褪黑激素等助眠劑。環境變暗可以提升睡眠品質，因為這會抑制你的喚醒機制。就像陽光引起雞啼，光線也會開始喚醒你的身體。如想睡得更久，不妨試試遮光窗簾，一個助眠面罩也行，這是因為眼睛裡的感受器對光線特別敏感，即使有眼皮遮擋也一樣。

舒適的枕頭和床當然至關重要。如果無法感覺舒服，你就睡不著覺。換個床墊可能很貴，如果床墊睡起來不舒服，那就鋪個床墊套，也許就舒服了。床墊有各種密度、厚度和形狀。如想找出最適合你的床墊，可能需要詳加探究。同樣，大小合適的枕頭也必不可少。側睡的人（尤其是體態寬大的健力運動員）可能需要更厚、更密實的枕頭，至於仰睡的人，普通枕頭可能就夠了。

用聲音來「淹沒」環境也是個好辦法。一些白噪音播放器會整個晚上重複播放大自然或海洋的聲音，這樣你就可以不受環境噪音（例如屋外的狗吠聲）變化的干擾。就算環境噪音的變化不見得會把人吵醒，但確實會影響深度睡眠的時間，如果使用白噪音播放器，你就可能享受更深沉的睡眠，或者保持你以前達到的深度睡眠水準。

冥想

冥想是一種能讓大腦回歸副交感自主神經系統狀態的方法。冥想方法有許多種，但目前廣為流行、且得到研究和商業應用程式大力支持的，即是所謂的「正念」。YouTube上還有很多引導式的冥想，例如步行冥想、減壓冥想和睡眠冥想。很難說哪種類型最適合你，畢竟這是十分主觀又因人而異的。不過，最好的冥想方法就是你會一直採用的那個，所以，你可以找一個自己喜歡的（就內容和敘述者的聲音而言）、又能助你放鬆的方法。

補充品

缺乏鋅或鎂會對睡眠造成負面影響。雖然其間機制尚不清楚，但補充這兩種礦物質會改善睡眠品質。這兩種礦物質另有一個益處，那便是支援合成代謝激素和肌肉收縮，所以就算服用鋅或鎂不能改善睡眠，你的錢也沒有白花。

有人發現，能提升睡眠品質的另外兩種補充品是纈草根和褪黑激素。纈草似乎因能增加γ-胺基丁酸（GABA）的含量，所以也能發揮作用。這是一種自然存在的胺基酸，在大腦中充當神經傳導物質，進而讓全身產生放鬆感。根據研究，服用300至600毫克的纈草根即能見效。雖然以沖泡方式處理纈草比較費時，但這是吸收這種補充品最理想的方式，而且古希臘時代即已流行。沖泡10分鐘後所提取的纈草根已足夠產生效果，但需要每天服用，二至三週後才能看到成效。褪黑激素是負責讓你入睡的激素，可以自外補

充，也是天然的助眠劑。這種補充劑能幫你克服偶發的失眠症。如果連續幾個晚上睡眠不足，然後只有一晚可以讓你飽眠，那晚服用褪黑激素，這可能會對你有益。劑量通常是2.5毫克的倍數，最好在睡前1至2小時服用，幫助入睡。

睡眠呼吸中止症的治療

睡眠呼吸中止症影響幾乎所有頸圍超過17英寸（43公分）的人。超過這個頸圍的人一旦躺下，頸部無論是肌肉還是脂肪組織，都會因自身重量而塌陷。呼吸中斷就會醒來，就算沒有完全清醒，也會阻礙進入深度睡眠的狀態。每小時呼吸中止發作三十次的病例並不罕見，也就等於每二分鐘醒來一次。由於身體恢復通常在睡眠時發生，因此不斷醒來會妨礙充分恢復。

目前有兩種治療睡眠呼吸中止症的方法。第一種是持續性正壓呼吸器（CPAP）的裝置，其治療原理是以加壓方式迫使空氣通過氣管，以保持氣管暢通並防止呼吸中止。另一種是桑頓雙層可調式定位器（Thornton Adjustable Positioner, TAP），被動地將下頜向前拉。該裝置可使頸部更加繃緊，並降低氣管下陷的風險。雖然一般認為CPAP是標準療法，但TAP卻比較有效，特別是能造福那些無法承受CPAP設備的人。萬一你患有睡眠呼吸中止症，可以試試這些療法，以便達成深度睡眠，而這可能是釋放你舉重潛力和防止受傷的最大關鍵。

按摩

按摩類型各式各樣。如果目的在於鬆開沾黏，那麼深層組織按摩會增加血液流動，並機械地分開本來應滑動的肌纖維。其他類型的按摩也可能有益，尤其是比較放鬆的方式。當身體藉由按摩進入放鬆狀態時，即能激活副交感神經系統通路，而該系統就是能讓你休息和恢復的功臣。自主神經系統一旦改變，你就可以達成恢復狀態。

漂浮艙

漂浮艙可以隔絕所有感官知覺，使身體恢復副交感自主神經系統的狀態。漂浮艙擋住大部分光線，療程通常伴隨舒緩的聲音，以達到進一步放鬆的目的。高濃度的鹽分使你得以漂浮水中。空氣和水的溫度相同，因此很難分辨水和空氣的分隔線在哪裡。漂浮狀態通常持續30到60分鐘，而且有人發現，這種療法可以大大增加肌力和爆發力。有些人在療程後的一、兩天感到遲鈍，但到第三天往往就會出現大幅的反彈。

雪橇車

雪橇車可讓你只做向心運動，這樣即可幫助血液流向身體需要恢復的部位。由於沒有離心訓練，肌肉損傷最小，因此不會痠痛。單次雪橇車通常只做15或20分鐘，以免

加重疲勞。練習的重點應放在需要多加恢復和需要強化的部位。如果使用鏈條、繩索或皮帶上的手柄，雪橇車進行的一切練習幾乎都只牽涉向心運動。負荷應視鍛鍊的性質予以增減，但難度不應太高。

緩慢、穩定的心肺運動

以較低強度（亦即較低心率）進行有節奏的、穩定的有氧運動，可恢復自主神經功能，也就是能使你回到中立狀態，同時加快恢復速度。此外，這種有氧運動可以增強心輸出量和全面的心臟功能，還能恢復迷走神經張力。做些低強度的有氧運動，不會對你的競賽總重量產生負面影響，實際上還可能藉由發展有氧能量系統來增加競賽總重量。有氧能量系統在試舉過程中不會帶來任何好處，但可以幫助你在兩次試舉之間恢復得比較快，因此可確保你準備好為隨後的試舉盡最大的力量。如果你剛做完第三次試舉，而第四次試舉又馬上輪到你，那麼你只有短短三分鐘的休息時間，這時低強度的有氧運動就顯得特別有用。

冰浴

長期以來，冰浴被視為有利身體恢復。冰浴可引起全身血管的收縮反應，並刺激自主神經系統，加快恢復速度，其益處可能是來自低溫，來自神經系統受到衝擊，或者僅因水壓施加的力。冰浴水溫應設定在華氏50度（攝氏10度）左右。有個經驗法則可供參考：在浴缸裡加入冰塊，直到四分之一到三分之一的量，再將水倒入。浸泡應該持續六到十分鐘，一旦超過十分鐘，冰浴可能會造成負面影響，例如導致體溫過低。

冷熱交替浴

冷熱交替浴應在大約華氏50度（攝氏10度）的冰浴缸和大約華氏105度（攝氏40度）的熱水浴缸之間交替進行。與冷水浴的原理一樣，能藉由溫度變化、血管舒張和收縮的交替，以及水壓來刺激自主神經系統。

總結

做任何事都該看時間和地點，伸展也不例外。動態伸展對於提高鍛鍊前的活動度最有效，因此你可以藉此完成適當的動作。鍛鍊後最好進行靜態伸展，以便肌肉恢復到適當的長度並減少痠痛。活動度的訓練可建立進擊特質，而柔軟度的訓練則可幫助放鬆。此外，做好恢復動作，有助於你在後續訓練中修復身體，所以也是鍛鍊過程中重要的一環。如果你想在活動度和柔軟度方面取得最好的成果，就要確切知道哪種時機和地點適合進行練習，如此一來，你就能在比賽前做好傷害預防，並在比賽當天展現佳績。

第四章

深蹲

在世界各地最注重肌肉鍛鍊的健身房裡，深蹲被譽為健力之王，尤其是它能讓腿部變壯。深蹲最棘手的就是找出適合你的正確習慣、正確方式和正確技術。健力界許多優秀深蹲運動員採用的方式和技術各式各樣，無論是深蹲姿勢還是槓鈴位置都各有不同。

在健力的三個動作中，深蹲無疑是最難掌握的。深蹲時，你必須記住很多細節，比方槓鈴的位置、雙腳的位置和臀部的動作。一次閃失可能破壞整個舉重過程。說到深蹲，關鍵在於養成習慣。你必須養成落實同一深蹲形式和技術的習慣，從開始到將槓片物歸原處都是。一旦養成了正確的深蹲習慣，你的槓片就會移動得更快、更輕鬆、更順暢，而你的臀部和腿部也會變得更強壯，因為你鍛鍊出的肌肉正是深蹲運動旨在培養的肌肉。此外，你身體的其他部位也將受益，例如下背部、腹部、手臂、胸部、肩膀和心血管系統。

初學健力的運動員應該把練熟每個舉重動作設為目標，以便消除一切弱點。你不會想自貶身價，變成一個老是把「本來應該如何如何」、「本來可以如何如何」、「本來將會如何如何」掛在嘴邊的人。只有這樣，你才有機會參加比賽，並且贏得你參加的每場比賽。

由於深蹲是很難掌握的動作，本章的目標就在提高你對深蹲的理解，因而讓你建立信心。如果採用較好的方式和技術，你深蹲時便可舉起更大的重量。當你開始挑選深蹲的要素時，可以把一些元素組合起來，成為日後個人深蹲的方式和技巧。同時，你也要考慮自己的基因構成，是怎樣就是怎樣。請參考表4.1以確定你的基因構成，以及哪種姿勢最適合你。尚無研究可以支持這一理論，但人的四肢大小是肉眼可見的。瑞奇・戴爾・克萊恩在整個職業生涯中曾觀察過數百名健力運動員，結果發現了這一點。你很少能找到一個不符合這些遺傳特徵的健力運動員。

表4.1　基於遺傳特徵考量的蹲姿

	短背	中等背	長背
短腿	中等／寬	中等／寬	窄／中等
中等腿	中等／寬	中等／寬	窄／中等
長腿	窄／中等／寬	中等	窄／中等

肌力來源			
	臀	腿	背
蹲姿	寬	中等／寬	中等／窄
用到的肌肉	內收肌／臀肌／股四頭肌	股四頭肌／一些內收肌	股四頭肌／一些臀肌

經瑞奇・戴爾・克萊恩許可轉載，參見〈高階舉重技術〉（Advanced Powerlifting Techniques），網址：http://www.crain.ws/advanced_powerlifting_techniques.htmlReprinted by permission from R.D. Crain，上網日期：2020 年 9 月 2 日

窄蹲姿指雙腳分開比肩寬較窄，腳趾朝向前方。中等蹲姿指雙腳分開與肩同寬，腳趾略微朝外。至於寬蹲姿，則指雙腳分開比肩寬，腳趾略微朝外。

如前所述，深蹲是健力三個動作中最難掌握的，也是在訓練期間最少受到關注的一種。大多數舉重者更重視其他兩種，至於深蹲，只能自求多福。許多舉重者談到自己的訓練計畫時，都提到深蹲方面的訓練是多麼的不足。

深蹲原理

毫無疑問，深蹲是所有運動中最能鍛鍊腿部的項目。如想獲得最佳效果，那麼必須以良好的方式和技巧來正確執行深蹲。

走向槓鈴、扛起槓鈴、離架

1. 面對槓鈴，雙手與肩同寬放在槓鈴上（圖4.1a）。為求舒適，較大重量級別的舉重者會將手放在比肩更寬的位置。

2. 向前邁出一步，將自己拉到槓鈴下。

3. 將槓鈴均衡地橫靠在後肩上（圖4.1b）。

4. 將整個身體置於槓鈴下方。

5. 確保雙腳都在槓鈴下方並且相互平行，或者一隻腳稍微超前另一隻腳，身體重量均衡分佈，膝蓋彎曲。

6. 將槓鈴舉離架子之前，先吸氣擴張肺部和胸部。屏住呼吸，直到準備就緒。

7. 繃緊你的手、肩膀和腹部。

8. 稍微向前夾緊臀部，並且伸直膝蓋，槓鈴離開架子時，臀部要向上提（圖4.1c）。

9. 站直，胸部吸滿空氣。

10. 後退一兩步再做就位準備。

深蹲

圖 4.1：就位準備：（a）面對槓鈴，雙手分開與肩同寬握住槓鈴；（b）來到槓鈴下方，並將槓鈴均衡地橫放在後肩上；（c）將槓鈴從架子上舉起。注意：為了節省精力，你可以請補手協助，將槓鈴抬離架子。

70

手部位置

1. 可以用手掌或併攏的手指握住槓鈴（圖 4.2a）或（圖 4.2b）。

2. 採用正手方式緊緊抓住槓鈴。

3. 槓鈴握得越靠身體，背肌就越緊繃，感覺越緊。

4. 手部位置會因個人身高和柔軟度而有差異。

深蹲

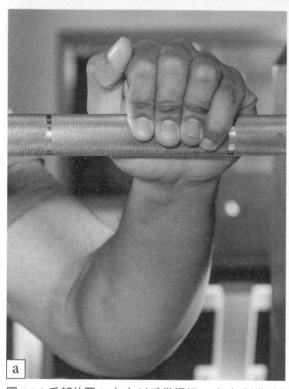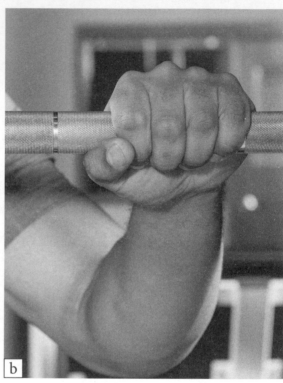

圖 4.2：手部位置：（a）以手掌握槓；（b）併攏手指握槓。

槓鈴位置

　　身為舉重運動員，你必然希望盡量爭取一切優勢。健力運動員在比賽中很少採用高槓式。很多人發現，低槓深蹲，即槓鈴位於斜方肌下方1或2英寸（2.5或5公分）處（圖4.3），可以為運動員提供較好的槓桿作用，並且動員更多臀肌，進而讓運動員產生更多力氣，深蹲時也能承受更大重量。

深蹲

圖4.3：大多數的健力運動員會採用低槓深蹲，這時槓鈴位在斜方肌下方 1 或 2 英寸（2.5 或 5 公分）處。注意：為防止槓鈴在低槓深蹲的過程中滾動或滑動，請保持直立姿勢並將槓鈴拉進並貼緊肩部，彷彿要將槓鈴纏繞在身上一樣。

鎂粉

在槓鈴所靠的背部位置抹上鎂粉，這樣有助於穩定槓鈴並防止其滾動。同時也在你的手掌塗上鎂粉，以防止槓鈴在你深蹲時滑動。

頭和眼的位置

　　一旦你已扛著槓鈴走出，同時準備就緒，你的頭和眼應該直接聚焦在前方或稍微偏上的地方。這是一個自然的姿勢。讓頸椎與身體呈一直線，這樣可以在整個深蹲過程中保持適當的體重分佈。平衡是深蹲的一個關鍵要素。如果頭部處於不正確或不自然的位置，例如向上看或向下看，則會對頸部、背部和身體其他部位施加不必要的壓力。

　　大多數健力新手會讓頭部向後傾斜，造成其體重轉移到腳後跟，這樣可能導致槓鈴向後落下的情況。另外，低下頭的健力新手可能會把體重轉移到腳掌上，這樣可能導致他們向前摔倒。眼睛始終直視前方，就像世界級的健力運動員和短跑健將的做法一樣。

呼吸

　　初學者或中階健力運動員在深蹲時可能不會認真考慮呼吸的模式。信不信由你，呼吸對於深蹲的成功與否實在起著重要作用。千萬不要讓體重控制你，反而是你必須控制體重。藉由適當的呼吸，你將能學會控制技巧。

　　當你走到槓鈴下方，要將槓鈴從架子上抬起之前，盡量吸入空氣（參見第一章的佛薩瓦氏壓力均衡法），彎曲你的腹部、頸部和背部。屏住呼吸，直到你準備好為止，然後慢慢呼氣，會讓你感覺體重較輕。再次吸氣，收緊身體的每一塊肌肉，然後在下蹲時屏住呼吸。當你的大腿低於與地板平行的線時，請繼續屏住呼吸，直到你幾乎完成動作為止。這麼做就能讓你的身體在整個運動過程中保持緊繃。如果你氣呼得太快，就會失去底氣，導致你在深蹲的過程中倒下或無法舉起槓鈴。

雙腳位置

　　找出合適的雙腳間距非常重要，這樣你才能發揮全部的潛力。參考表4.1（第68頁），選擇正確的站姿。準備就緒後，將腳趾從向正前方的角度稍微偏轉出去，或呈30度角，這樣你才能得到更好的平衡。

執行深蹲

　　你已經準備好開始蹲下（向下運動）。

1. 輕微彎曲膝蓋，並同時將臀部向後及向下推，就像坐上椅子那樣（圖4.4a）。

2. 保持軀幹姿勢。不要向前傾斜太遠或試圖保持背部挺直。

3. 將體重均勻分佈在腳掌和腳後跟上。

4. 深蹲時請保持對槓鈴重量的控制（圖4.4b）。

5. 膝蓋不要超出前腳掌太多。

6. 盡可能保持小腿垂直。

7. 蹲到深處時身體不要亂動（圖4.4c）。

深蹲

圖 4.4：深蹲：（a）臀部向後推，就像坐上椅子那樣；（b）下蹲更深，同時保持軀幹姿勢並控制槓鈴重量；（c）蹲到深處時，膝蓋或與腳掌齊平或不要超出太多，此外保持頭和眼的位置，身體不可亂動。

一旦大腿低於與地板的平行線，你就可以開始站起（向上運動）。

1. 同時抬起臀部和肩膀。

2. 雙腳向地板使力。

3. 肩膀和胸部推回槓鈴。

4. 將臀部回到槓鈴下方（圖4.4d）。

5. 保持正確的頭、眼位置。

6. 挺直站起，緊鎖膝蓋，完成舉重動作（圖4.4e）。

圖4.4：深蹲（續）：（d）站起身時，同時抬起臀部和肩膀，讓臀部回到槓鈴下方；（e）身體挺直站立，結束舉重動作。

規則和説明

一旦你從架子上取下槓鈴並擺出起始姿勢，就必須站直並保持靜止，同時緊鎖膝蓋。（有些組織會採用深蹲回彈掛勾，讓舉重者在準備深蹲時無需後退一步。）接著與主裁判眼神交流或是抬頭看向對方，表示你已準備好了。裁判會以放下手臂的動作示意開始舉重，接著發聲要你下蹲。現在你可以開始深蹲。等到你扛著槓鈴站起身來，主裁判會做出手臂後擺的動作，示意你可以準備把槓鈴歸位，等他再發出命令聲時，你才可以正式把槓鈴放回架上。這樣就完成了舉重過程。現場會有三名裁判：主裁判加上架子兩側各一名裁判。如果裁判滿意舉重者的深蹲表現，就會按下一個白燈，參賽者至少要收到兩個白燈才能過關。如果裁判給出的是兩個或三個紅燈，表示運動員表現不佳，不能過關。

設備

身為舉重運動員，你有必要熟悉舉辦組織的設備和規則。如果你在多個組織中參賽，請確認自己熟悉每個組織的規則，因為不同組織很有可能存在差異。

以下規則符合美國健力（USAPL）、國際健力聯合會（IPF）和國際世界運動會協會（IWGA）相關的準則。

深蹲和硬舉的服裝
・比賽期間全身必須穿著連體式的舉重服。
・深蹲服須由沒有任何飾片或填充物的單層彈力材料製成。
・舉重者嘗試深蹲時，肩帶必須一直在肩上。
・比賽服可以是素色或多色。
・深蹲服的接縫和褶邊不能超過3公分（1.2英寸）寬和0.5公分（0.2英寸）厚。
・用於保護或加固的接縫最寬為2公分（0.8英寸）、最厚為0.8公分（0.3英寸）。
・比賽服的褲管（從褲襠至褲管底部）長度不得小於3公分（1.2英寸），不得大於15公分（5.9英寸），長度由褲襠到大腿內側直線量出。

T恤

- 進行深蹲時需穿T恤。女性舉重運動員可以穿胸罩或運動胸罩作為加層，這是男女舉重運動員服裝細節上唯一的不同點。
- T恤上如有標誌，則需事先獲得監督比賽之聯合會的批准。
- 可以穿任何顏色的T恤。
- T恤的衣料不可以是橡膠或彈性材料。
- T恤不能有口袋、鈕扣、拉鍊、衣領或V領。
- T恤不能有加固接縫。
- T恤必須由棉或聚酯纖維或兩者混合製成。
- T恤袖子不能低過肘部或高過三角肌頂部。袖子不能捲到三角肌上。
- T恤不能內外反穿。

鞋類

- 在賽台上舉重時，必須穿特定種類的鞋，或網球鞋或運動靴。
- 不許穿足球鞋或釘鞋。
- 鞋底不應高於5公分（2.0英寸）。
- 兩隻鞋鞋底必須一致。
- 可以穿運動鞋、運動靴、舉重靴或健力靴、硬舉用的紋路拖鞋。

襪子

- 襪子必須乾淨。
- 襪子可為單色或多色，或印有製造廠商之商標。
- 襪子不能與護膝套相接，也不能蓋住膝蓋。
- 不許穿著全長腿襪、緊身褲或絲襪。

護膝

- 護膝保持韌帶溫暖，幫助選手深蹲到底後再站起來。
- 護膝長度不能超過2公尺（78.7英寸），寬度不能超過8公分（3.1英寸）。
- 從膝關節中心起算，護膝纏好後上下均不得超過15公分（5.9英寸），加總不得超過30公分（11.8英寸）。
- 護膝不能與舉重服或襪子相接。

護腕

- 護腕有助手腕維持穩定。
- 腕帶的長度不得超過1公尺（39.4英寸），寬度不得超過8公分（3.1英寸）。
- 可加套環，以做固定之用，但舉重時套環不得勾在大拇指或其他手指上。
- 護腕上的魔鬼氈、黏貼片也不可超過1公尺（39.4英寸）。
- 穿戴護腕時所包覆之部位，由腕關節中心向兩端測量，往手掌不得超過2公分（0.8英寸），往前臂不得超過10公分（3.9英寸），護腕總寬不得超過12公分（4.7英寸）。
- 可以佩戴市售的標準吸汗帶，但其寬度不得超過12公分（4.7英寸）。

健力腰帶

- 腰帶有助於穩定軀幹，讓選手在舉重過程中保持直立。
- 腰帶之材質須為皮革、人造皮革或其他無彈性材質，可為單片或多片經黏著或縫製而成。
- 腰帶之內外部，皆不可有其他材質製成之襯墊、邊條或任何具額外支撐效果之配件。
- 腰帶可使用一個或二個扣環，或「立即鬆開式」的環扣。
- 腰帶外側可以寫上選手的姓名、國籍、州別或所屬俱樂部的名稱。

腰帶的尺寸必須符合下列規格：
- 腰帶的最大寬度：10公分（3.9英寸）
- 腰帶的最大厚度：13公分（5.1英寸）
- 腰帶扣內側的最大寬度：11公分（4.3英寸）
- 腰帶扣外側的最大寬度：13公分（5.1英寸）
- 皮圈寬不得超過5公分（2.0英寸）
- 腰帶末端到皮圈的距離不得超過15公分（5.9英寸）

　　如果你要在美國健力（USAPL）認可的比賽中舉重，比賽中使用的所有舉重裝備均須接受檢查。

補充練習

補充練習可為深蹲打下堅實基礎。穩定肌群受到強化，可為訓練和比賽中使用的更大重量預做準備。

前深蹲

健力重點：加大深度。

目標肌肉：股四頭肌、臀中肌、臀大肌和股二頭肌。

起始姿勢：將槓鈴握在身體前方，使其橫過胸部（圖4.5）。可以採用以下兩種方式中的一種來握住槓鈴：手臂交叉在槓鈴上，再將其握在手掌中，或使用舉重架，將槓鈴放在肩膀上，肘部朝前，手掌張開，讓槓鈴靠近指尖。

執行：吸氣，然後蹲下，直到大腿低於與地板平行的線。伸直雙腿回到初始姿勢並呼氣。

指導要點：保持肘部向上、軀幹直立，將體重從腳掌均勻分佈到腳跟。

圖 4.5：前深蹲。

奧林匹克式或高槓深蹲

健力重點：加大深度。

目標肌肉：股四頭肌、臀中肌、臀大肌和股二頭肌。

起始姿勢：將槓鈴握在身體前方，使其橫過胸部（圖4.5）。可以採用以下兩種方式中的一種來握住槓鈴：手臂交叉在槓鈴上，再將其握在手掌中，或使用舉重架，將槓鈴放在肩膀上，肘部朝前，手掌張開，讓槓鈴靠近指尖。

執行：吸氣，然後蹲下，直到大腿低於與地板平行的線。伸直雙腿回到初始姿勢並呼氣。

指導要點：保持肘部向上、軀幹直立，將體重從腳掌均勻分佈到腳跟。

暫停式深蹲

健力重點：提高深蹲到底的驅動力，同時保持緊繃。

目標肌肉：股四頭肌和腹肌。

起始姿勢：採用你拿手的深蹲姿勢，腳趾朝前，挺直站立，盡量吸氣。

執行：下蹲時吸氣，直到大腿低於與地板平行的線。深蹲到底時，停頓3秒再回復起始姿勢。在深蹲到底時暫停一下有助發展等長肌力，並讓你學會在深蹲到底時保持緊繃。當你起身完成深蹲時，慢慢將氣呼出。練習的重量不要超過你比賽時最大負載量的40%到50%，重複3到5次。

指導要點：在暫停式深蹲的過程中，雙膝不可搖動內夾，直到要將槓鈴上舉為止。

半蹲

健力重點：強化你的障礙點。

目標肌肉：股四頭肌和腹肌。

起始姿勢：用你深蹲時最有把握的重量來加載槓鈴，然後增加100磅（45.4公斤）。（例如，如果你的最拿手的深蹲負重是700磅，加上100磅後，槓上總共有800磅。）將安全護架放在舉重架上，位置在你障礙點的下方。

執行：採用正常蹲姿，蹲下直到槓鈴碰到安全護架為止，然後回到起始姿勢。

指導要點：在動作的整個過程中，都要繃緊你的臀肌和腹肌，辦法是吸氣直到空氣填滿你的胸部、肺部和背部為止。

鏈式深蹲

健力重點：發展從中段位置到深蹲鎖定的爆發力。

目標肌肉：股四頭肌、臀大肌、臀中肌和腹部。

起始姿勢：採用比賽深蹲姿勢（圖4.6a）以及你最佳深蹲的大約50%到60%的重量。鏈條的重量從10磅（4.5公斤）到10磅以上不等。對初階和高階的舉重者來說，這是一個鍛鍊爆發力的理想運動。

執行：從你正常的蹲姿開始，下蹲直到你的大腿低於與地板平行的線為止（圖4.6b），然後伸直雙腿回到起始姿勢。鏈式深蹲迫使身體對鏈條重量的改變做出反應：當你深蹲到底時鏈條的重量會消失，當你站起身來隨之拉起鏈條時，重量逐漸增大。

指導要點：注意在整個運動過程中身體保持緊繃。是你控制重量，不是重量控制你。

圖4.6：鏈式深蹲：（a）正常深蹲姿勢；（b）下蹲直到大腿低於與地板平行的線為止。

箱式深蹲

做出你的比賽深蹲姿勢（圖4.7）。
箱式深蹲可分兩種：高箱式和低箱式。
請記住以下安全提示：

- 請勿碰觸或離開箱子。
- 不可從箱子上跳下。
- 深蹲到底、坐在箱子上時不可放鬆或
  呼氣。
- 推開箱子時，身體不可前傾。

圖 4.7：箱式深蹲。

高箱深蹲

健力重點：培養用大重量深蹲和維持緊繃的感覺。

目標肌肉：股四頭肌和腹肌。

起始姿勢：採用你的比賽姿勢，身體站得直挺。挑
選一個夠高的箱子，放在臀部後方，以致當你蹲下
時，你的大腿會比與地板平行的線高出2到3英寸
（約5-7公分）（圖4.8）。

執行：下蹲並與箱子接觸，完全放鬆坐箱子上，輕
微搖動腳跟，然後雙腳用力踩地，將槓鈴推回起始
位置。你的目標是能夠比自己最好的深蹲比賽成績
再多舉100磅（45.4公斤），然後重複10次。

指導要點：重量加大後，確定你在深蹲時能保持緊
繃狀態。

圖 4.8：高箱深蹲。

低箱深蹲

健力重點：提高深蹲到底後再站起來的驅動力，並讓身體保持緊繃。

目標肌肉：股四頭肌、臀中肌、臀大肌和腹肌。

起始姿勢：採用你的比賽蹲姿，站直身體。挑選一個夠低的箱子，以便當你蹲下時，你大腿低於大腿與地板平行的線（圖4.9）。

執行：深蹲下去，讓臀部完全放鬆坐在箱子上。臀部不要彈跳起來或一碰到箱子就起身。輕微搖動腳跟，然後雙腳用力踩地，將槓鈴推回起始位置。做低箱深蹲時，使用最佳比賽深蹲重量的50%到60%，然後重複2到5次。

圖4.9：低箱深蹲。

單腿羅馬尼亞硬舉（RDL）

健力重點：改善平衡和穩定性。

目標肌肉：臀肌和腿筋。

起始姿勢：身軀挺直，雙腳與肩同寬站立，右手握住重物。

執行：開始運動時，右腿先向後退一步。彎曲臀部時，胸部仍舊維持挺直，右手同時將重物放低到脛骨中段的位置。這時左腿應該稍微彎曲（膝蓋曲線稍微變彎），而左臂則用於幫助平衡。

指導要點：重物放低時須控制力道，背部不可彎曲。

後跨步

健力重點：穩定和強化膝關節。

目標肌肉：股四頭肌、臀大肌、內收肌、大腿後肌和小腿。

起始姿勢：將槓鈴橫放在肩膀上，身體站直，雙腳分開與肩同寬。

執行：將左腿向後退移，同時彎曲右膝並放低臀部。保持軀幹直立。左膝彎成90度角，而右大腿須與地板平行。一面移動右腿，一面緊繃臀部站起身來，同時還要將左腿收回，以便回到起始姿勢。

指導要點：軀幹直立，腳尖朝前伸直，下蹲前須穩定身體。

曲膝橋式

健力重點：加強所有核心肌肉。

目標肌肉：臀肌和大腿後肌。

起始姿勢：背部離開地面靠在臥推椅上，槓鈴橫放髖部位置。抓住槓鈴，彎曲膝蓋，腳掌平放。

執行：雙手抓住槓鈴，雙腳撐住地面，向上抬起臀部，直到臀部與肩膀同高為止。臀部撐到最高點時，繃緊臀肌並維持2秒鐘，然後控制力道，將槓鈴降至起始位置。

指導要點：腳跟平貼地面，不要過度伸展。

手槍式深蹲

健力重點：提升柔軟度和平衡感。

目標肌肉：臀肌和股四頭肌。

起始姿勢：直立，雙腳分開與肩同寬（圖4.10a）。

執行：將一條腿抬伸到身體前方，同時後推臀部，然後站立著的另一隻腳慢慢彎曲蹲下，完成深蹲姿勢（圖4.10b）。為了保持平衡，你的手臂可以在體側或面前舉起。盡可能放低臀部，同時保持前一條腿離地抬著，最後向上推回起始姿勢。

指導要點：站著的那隻腳保持穩定，同時控制動作。

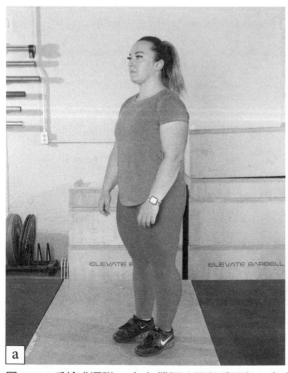

圖 4.10：手槍式深蹲：（a）雙腳分開與肩同寬；（b）一條腿蹲下，另一條腿抬起。

保加利亞分腿深蹲

健力重點：強化核心和穩定肌。

目標肌肉：臀肌、股四頭肌、腓腸肌和豎脊肌。

起始姿勢：背對箱子站立，一隻腳向後擱在箱子上，另一隻腳置於臀部的正下方。

執行：首先向前彎曲站著的那隻腳，同時讓擱在箱子上那隻腳的膝蓋向下接近地板。胸部和肩膀保持挺直，同時將壺鈴環維持在胸部的高度。一旦向前的那隻腳的大腿和地板平行，腳板就撐緊地板回到起始姿勢，直到膝蓋打直。

指導要點：不可前傾，腳平踩地板上。

高腳杯式深蹲

健力重點：加強核心並增加活動度。

目標肌肉：股四頭肌、臀大肌、腿後肌和闊筋膜張肌。

起始姿勢：站直，雙腳分開與肩同寬，兩手一起抓緊一個壺鈴環並將壺鈴舉至胸前。

執行：開始運動時，同時彎曲臀部和膝蓋，雙腳保持平貼地板，胸部和肩膀挺直。繼續向下蹲，直到臀部的頂部低於膝蓋的頂部為止。雙腳緊撐地板，膝蓋伸直，回到起始姿勢，壺鈴必須始終貼近身體。

指導要點：膝蓋不可內縮，而且在整個運動過程中保持胸部和背部挺直。

腰帶式深蹲

健力重點：將全活動幅度的動作加以最大化，同時減輕脊椎負荷。

目標肌肉：髖部、臀肌、股四頭肌和腿後肌。

起始姿勢：將腰帶綁上臀部，然後將鉤子扣到身體下方的孔洞中，同時保持正常的深蹲姿勢。

執行：一旦站立起來，安全卡榫就會自動釋出。用雙手抓住把手，然後開始下蹲，同時彎曲臀部和膝蓋，蹲姿盡可能深。雙腳撐住地板，然後伸直膝蓋鎖緊，回到起始姿勢。將安全桿朝自己拉，以便鎖好鐵片。

指導要點：保持雙腳平放，胸部挺直。

快速深蹲（動態運動）

健力重點：提升發力率和爆發力。

目標肌肉：髖部、股四頭肌、臀大肌、腿後肌和豎脊肌。

起始姿勢：上半身保持挺直，預備深蹲，槓鈴橫放在後肩上。

執行：開始下蹲，同時彎曲臀部和膝蓋，直到臀部頂部低於膝蓋頂部為止。深蹲到底後爆發，雙腳撐緊地板並用胸部推回槓鈴，膝蓋和臀部同時協助將槓鈴推回後鎖緊。

指導要點：每30秒做10到12組的二次重複動作，使用45%到60%的最大肌力。控制力道，快速舉起槓鈴。

臀腿訓練

健力重點：穩定並加強臀肌、腿後肌、豎脊肌和腓腸肌。

目標肌肉：臀大肌、腿後肌、豎脊肌和腓腸肌。

起始姿勢：臉部朝下，水平懸掛在機器上，雙腳夾在後面兩塊墊子之間（圖4.11a）。雙腿必須打直，腰部靠在前墊邊緣。

執行：彎曲膝蓋並靠壓在前墊上，同時將上半身抬起至垂直，就像膝蓋跪著（圖4.11b）。伸直雙腿並放低上半身，回到起始姿勢。

指導要點：確保在整個運動過程中能將身體控制好，不要喪失動力。

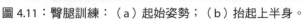
圖4.11：臀腿訓練：（a）起始姿勢；（b）抬起上半身。

安全深蹲槓

健力重點：讓身體感受重量。

目標肌肉：股四頭肌、臀大肌、臀中肌和腹肌。

起始姿勢：將脖子放在肩上護墊之間。採用比賽姿勢，退回架子前面，抓住位於腰部上方的J形鉤。

執行：深蹲下去，直到大腿上段低於與地板平行的線。伸直雙腿，回到起始姿勢。

指導要點：深蹲到底之後重新站起，出力的是腿部而非手臂。練習放低身體然後深蹲。

走出訓練架

健力重點：強化核心，並讓身體感受重量。

目標肌肉：腹肌、臀大肌和股四頭肌。

起始姿勢：將重物從訓練架上取下並放在肩膀上。

執行：走出訓練架並站在原地30秒，再將重物放回訓練架，並重複此過程3到5次。

指導要點：確保在等長性肌肉收縮運動中保持胸部、腹部、背部、臀部和腿部的緊繃感。

腿彎舉

健力重點：強化腿後肌。

目標肌肉：腿後肌。

起始姿勢：面朝下趴在屈腿訓練機上。將腳後跟置於墊子下，然後膝蓋放在機器上。

執行：盡可能將墊子拉到最高的位置，或是直到墊子碰觸到臀部為止（圖4.12）。慢慢放低重物，直到重物幾乎碰觸機器，然後再將其拉起。

指導要點：在動作的最低處和最高處暫停，於重複動作的過程中控制重物。

圖 4.12：腿彎舉。

腿部伸展

健力重點：加強股四頭肌。

目標肌肉：股四頭肌。

起始姿勢：坐在伸腿訓練機上，握好把手。彎曲膝蓋，將腳踝放在墊子下面。

執行：將腿抬起，直到雙腿與地板平行。慢慢放低重物，直到重物幾乎碰到機器，然後再次抬起雙腿。

指導要點：在雙腿抬至最高和放至最低的時候暫停一下。重複動作時速度不應加快。

腿部推舉

健力重點：加強深蹲和硬舉時的腿部力量。

目標肌肉：股四頭肌和股二頭肌長頭。

起始姿勢：坐在腿部推舉訓練機上，靠在傾斜的背墊上。雙腳分開與肩同寬，放在平台踏板上。

執行：將停止桿向外推，以便釋放托架。膝蓋移向胸部兩側的同時，彎曲膝蓋以讓重物降下。將滑軌向上推，直到雙腿幾乎鎖緊，然後恢復起始姿勢。

指導要點：在整個動作過程中控制重物，將重物推向頂部時不要鎖緊膝蓋。

弓步蹲

健力重點：提高髖關節的柔軟度、平衡度和穩定度。

目標肌群：股四頭肌、臀大肌、臀中肌和腹肌。

起始姿勢：雙腳分開與肩同寬站立。將槓鈴橫放在後肩上。

執行：向前跨出一隻腿（圖4.13）。彎曲在後的腿，使膝蓋幾乎觸及地板。保持抬頭挺胸姿勢。推回前腳，將其收回身體下方，回復起始姿勢。

指導要點：跨出一隻腿時，身體重心會改變，須控制槓鈴重量。

圖 4.13：弓步蹲。

登階

健力重點：強化臀部。

目標肌肉：股四頭肌、臀大肌和腓腸肌。

起始姿勢：站在一個18到24英寸（45-60公分）的箱子前面，後肩橫放一根槓鈴。

執行：右腳先左腳後登上箱子，再從箱上下來。回到初始姿勢時，也是右腳先左腳後。

指導要點：雙腳必須踩在箱子正中間。保持軀幹直立，上下階時均須控制槓鈴重量。

俯臥直腿後擺

健力重點：加強豎脊肌，有助於穩定。

目標肌肉：豎脊肌、臀大肌和腿後肌。

起始姿勢：上半身平躺在墊子上，腰部下的雙腿擱在俯臥直腿後擺機上。將重物以帶子固定在腳踝上，並抓住把手。

執行：緊握把手，向後抬起雙腿，直到雙腿與地板平行或是盡量抬高為止（圖4.14）。控制力道，慢慢放下雙腿，回到起始姿勢。

圖 4.14：俯臥直腿後擺。

指導要點：起先只用身體重量開始練習，適應之後再慢慢增加額外重量。

提踵

健力重點：在深蹲的過程中培養穩定性。

目標肌肉：腓腸肌。

起始姿勢：背部挺直站立。在後肩上橫放一根加了槓片的槓鈴。腳掌前半部站在一塊平面木塊上。

執行：懸空的腳跟向地板沉下去（足背屈），然後靠著腳趾把全身踮起來（蹠屈），膝蓋同時保持緊鎖。

指導要點：做好練習全活動幅度的動作，在動作的起始位置和最低位暫停一下。

早安式

健力重點： 加強下背部和後腿肌以利深蹲。

目標肌肉： 豎脊肌、臀大肌、半腱肌、股二頭肌長頭、半膜肌、股二頭肌短頭。

起始姿勢： 雙腳分開與肩同寬站立（略小於肩寬亦可）。將槓鈴橫放在斜方肌上或較低的後三角肌上。

執行： 膝蓋微曲，腰部向前彎曲，臀部向後推，直到軀幹與地板平行為止。背部保持挺直。慢慢挺直軀幹，回到起始姿勢。

前抱式深蹲

健力重點： 加強核心肌肉。

目標肌肉： 股四頭肌。

起始姿勢： 蹲下，觸及放在舉重架上、你膝蓋高度的槓鈴。在槓鈴下彎曲你的雙臂，將槓鈴放在前臂和二頭肌相交處。抬頭挺胸，背部挺直。

執行： 抬起槓鈴，直到雙腿緊鎖為止（圖4.15a）。控制力道，做出深蹲姿勢（圖4.15b）。

指導要點： 從較輕的槓片開始練習，讓身體和手臂適應新的動作。

圖 4.15：前抱式深蹲：（a）將槓鈴放在前臂和二頭肌相交處；（b）下蹲，抬頭挺胸，背部挺直。

傑佛遜式舉重

健力重點：訓練深蹲到底的力量。

目標肌肉：腿後肌、股四頭肌、臀大肌和腹肌。

起始姿勢：將槓鈴放在地板上，一腳跨過槓鈴中段。蹲下，一手放在身體前面，另一隻手放在後面，雙手都抓著槓鈴。

執行：從蹲姿站起來，拉抬槓鈴，直到手臂和腿緊鎖為止。抬頭挺胸，背部挺直，雙掌平放。彎曲膝蓋放低槓鈴，回到起始姿勢。

彈力帶深蹲

健力重點：發展從深蹲最低點站起時和回復起始位置時的爆發力。

目標肌肉：股四頭肌、臀大肌、臀中肌、腿後肌和腹肌。

起始姿勢：使用二條彈力帶，一端分別繫在左右邊槓鈴的內側，也就是槓片滑動的那一側，而另一端繫在舉重架底部或某重物上（如啞鈴）。做出比賽姿勢，挺直站好（圖4.16a）。

執行：彎曲膝蓋下蹲（圖4.16b），直到大腿上段低於與地板平行的線為止，然後伸直雙腿，回到起始姿勢。

指導要點：花點時間進行準備，並在蹲下和站直的過程中，控制好槓鈴的重量。

圖 4.16：彈力帶深蹲：（a）以比賽姿勢站好，彈力帶繫上槓鈴；（b）做好深蹲。

寬步距深蹲

健力重點：強化臀部並增加柔軟度。

目標肌肉：股四頭肌、臀大肌、臀中肌、大內收肌、長內收肌和恥骨肌。

起始姿勢：將槓鈴橫放在後肩上，正好位於斜方肌下方的後三角肌上。兩腳分開站立，間距比肩寬，腳趾稍微朝外。

執行：彎曲膝蓋，然後深蹲，將體重從腳掌均勻分配到腳跟。下蹲直到大腿低於與地板平行的線，而且大腿上段低於膝蓋。伸直雙腿，回到起始位置。

指導要點：確保膝蓋與腳始終呈一直線，小腿保持垂直。深蹲到底時維持膝關節穩定。起身時將膝蓋向外開張。

中步距深蹲

健力重點：加強臀部和腿部的力量。

目標肌肉：股四頭肌、臀大肌、臀中肌、大內收肌和恥骨肌。

起始姿勢：將槓鈴放在肩膀上，雙腳分開與肩同寬，腳趾稍微朝外。

執行：稍微彎曲膝蓋，然後深蹲，下蹲直到大腿上段低於與地板平行的線。伸直雙腿，回到起始姿勢。

指導要點：將體重從腳掌均勻分配到腳跟。不要在深蹲到底時呼氣。

窄步距深蹲

健力重點：鍛鍊股四頭肌的力量。

目標肌肉：股四頭肌和恥骨肌。

起始姿勢：高舉槓鈴放在斜方肌上，雙腳分開與肩同寬。腳趾可以稍微朝外或指向正前。

執行：彎曲膝蓋，然後深蹲，直到大腿上段低於與地板平行的線。伸直雙腿，回到起始姿勢。

指導要點：在整個動作過程中控制槓鈴重量，不要前傾或後仰，身體重心放在腳掌上。

腹肌鍛鍊

試比較世界上一些最傑出的深蹲運動員,我們會發現,這些人都有個共同點:腹部或寬或厚。發達的腹肌有助於穩定並增加肌肉收緊的槓桿作用。

常規捲腹

仰臥,膝蓋彎曲90度,雙腿及腳踝抬起。雙手置於耳後。將肩膀抬離地面2-3英寸(5-7公分)。暫停2秒,然後回到起始姿勢。該動作需重複30次。

腳踏車

仰臥,彎曲膝蓋並懸空。雙手置於耳後。將左膝朝胸前靠近,再將右肘朝左膝靠近。回到起始姿勢,然後將右膝朝胸前靠近,再將左肘朝右膝靠近。持續交替上述兩個動作,直到完成30次重複為止。

平板支撐

俯臥,肘部彎曲。將身體撐離地板,使體重只由肘部、前臂和腳趾支撐。背部保持平坦呈一直線,並維持這一姿勢30到45秒。收緊腹肌以防止下背部受傷。熟練之後,不妨延長動作時間,或是加進一點創意,例如將一條腿舉在空中,也可以將左臂右腿或右臂左腿同時抬離地板。

上上下

仰臥,膝蓋彎曲90度角並懸空。雙手置於耳後。將肩膀抬離地面2-3英寸(5-7公分),做一次捲腹,再躺回地板。

總結

深蹲無疑是所有腿部運動中最重要的。找到適合自己的方式和技術,再加上補充練習,以便建立更堅實的基礎來幫助支撐負重量大的深蹲,這一點很重要。

第五章

臥推

舉重者最常被問到的問題是：「你做什麼臥推？」臥推是所有上半身運動中最重要的，也是外行人衡量一個人有多強壯的標準。你深蹲時能負重600磅沒什麼大不了，但如果你只能臥推205磅，別人會認為你很弱。

本章將描述臥推的各種技術以及發展這些技術的方法。本章概述一般原則，還將討論了兩種當前最流行的樣式：直線臥推和J曲線臥推。

適用所有臥推類型的原則

有些原則可從一種臥推樣式延續到另一種樣式。其中一個相似之處在於：拉近兩塊肩胛骨，並收緊背闊肌。箇中原理可追溯到艾薩克‧牛頓的第三運動定律，因為當兩個物體相互作用時，彼此施加於對方的力，其大小相等、方向相反。當你擠壓一個重物時，重物也會反向擠壓你。這很明顯，因為你會感覺手中重量很重，而且很難擠壓。所以，你的身體壓在臥推椅上時，臥推椅也在對你施力。臥推椅寬29到32公分（11.4-12.6英寸）。為了讓力量盡可能通過身體傳遞到臥推椅和背部，你的背部和椅面的接觸面積越大越好。如果躺在臥推椅上時，你沒能善用背部，那麼就會失去寶貴的力量，也就等於對槓鈴施的力減輕了。推舉時背部與臥推椅面的關係相當於在混凝土地上或雪地上推汽車。不管你在雪地上推得多麼用力，你都站不穩腳步，而且地面也不會反向推你，結果推車動作變得更加困難。而在混凝土上，力的傳遞是近乎完美的，因此汽車相對容易推動。

直線臥推的程序

這種臥推的目的在於以直線的方式推舉槓鈴，槓鈴的軌跡不應向前或向後偏。

準備步驟

1. 躺在臥推椅上時，背部必須平坦，也就是說，背部沒有或幾乎沒有向上拱起。

2. 雙腳平放在地板上，位在膝蓋正下方或前方（圖 5.1）。

3. 靠攏肩胛骨並向下收，伸展胸腔，盡量將背闊肌貼在椅上。

4. 眼睛直接看向槓鈴下方，雙手握住槓鈴，間距以自己方便為主。每個聯合會對於間距的範圍均有規定，建議你在自己的聯合會所規定的範圍內盡量放寬間距，因為這樣可以減少槓鈴升降的距離。

5. 取下槓鈴之前先深吸一口氣，盡量提高身體緊繃的程度，從而將力量從雙腳轉移到雙手。

6. 與其他舉重類型相比，這裡的頭部位置較不重要。頭部位置因每位舉重運動員而異，也可能因個人穿著臥推 T 恤的方式而異（有關臥推 T 恤更多的信息，請參見第 76 頁的設備部分）。不過，有些聯合會會在自己的規則手冊中明確規定，選手的頭部必須一直接觸著椅面，最好在比賽訓練前先查閱相關聯合會的規則手冊。

直線臥推

圖 5.1：準備階段：將雙腳平放在膝蓋下方的地板上，靠攏肩胛骨並向下收，以便背闊肌盡量接觸臥推椅。

執行直線臥推

1. 將槓鈴置於眼睛正上方，然後把腳放好。

2. 向下，向後拉動肩胛骨。

3. 繃住臀部和腿，以收緊背闊肌和下半身。

4. 準備就緒後，幫補手（一名或多名）會按照選手決定的推舉起始點交付槓鈴（圖5.2a）。

5. 由於槓鈴路徑不走J曲線，因此手臂向外伸出的幅度會較常態更大。

6. 嘗試將槓鈴往外拉，以保持上背部和背闊肌緊繃，同時收攏肘部。讓槓鈴接觸胸部（圖5.2b）並停住，直到「推」的命令下達為止。腳跟緊撐地板，並盡量用力將槓鈴向上推（圖5.2c）。

直線臥推

圖5.2：直線臥推：（a）取下槓鈴；（b）槓鈴放到胸前；（c）用力向上推舉。

J曲線技術臥推

執行此技術時最好穿著臥推T恤。J曲線技術包括肘部位置在下降時從外向內轉，而在上升時則從內向外轉，目的在於盡量讓臥推T恤的胸板發揮最大助力。

準備步驟

1. J曲線技術要將背部弓起。

2. 目的在於讓頭部和臀部盡量靠近，而腹部則盡量朝上突起（圖5.3）。

3. 將背闊肌向下靠攏。

4. 雙腳位在膝蓋後面，腳掌接觸地板。

5. 從腳掌到腳跟的部位應該與地板約呈30度角。

6. 眼睛直接望向鈴槓下方。

7. 雙手間距以你方便為主。每個聯合會對於間距的範圍均有規定，建議你在聯合會所規定的範圍內盡量放寬間距，因為這樣可以減少槓鈴需要升降的距離。

8. 取下槓鈴之前先深吸一口氣，盡量提高身體緊繃的程度，從而將力量從雙腳轉移到雙手。

9. 這裡頭部的位置較不重要。頭部位置因每位舉重運動員而異，也可能因個人穿著臥推T恤的方式而異。不過，有些聯合會會在自己的規則手冊中明確規定，選手的頭部必須一直接觸椅面，最好在比賽訓練之前先查閱相關聯合會的規則手冊。

J曲線技術臥推

圖 5.3：準備階段：腹部向上抬起，頭部和臀部盡可能靠近。雙腳放在膝蓋後面，腳掌與地板接觸。眼睛望向鈴槓下方。

執行J曲線技術臥推

　　該技術在推舉過程中，槓鈴的移動軌跡呈J形或弧形。在你伸出手臂從架上取下槓鈴前，臀部和肩膀須與臥推椅面貼合，而背部則向上弓起。槓鈴放在架上多高的位置以你覺得舒服為準（圖5.4a），這是你做臥推的起始位置。接著，在剛開始放低槓鈴時，肘部向外張開（圖5.4b），將胸板鎖定到位。等槓鈴下降幾英寸後，肘部便須向背闊肌方向收攏，直到槓鈴觸及胸部為止（圖5.4c）。在放低的過程中，槓鈴可能略微朝你的腰部下移，但只要你能控制住槓鈴，並且不使它滑脫就可以了。當裁判發出「推」的命令時，你的腳後跟往地板方向用力，同時向上推舉槓鈴，而且肘部保持朝內（圖5.4d）。在接近推舉高點或障礙點時，肘部必須外張以利槓鈴通過障礙點。

J 曲線技術臥推

圖 5.4：J曲線技術臥推：（a）從架上取下槓鈴；（b）放低槓鈴時肘部先外張；（c）槓鈴下降的過程中，內縮肘部直到槓鈴觸及胸部為止；（d）「推」的口令下達時，腳後跟往地板方向用力，同時向上推舉槓鈴，肘部保持朝內。

規則和說明

根據國際健力聯合會的臥推規則和說明，舉重運動員必須仰臥在臥推椅上，頭部、肩部和臀部應與椅面接觸。雙手必須用大拇指勾住槓鈴，然後將槓鈴安全地鎖定在手掌中。鞋底必須平貼在地板上。在整個舉重過程中，必須保持這個姿勢。一旦偏離這一姿勢，會被判為試舉失敗。

雙手間距不得超過81公分（31.9英寸），而測量基準則是食指之間的距離。不可採用反握。

從架上取下槓鈴或從幫補手手中接過槓鈴後，舉重運動員必須先讓肘部處於鎖定狀態，並等待主裁判的信號。一旦槓鈴靜止並且正確定位在胸膛上，信號就會發出。主裁判發出的信號包括手臂向下擺的動作以及「開始！」的口令。在允許開始的命令下達前，就擅自放低槓鈴的話，會被判為試舉失敗。

在聽到「開始」的信號後，舉重者必須將槓鈴放低至胸部然後保持不動，同時必須明確做出停頓動作。舉重者應該靜候主裁判進一步發出開始推舉的信號。這次是「臥推！」的口令。如果舉重者在這命令下達前就擅自推舉槓鈴，那麼該試舉會被判為不合格。聽到推舉的信號後，舉重者必須將槓鈴向上推，雙臂同步均衡伸展至完全打直為止。

一旦完成了全臂伸展的動作，還要靜止不動架住槓鈴，等到主裁判發出「上架！」口令時，舉重者才能將槓鈴復歸原位。如果舉重者在這命令下達前就擅自將槓鈴歸位，那麼會被判為試舉失敗。

萬一試舉失敗，舉重者可以再度試舉相同的或更大的重量，但不許減少重量。

裝備

對初學者而言，臥推T恤要貼身，這樣才能提供一些支撐力，但又不能太緊，以免於臥推槓鈴時還要耗費多餘的力氣才能觸及胸部。初學者需要學習如何穿著臥推T恤，還有如何調整才能讓你感覺舒適。如果T恤太緊，就很難體會它帶給運動員的感覺。

此外，最好穿常規尺寸的臥推T恤，就是未經任何改動的。在初學者職涯的早期階段中，重點之一是熟悉臥推T恤的觸感。經過持續六個月到一年有關設備和競賽的訓練後，便須更換T恤。在這時候，對臥推T恤更熟悉後，可以搭配更高級的臥推T恤。

臥推T恤和初學者的關係可以比擬為汽車和青少年的關係。青少年可能酷愛法拉利。他們看上法拉利的速度和操控性，也知道所有的規格，然而駕駛經驗畢竟很少。他們現階段最好開雪佛蘭舊車或一輛不能開得太快、不會危及生命安全的汽車。中年駕駛員因擁有多年的駕駛經驗，所以開法拉利時所冒的生命風險比較低。這些中年人的駕駛

經驗已累積了二、三十年。如果他們一開始沒有經驗就從法拉利入手，那和自殺可能沒有兩樣。雖說沒有人會因為臥推而喪命，但初學者可能穿了一件自己尚未做好準備的臥推T恤而感到挫敗並且無法成功。

　　臥推T恤主要可分為兩種布料：聚酯纖維和牛仔布。聚酯纖維T恤比較好用，這種T恤上所謂的甜蜜點更大。如果T恤稍微穿偏了一些，或稍微高一點或低一點，雖然沒辦法把張力發揮到極致，但還是有些張力。據說聚酯纖維T恤在臥推過程中，可以為整個動作範圍提供更多的支撐。

　　牛仔布T恤就沒那麼好用了。如果T恤稍微偏移了，就會失去很多張力。此外，牛仔布T恤就算只是輕微損壞也難以修復。牛仔布臥推T恤在動作低處時能給予較多的張力，但動作高處時則少得多。牛仔T恤似乎更適合脂肪組織比例較高的人，因為這種布料會繃緊身體。由於牛仔布料繃緊身體，所以身體會有一些蓄力和反彈。身材較瘦的運動員似乎較不適合穿牛仔T恤。此外，穿著牛仔T恤的技巧有點像一門絕活，不僅需先大量練習才能穿到駕輕就熟的地步，T恤的調整也是一項學問，例如將T恤肩部調整到三頭肌上、將領口往下拉，使衣服張力變得更大。

　　聚酯纖維T恤似乎最適合身材較瘦的人。穿著聚酯纖維T恤時，你要在臥推椅上保持正確姿勢，而不是去配合T恤。例如，在放低槓鈴過程中，由於T恤的緊繃，舉重者移動頭部和肩膀是很常見的，這樣可讓槓鈴較容易觸及胸部，但畢竟不是正確的姿勢，如此一來，舉重者就錯失了T恤一大部分的助力。舉重者應該讓T恤來配合自己。傑伊·弗萊是181磅（82.1公斤）的優秀臥推手，他經常說：「躺在臥推椅上時，我試著盡量撐開T恤。我全力以赴推舉，須讓T恤配合我的需求，而不是我來配合T恤。掌控權在我。」這是一項了不起的聲明。太多舉重者會調整身體姿勢以讓槓鈴觸及胸部。

T恤修改說明

單層：T恤只有一層材料。

雙層：T恤具有兩層材料。

圓領：改變壓力點，讓舉重者得到更大的領口表面積，以提供更大的支撐。

網格針法：在胸板上縫上網格圖案。這樣可以防止布層之間相互錯移，從而提供更多支撐，此外，由於T恤無法滑動太多，胸板因此也收緊了。

圓形針法：用於袖口周圍。

加固衣領：利用針法加固衣領以增加其強度和支撐。

超強加固衣領：利用針法和其他材料加固衣領以增加其強度和支撐。

封閉式背部：T恤的背部從上到下完全連成一片。

後背部分敞開：T恤從衣領向下幾英寸完全相連，但往下是分開的。

露背或全露背：T恤的背部從上到下整片剪開。

這裡的問題可能是這些舉重者身上的T恤太緊或做了太多修改，且他們也還沒有準備好應付那樣的負重。寧可讓舉重者專注於如何讓自己變得更強健，並且準備採用更好的裝備，而不是直接一頭栽進鍛鍊，這樣可以大大減少前臂骨折的風險。

養成臥推技術

如想養成臥推實力，必須先做好幾件事。首先，進行臥推訓練讓技術完善並增強肌力。你的技術就算再如何出色，但如果沒辦法重現（每次重複的動作看起來都一樣，每次槓鈴都落在同一位置），那麼任何肌肉的開發都不會那麼有效。最理想的臥推訓練應是：在無裝備的情況下，負重應超過最大值的80%，而在有裝備的情況下，負重則應超過最大值的85%（不同之處在於槓鈴觸胸的難度有異）。在強度超過75%的情況下，每組6次或較少的重複次數是增強肌力的最佳方式。強度如果減輕，就無法動員最多數量的可用運動單位，從而導致某些單位未能開發或只是低度開發。

臥推訓練結束後，接著訓練臥推中會使用到的肌肉群。首先鍛鍊肱三頭肌和背闊肌。想想所有的臥推高手，例如布萊恩・薩姆納、希爾德堡・哈格達爾、托尼・博洛尼奧、蒂尼・米克，他們都擁有開發得很出色的背闊肌和三頭肌。一條鏈條的強度取決於該鏈條最弱的那一環，所以，一個人就算具備可以做700磅臥推的胸肌、肱三頭肌和肩膀，但背闊肌只能做500磅的話，那麼他的臥推能力不過是500磅。

若要型塑臥推技術，就必須用特殊的方法來鍛鍊對的肌肉。三頭肌有三個頭：外側頭、內側頭和長頭。每個肌肉頭都有不同的功能，因此訓練必須針對特有的功能。例如，推舉動作與長頭最直接相關，長頭是肱三頭肌較不漂亮的那部分，位於馬蹄三頭肌到肘部的位置，也是外觀最明顯的那部分。了解這一點後，你就知道，要精進臥推技術，只守住單一種三頭肌練習法是不夠的。鍛鍊還必須針對肱三頭肌的長頭。下面列出的練習最能直接影響並加強三頭肌的長頭。俯身臂屈伸可能是型塑三頭肌漂亮外觀一項很好的技術，可以練出馬蹄形，同時也能鍛鍊到外側頭，進而在外臂上形成明顯的線條，但是對於三頭肌的臥推鍛鍊而言，這個選擇並不理想，因為長頭被忽略了。

　　此外，你還必須鍛鍊背闊肌。背闊肌是一片非常大的肌肉，幾乎覆蓋整個背部，所以必須從多個角度實行訓練才能鍛鍊到整片肌肉。訓練背闊肌與訓練三頭肌稍有不同，因為練習本身並不重要，只要你用的重量夠大即可，而從此產生的進展便會提升你的臥推能力。有些涉及多個關節和身體穩定的運動，例如引體向上，會比單純用划船機練習要好，不過所有的背部運動對背闊肌的鍛鍊都有助益。比爾·吉萊斯皮就深受引體向上運動的魅力吸引，因為他注意到，當引體向上練習越做越少時，臥推成績也會退步。在他看來，必須讓自己的引體向上能力維持在顛峰的狀態。

　　強健的上背部可以增加肩部的穩定性並且改善足弓。上背部越大，臥推的出擊基礎就越穩，因為上背部是身體與臥推椅一直保持接觸的部位。就算臥推有裝備輔助，上背部也須足夠強壯，這樣才能保持體態。運動員穿的臥推Ｔ恤中，有許多種都強調必須讓臥推Ｔ恤緊密包覆身體，這樣才能正確推舉槓鈴，也可以讓Ｔ恤充分發揮效益。如果上背部的力量不足以收攏肩胛骨，那麼張開的肩胛骨就會抵消來自Ｔ恤的壓力，導致臥推員不得不耗費更多力氣。有人可能認為用臥推Ｔ恤緊密包覆身體並收攏肩胛骨是作弊行為，但這才是充分利用Ｔ恤的方法。請注意，所有成功的臥推員都擁有一個大且發達的上背部。肩部的發達必須兼顧推舉頭（前部）和支撐頭（後部），以增加運動肌力並延長運動壽命。雖然僅強化負責推舉的肌肉（三角肌的前頭）即可確保臥推向上，但如果不同時強化對側（三角肌的後頭），肩膀就會失去平衡，並且招致受傷的風險。這種情況就像鏈條中較弱的那一環，雖不表示臥推高度降低了，但會直接造成你受傷。回想一下臥推時有助你舉高槓鈴的那些練習。過頭推舉長期以來一直是臥推訓練的核心項目，因為那是加強支撐肌肉組織的一種理想方法，而其他練習，如側平舉、槓片舉、後平舉和彎腰側平舉，都可以鍛鍊肩膀的各個頭部，也都有助於加強平衡。

　　肱二頭肌也應接受鍛鍊，因為這有助於解決肘部可能出現的問題。鍛鍊二頭肌雖無法增加臥推的肌力，但能防止受傷。正因二頭肌在鍛鍊背部上的特定功能，你可以把二頭肌的訓練維持在最低的限度即可。此外，二頭肌的鍛鍊不是為了增加臥推的力量，而是為了防止受傷。對於三舉選手來說，二頭肌的訓練是最重要的，因為在硬舉的過程中，如果並用正反握，其中的反握常會造成肱二頭肌令人驚訝的撕裂傷。

補充練習

練習臥推技術最佳的方法便是執行任何能推高槓鈴的方法。沒有哪種練習是萬靈丹，採用最適合你的練習，這樣才能幫助你精進臥推技術並跨越障礙點。

使用臥推平衡板

臥推時能否使用臥推平衡板？這點大家仍有爭議。有人認為，這是讓身體承受超負荷的最佳方式，但也有人主張，這只能教舉重者如何在不同的板上推舉，並不算真正的臥推。還有人強調，臥推平衡板所能做的，不過是教會身體在距離精確的前提下執行臥推。舉個例子，你只學會在全長12英寸的距離中推舉8英寸，所以，即使槓鈴能從胸部猛然上舉，但由於身體還沒有學會在12英寸的地方生成力量，因此在手臂打直鎖定前，你的力量就不夠用了。

關鍵在於，了解你在競賽臥推或全範圍臥推時會發生什麼事。這點非常重要。如果穿著臥推T恤並利用平衡板實在有助你推高槓鈴，那麼請務必嘗試，但是如果這些做法對於你的競賽臥推沒有產生任何影響，那麼就不要浪費精力了。最關鍵的是，不要著迷於用臥推平衡板取得的成績，因為那不是你在比賽中的真正表現。如果利用平衡板做臥推能讓你多舉100磅（45.5公斤），但在競賽臥推的重量卻沒能因此增加，那麼利用平衡板做臥推就是浪費時間。

推舉

平衡板臥推

健力重點：提高鎖定時的肌力。

目標肌肉：胸肌、三頭肌和前三角肌。

起始姿勢：從一般的臥推起始姿勢開始。

執行：臥推平衡板（圖5.5）只是動作練習的部分範圍，而在過程中，你放低槓鈴時，槓鈴會碰到平衡板。平衡板是2×4英寸的木板，可以單用一個，也可以堆疊二到五個。平衡板臥推與正常臥推的方式相同，重點都是向下放和朝上推。如果你放低槓鈴，碰到平衡板就回彈起來，那麼基本上那就變成了一種動量運動而非肌力運動。臥推平衡板因其功能多樣而值得重視，這些板子能讓你在不同的範圍內訓練，同時針對你的各個弱點補強。平衡板推舉還可細分成三類：輕觸和上推、下沉和推起，以及回彈：

- 輕觸和上推：執行這項練習時，十分輕柔地讓槓鈴向平衡板降下，幾乎不接觸到平衡板，然後再向上推。比爾·吉萊斯皮大力倡導這種平衡板臥推方式。

- 下沉和推起：執行這項練習時，以快速但力道受控的方式將槓鈴放低，讓平衡板和槓鈴的重量壓下胸部，然後再將槓鈴用力推起。

圖 5.5：平衡板臥推：（a）起始姿勢；（b）部分範圍的運動。

・回彈：就算臥推動作做得再糟，也不影響練習。讓槓鈴全速降下，並讓其從平衡板上回彈，接著在槓鈴上升的過程中設法抓住，並趁勢推舉上去。

做平衡板臥推的方法沒有所謂的對錯。只要確保平衡板臥推所推的重量和正常臥推所推的重量同步增加即可。如果臥推時槓鈴推不上去，那麼不妨換個平衡板臥推的方法，例如從回彈換到下沉和推起，或是從下沉和推起換到輕觸和上推。採用回彈法加上下沉和推起法可以舉起最大的重量，而輕觸和上推法則能讓你舉起最輕的重量。

指導要點：盡可能以和普通臥推相似的技術進行練習。需要加強技術。

毛巾推舉

健力重點：提升臥推能力，改善動作形式。

肌肉：胸肌、三頭肌、背闊肌、三角肌和肩袖。

起始姿勢：與正常臥推一樣的預備姿勢。握住槓鈴，打直雙臂，並請人將一條捲起來的毛巾放在你胸前。

執行：將槓鈴從起始位置放低到毛巾上。控制力道，讓槓鈴壓陷進毛巾中。一旦槓鈴不再下壓，便將其舉起，直到兩臂完全打直為止。

指導要點：一定要模仿正常臥推的方法，並嘗試不同尺寸的毛巾，以滿足你訓練障礙點的需求。

彈力帶阻力臥推

健力重點：改善臥推時的鎖定。

目標肌肉：胸肌、三頭肌、三角肌、肩袖和背闊肌。

起始姿勢：請依第10章（第209頁）中的說明綁好彈力帶。以正常臥推的姿勢躺在臥推椅上。打直手臂，握住槓鈴（圖5.6a）。

執行：控制力道，將槓鈴放低至胸部位置（圖5.6b）。槓鈴觸及胸部後，推舉槓鈴直到雙臂鎖定為止。

指導要點：彈力帶會造成鎖定時重量過載，因為槓鈴在動作起始位置時會比在動作低位時重量更大。彈力帶還可以加速槓鈴降至胸部的速度，因此正確的準備工作必不可少。在選擇重量時，盡量保守一點。

圖 5.6：彈力帶阻力臥推：（a）手臂打直，握住槓鈴；（b）將槓鈴放低到胸部位置。

架上臥推

健力重點：提高鎖定強度。

目標肌肉：胸肌、三頭肌、背闊肌、三角肌和肩袖。

起始姿勢：將槓鈴架的安全桿調整到你障礙點的位置。準備工作與正常臥推相同。開始練習前，先打直手臂握住槓鈴。

執行：控制力道，降低槓鈴，直到槓鈴觸及你已調整好的、與你障礙點等高的安全桿為止。槓鈴觸及安全桿時，請暫停片刻，然後將槓鈴推回起始位置。

指導要點：不要讓槓鈴撞上安全桿，以免槓鈴偏離原本該有的軌跡。

地板臥推

健力重點：發展上半身的推舉肌力。

目標肌肉：胸肌、三頭肌、三角肌、肩袖和背闊肌。

起始姿勢：躺在地板上，準備工作盡可能做到接近正常臥推的地步。打直手臂，並握住槓鈴。

執行：如同臥推那樣先放低槓鈴，直到肘部觸及地板為

圖 5.7：地板臥推。

止（圖5.7），然後再將槓鈴上推，直到鎖定手臂為止。這是在沒有腿部助力的情況下完成的。

指導要點：放低槓鈴時，務必控制力道，使其緩慢下降。槓鈴太快碰到的地板話，不僅造成傷害，還會導致槓鈴失控。

反向彈力帶臥推

健力重點：提升肌力。

目標肌肉：胸肌、三頭肌、三角肌、肩袖和背闊肌。

起始姿勢：將彈力帶一端綁在舉重架頂部，另一端固定在槓鈴上。因彈力帶的作用，槓鈴在胸部位置時的重量比兩臂打直鎖定時的重量輕得多。開始練習前，先做好臥推整套的預備步驟，手臂完全打直，握住槓鈴。

執行：控制力道，將槓鈴放

圖 5.8：反向彈力帶臥推。

低至胸部位置（圖5.8）。槓鈴觸及胸部後，再度完全打直手臂將其推回。

指導要點：盡量採用臥推的標準動作形式。常會有人試著改變形式以舉起更大重量。保持形式非常重要。

雙手窄間距臥推

健力重點：提升鎖定肌力。

目標肌肉：胸肌、三頭肌、背闊肌、三角肌和肩袖。

起始姿勢：準備工作與正常臥推一樣，但雙手握槓的間距小於正常臥推雙手握槓的間距（圖5.9a）。

執行：控制力道，將槓鈴放低至胸部位置（圖5.9b）。槓鈴觸及胸部後，再度完全打直手臂將其推回。

指導要點：肘部盡量緊貼身體，但雙手也不要靠得太近，以免手腕必須隨之橫向彎曲，產生不必要的壓力，手腕也容易受傷。

圖 5.9：雙手窄間距臥推：（a）雙手比普通臥推稍微靠近一點；（b）將槓鈴降低到胸部。

雙手窄間距傾斜臥推

健力重點：增進最大肌力。

目標肌肉：胸肌、三頭肌、三角肌、肩袖和背闊肌。

起始姿勢：躺在斜臥推椅上。打直雙臂並握住槓鈴，雙手間距小於肩寬。

執行：控制力道，將槓鈴放低到胸部位置。槓鈴觸及胸部後，再度完全打直手臂將其推回。

指導要點：臀部務必始終接觸椅面。舉重者常會抬起臀部以臥推較大的重量，這樣就改變了練習的角度和所強調的重點。

坐姿槓鈴過頭推舉

健力重點：增進鎖定肌力。

目標肌肉：三角肌和三頭肌。

起始姿勢：將槓鈴直接置於頭頂上方，而槓鈴兩端則架在安全桿上（圖5.10a；不過安全桿在架上的位置常常更高）。

執行：將槓鈴直接推過頭頂，直到肘部鎖定為止（圖5.10b）。肘部鎖定之後，再將槓鈴放回起始位置。

圖5.10：坐姿槓鈴過頭推舉：（a）將槓鈴直接放在頭頂上；（b）將槓鈴推過頭頂，直到肘部鎖定為止。

地毯臥推

健力重點：增加臥推能力並且改進動作形式。

目標肌肉：胸肌、三頭肌、背闊肌、三角肌和肩袖。

起始姿勢：準備工作與正常臥推相同。打直雙臂並握住槓鈴，讓別人在你的胸前放一塊捲起來的地毯。

執行：將槓鈴從起始位置放低到地毯上。控制力道，讓鈴槓壓入地毯中。一旦槓鈴不再下壓，便將其舉起，直到兩臂完全打直為止。

指導要點：一定要仿效正常臥推的步驟。嘗試不同尺寸的地毯以配合你的障礙點。

泡棉滾筒推舉

健力重點：加強鎖定時的肌力。

目標肌肉：胸肌、三頭肌、背闊肌、三角肌和肩袖。

起始姿勢：將泡棉滾筒放在舉重架上，須配合你障礙點的位置。預備工作與正常臥推的相同。打直雙臂並握住槓鈴。

執行：控制力道，放低槓鈴，直到槓鈴碰到放在你障礙點旁的泡棉滾筒。槓鈴與泡棉滾筒接觸後，就讓槓鈴向下壓。一旦槓鈴不再下壓，便將其舉起，直到兩臂完全打直為止。

指導要點：不可讓槓鈴撞擊泡棉滾筒，此外臀部也不可抬起。

過頭推舉

健力重點：加強鎖定時的肌力。

目標肌肉：三角肌和三頭肌。

起始姿勢：站立，槓鈴靠在鎖骨上（圖5.11a）。

執行：控制力道，將槓鈴直接高舉過頭，直到肘部鎖定為止（圖5.11b）。控制力道，將槓鈴放低到起始位置。

指導要點：不要用腿，否則該項練習就變成借力推舉。背部也不可過度後彎。該項練習看起來應該像過頭推舉，而不是斜向推舉。

圖 5.11：過頭推舉：（a）站立，槓鈴靠在鎖骨上；（b）將槓鈴直接高舉過頭，直到肘部鎖定為止。

三頭肌

JM 推舉

健力重點：加強鎖定時的肌力。

目標肌肉：三頭肌。

起始姿勢：仰臥在臥推椅上，雙臂打直，兩手以窄間距的方式握住槓鈴（圖5.12a）。

執行：將槓鈴垂直放低到鎖骨位置（圖5.12b）。當你感覺槓鈴難以再進一步下壓時，就將它推舉到手臂完全打直為止。

指導要點：肘部應朝身體垂直降下，讓前臂與地面平行。

圖 5.12：JM 推舉：（a）仰臥在臥推椅上，兩手以窄間距的方式握住槓鈴；（b）將槓鈴放低到鎖骨位置。

三頭肌轉動式伸展

健力重點：加強鎖定時的肌力。

目標肌肉：三頭肌。

起始姿勢：仰臥在臥推椅上，雙臂打直，手掌朝內握住啞鈴。

執行：將啞鈴放低到肩頭位置，然後再將它向後朝頭部轉動，直到肘部垂直於地面為止（圖5.13a）。將手肘朝腰部移動，然後再將啞鈴推舉向上（圖5.13b）。雙臂在肘部與肋骨齊平之前就應開始伸展。

指導要點：大多數人常將肘部一路朝下轉動，這樣只能做出啞鈴臥推的動作。請他人將手按在你的胸腔上或略微向上的地方，等到你的肘部碰到對方的手時，即可伸展手臂，同時上推啞鈴。

圖 5.13：三頭肌轉動式伸展：（a）將啞鈴放低至肩部，直到肘部垂直於地面為止；（b）伸展肘部以便將啞鈴推回到起始位置。

仰臥臂伸展

健力重點：加強鎖定時的肌力。

目標肌肉：三頭肌。

起始姿勢：仰臥在舉重椅上，兩手以窄間距的方式握住槓鈴。

執行：保持肘部直指正上方的姿勢，然後再慢慢將槓鈴拉向你的前額（圖5.14a）。當槓鈴離前額只有1-2英寸（2.5-5.1公分）的距離時，藉三頭肌的力量將槓鈴上推到底（圖5.14b）。

指導要點：這個練習往往對肘部有一定的難度。試試各種握槓鈴的方式，也可比較彎舉槓和直槓的不同。總有一種讓你覺得最自在。

圖5.14：仰臥臂伸展：（a）將槓鈴放在前額；（b）藉三頭肌的力量將槓鈴上推到底，然後回到起始位置。

泰特推舉

健力重點：加強鎖定時的肌力。

目標肌肉：三頭肌。

起始姿勢：平躺在臥推椅上，手掌朝下，打直雙臂，讓兩個啞鈴頭頭相接，就像正常啞鈴臥推中的姿勢一樣（圖5.15a）。

執行：保持啞鈴頭頭相接狀態，然後肘部直接向外張開，並將啞鈴放低至胸部位置（圖5.15b）。啞鈴必須始終保持頭頭相接狀態。啞鈴觸及胸部後，再將它上推，回到起始姿勢，同時保持肘部外張，而啞鈴一直頭頭相接。在動作的高位時，兩個啞鈴以鐵片正面平坦的部分相接，但當啞鈴放低至胸部下位時，則是以鐵片側緣相接。

指導要點：肘部會有向身體靠攏的傾向。讓肘部在整個練習的過程中都保持外張的姿勢。為求變化，可試試臥推椅不同的傾斜度。

圖 5.15：泰特推舉：（a）起始位置；（b）將啞鈴放低至胸部。

打開兩肘

健力重點：加強鎖定時的肌力。

目標肌肉：三頭肌。

起始姿勢：平躺在臥推椅上，雙臂朝上打直，兩掌朝下分別握住一個啞鈴，啞鈴側緣必須相接，就像執行正常的啞鈴臥推那樣。

執行：放低啞鈴，就像三頭肌轉動式伸展的動作一樣（第110頁），過程中將啞鈴向前轉動並開始伸展，但在中途必須豎直啞鈴，就像在做泰特推舉那樣，只是啞鈴必須分開而已。完成練習。

彈力帶下拉

健力重點：加強鎖定時的肌力。

目標肌肉：三頭肌。

起始姿勢：將一條彈力帶的一端固定在高處。雙手抓住彈力帶。

執行：肘部始終緊貼身體，將彈力帶從下巴部位向下拉動，直到彈力帶完全開展為止。暫停1秒鐘，然後回到起始姿勢。

指導要點：彈力帶伸展的範圍越大，阻力就越大。如果想做到筋疲力竭的地步，請以跪姿開始訓練，然後重複拉動彈力帶，直到再也做不下去為止。接著站起身來並繼續重複動作。

帕諾拉下壓

健力重點：加強鎖定時的肌力。

目標肌肉：三頭肌。

起始姿勢：在三頭肌下推機上，將繩索維持在半伸展的狀態。

執行：同時進行下推和撐開繩索的動作。回到半途的起始位置，且不可讓你的雙手高過這個位置。

指導要點：盡量重複該項練習。不要關心重量，只需注意每個重複動作是否做到位了。

活塞下推

健力重點：加強鎖定時的肌力。

目標肌肉：三頭肌。

起始姿勢：將兩條彈力帶的一端固定在高處，採跪姿或站姿，雙手各抓住一條彈力帶（圖5.16a）。手掌可以朝內彼此相對或是各自下朝地板。

執行：雙手交替動作，將彈力帶向下壓至完全開展，看起來就像兩個活塞交替點火（圖5.16b）。

指導要點：這是另一項重複次數越多越好的練習。可能的話先從跪姿開始，一直做到疲累為止，然後再站起來繼續重複動作，以消耗大量熱量。重複次數應該做非常多次。試試每一組重複動作做1分鐘。

圖5.16：活塞下推：（a）兩手各抓住一條彈力帶；（b）兩手交替壓下彈力帶。

背部

引體向上

健力重點：增加穩定度。

目標肌肉：背闊肌。

起始姿勢：雙手分開與肩同寬，抓住引體向上單槓。伸展雙臂，確保雙腳不會接觸地板。

執行：將自己向上拉抬，直到下巴超過槓身為止。控制力道，回到起始姿勢。如果你無法獨自完成引體向上的動作，那麼彎曲膝蓋，讓同伴抓住你的腳幫你升高。接著同伴會放開你的腳，讓你做5秒鐘的離心運動，直到恢復起始姿勢為止。

指導要點： 很多人在引體向上時經常擺動身體。如果你能克服這一缺點，就可以更深入地鍛鍊肌肉。為了避免無聊，不妨試試引體向上的各種變化，例如掌心朝內、正反手握、寬間距握，變化多到不可勝數，但都可以強化你的背闊肌。

下拉

健力重點： 增加穩定度。

目標肌肉： 背闊肌。

起始姿勢： 坐進下拉機，大腿放在滾輪墊下方。完全伸展你的手臂，雙手握住槓子，間距比肩膀略寬。

執行： 控制力道，上身保持挺直，將槓子向下拉至上胸部。回到起始位置時要控制好槓子。

指導要點： 練習過程中要避免下背部擺動。身體稍微傾斜是可以的，但要戒除一些舉重者在做背部伸展時的擺動習慣。就像引體向上那樣，其變化也不一而足，例如窄間距握、寬間距握、反握、V型拉力桿、繩索，為求變化，各種方式都可嘗試。

槓鈴划船

健力重點： 增加穩定度。

目標肌肉： 背闊肌。

起始姿勢： 膝蓋略微彎曲，背部與地面平行，打直手臂，握住槓鈴，雙手間距與肩同寬（圖5.17a）。

執行： 運用背闊肌，將槓鈴拉向腹部中間（圖5.17b），直到槓鈴接觸到身體為止。維持該姿勢並數到1，然後控制力道，將槓鈴放回起始位置。

圖5.17：槓鈴划船：（a）雙手分開與肩同寬並抓好槓鈴；（b）將槓鈴拉向腹部中間。

指導要點：身體避免擺動。確認你是使用肌肉而不是動量來完成這項練習。這項練習同樣也有很多變化，例如寬間距握、窄間距握、寬間距反握、窄間距反握、正常間距反握和正反握。體驗這些選擇的多樣性，看看哪一種最適合你。這項運動會給下背部帶來很大的壓力。如果你的下背部有問題，請找其他替代運動，例如下面的胸部支撐划船。

坐姿滑輪纜繩訓練機划船

健力重點：增加穩定度。

目標肌肉：背闊肌。

起始姿勢：坐在坐姿滑輪纜繩訓練機上，雙腿伸直，握住 V 型拉力桿，保持手臂打直，胸部挺直，下背部收緊。

執行：運用背闊肌，將 V 型拉力桿拉到肚臍位置。控制力道，回到起始姿勢。

指導要點：這項練習如果動作不夠大也沒關係。在拉低重量時，如果身體前傾一點，大多數人會感覺伸展得更好。只要確保練習的同心部分不要伸展背部即可。為求變化，可將 V 型拉力桿換成做下拉練習的寬間距拉力桿（以及可以在該桿上完成的各種握式）或繩索。

胸部支撐划船

健力重點：增加穩定度。

目標肌肉：背闊肌。

起始姿勢：將胸部靠在坐姿滑輪纜繩訓練機的墊子上，打直手臂，握住拉力桿。

執行：運用背闊肌，划船直到背闊肌完全收縮為止。控制力道，將設備放低到起始位置。

指導要點：確保胸部始終貼著墊子，而且執行拉抬動作的是背闊肌而不是豎脊肌。為求變化，可以嘗試各種握式，看看哪一種讓你感覺最好。

T 槓划船

健力重點：增加穩定度。

目標肌肉：背闊肌。

起始姿勢：站立，雙膝微曲，背部挺直，讓 T 槓在雙膝之間上下（圖 5.18a）。可以抓住連接在槓上的把手，或者，如果沒有把手可用，就像用繩爬高那樣，採聯手拉纜握式。

圖 5.18：T 槓划船：（a）起始位置；（b）利用槓鈴做划船動作。

執行：保持下背部完全不動，同時將槓鈴盡量拉高起來（圖5.18b），然後控制力道，將槓鈴放低到起始位置。

指導要點：運動過程中應完全避免晃動，也要確保運用的是背闊肌而不是豎脊肌。為求變化，如果有不同的拉槓可用，就請善加利用。這項運動會給下背部帶來很大的壓力。如果下背部有問題，請使用不同的鍛鍊方式，例如胸部支撐划船。

啞鈴划船

健力重點：增加穩定度。

目標肌肉：背闊肌。

起始姿勢：一隻腳膝蓋置於椅上，另一隻腳平放在地板上。與抬高的膝蓋同側的手放在椅上作為支撐，而與地板上的腳同側的手則掌心向內握住一個啞鈴，打直手臂，將啞鈴直接懸在肩部下方。

執行：將啞鈴向上划到臀部外側，然後控制力道，將其放下。

指導要點：身體不可晃動，這是所有背部練習中常見的錯誤。

仰臥懸垂臂屈伸

健力重點：增加穩定度。

目標肌肉：背闊肌。

起始姿勢：仰臥在地板上或帶槓鈴架的臥推椅上。以正手方式抓住距離地面4英尺（1.2公尺）的槓鈴，或是槓鈴架上的槓鈴（圖5.19a）。雙手分開與肩同寬，身體保持緊繃，頭的後部到腳跟呈一直線。

執行：身體保持緊繃，向上拉動，直到胸部中央碰到槓鈴為止（圖5.19b）。數到3之後，將身體放低到起始姿勢。

指導要點：確保胸部中央觸及槓鈴後要數到3才離開。注意身體任何部位都不可以鬆弛，臀部尤其如此。切記全身保持緊繃。如果這個練習太容易了，就請放低槓鈴或者將腳抬高以便增加難度。這是對背部很好的一個補充練習。

圖 5.19：仰臥懸垂臂屈伸：（a）臉部朝上，以正手方式抓住槓鈴；（b）拉抬身體，直到胸部中央與槓鈴接觸為止。

上背部

古巴上推

健力重點：提升上背部的肌力和穩定度。

目標肌肉：斜方肌和肩袖。

起始姿勢：躺在傾斜的臥推椅上，手心朝外，抓住槓片或啞鈴，令其垂下但不至於完全接觸地板。

執行：抬起肘部，使其呈90度角直接向身體兩側張開（圖5.20a）。肘部保持不動，將

槓片或啞鈴向前轉動，直到上臂平行於地板（圖5.20b），且從上方看應形成一個字母L。從體側以水平方式向前推出啞鈴（圖5.20c）。控制力道，將整套動作逆向操作一次，直到復歸起始姿勢。

指導要點： 動作要慢，並且重複相同動作（至少10次）。

圖5.20：古巴上推：（a）抬起肘部；（b）轉動啞鈴；（c）推舉啞鈴。

臉拉

健力重點： 提升上背部的肌力和穩定性。

目標肌肉： 斜方肌和菱形肌。

起始姿勢： 打直手臂，抓住繩索固定器，並讓繩索處於或高於視線高度（圖5.21a）。

執行： 雙肘向後拉，以過頭划船的方式將繩索拉至臉部（圖5.21b）。

指導要點： 這是用來鍛鍊肌肉、較輕鬆的練習。過重的負荷會改變鍛鍊的肌肉。嘗試用小指或拇指以及繩子末端的球狀配件進行練習。手部位置的變化會改變肌肉運作的角度。執行2到4組的練習，每組20到30次。

圖5.21：臉拉：（a）打直雙臂，抓住繩索固定器；（b）將繩子拉近臉部。

直立划船

健力重點：提升上背部的肌力和穩定性。

目標肌肉：斜方肌。

起始姿勢：站直，伸長手臂，以正手方式將槓鈴舉在面前，兩手拇指分開6-12英寸（15.2-30.5公分）。

執行：將槓鈴向上舉到下巴部位，雙肘指向正上方。在動作的高位時數到1，然後控制力道，放低槓鈴。

指導要點：確定肘部方向朝上而非朝後。嘗試用啞鈴、繩索和W型彎曲槓做出一些變化，包括站立和坐姿。這一動作執行3到6組，每組重複8到12次。

坐姿抓舉

健力重點：提升上背部的肌力和穩定性。

目標肌肉：斜方肌和菱形肌。

起始姿勢：坐在臥推椅上，背部挺直，啞鈴垂在身體兩側。

執行：像直立划船一樣開始練習。等到接近直立划船動作的高位時，將啞鈴舉過頭頂，直到手臂打直為止。

指導要點：應該將啞鈴維持在離身體相當近的位置，而且上舉的軌跡盡量接近直線。這是另一個以低重量進行高重複的練習。這一動作執行2到4組，每組重複20到30次。

坐姿上搏

健力重點：提升上背部的肌力和穩定性。

目標肌肉：斜方肌和菱形肌。

起始姿勢：坐在臥推椅上，背部挺直，兩手抓住啞鈴，使其垂在身體兩側（圖5.22a）。

執行：像直立划船一樣開始鍛鍊。等到接近直立划船動作的高位時，翻轉啞鈴，使其位於肘部的正上方。此時上臂和前臂應呈90度角，且啞鈴朝向正上方（圖5.22b）。

指導要點：啞鈴一定要靠近身體，不要做出平舉和彎舉的動作。這是另一個以低重量進行高重複的練習。這一動作執行2到4組，每組重複20到30次。

圖 5.22：坐姿上搏：（a）起始姿勢；（b）啞鈴朝向正上方，肘部彎曲 90 度。

上搏

健力重點：發展上背部和肩帶的肌力。

目標肌肉：斜方肌、菱形肌和三角肌。

起始姿勢：直立，正手握住槓鈴。

執行：將肘部向上拉，就像在做直立划船一樣。等到接近直立划船動作的高位時，將肘部向下彎，使其來到槓鈴下方，然後穿過槓鈴下方，而雙手同時抓好槓鈴，就像執行懸垂式上搏那樣。肘部指向與視線相同的方向。

指導要點：千萬不要用到腿。膝蓋可以稍微彎曲以減輕背部的壓力，但這畢竟是肌肉運動，而不是動量鍛鍊。這一動作執行 2 到 4 組，每組重複 8 到 12 次。

抓舉

健力重點：鍛鍊上背部。

目標肌肉：斜方肌、菱形肌和三角肌。

起始姿勢：直立，以正手抓舉的方式握住槓鈴。

執行：將肘部向上拉，就像在做直立划船一樣。等到接近直立划船動作的高位時，只需繼續上推，直到槓鈴來到頭頂，雙臂打直鎖定為止。

指導要點：千萬不要用到腿。膝蓋可以稍微彎曲以減輕背部的壓力，但這畢竟是一種肌肉運動，而不是動量鍛鍊。這一動作執行 2 到 4 組，每組重複 8 到 12 次。

肩部

槓鈴肩推

健力重點：增強肩部肌力。

目標肌肉：三角肌。

起始姿勢：站姿或坐姿，槓鈴靠在鎖骨上（圖5.23a）。

執行：直接將槓鈴舉向頭頂，直到肘部鎖定為止（圖5.23b）。可能需要將頭稍微後仰，以避免在向上拉抬的過程中，槓鈴碰到下巴，或是在放低的過程中，槓鈴碰到頭部。槓鈴上推離開臉部後，將頭部從槓鈴後方移往前方。

指導要點：在這項練習中，確保自己不會過度向後傾斜。這是動員額外肌群（如胸肌）以增加穩定度的常用方法。這項練習非常好用，可以依力量強度或次數為訓練目的，組別和重複次數的範圍由你決定。

圖 5.23：槓鈴肩推：（a）將槓鈴放在鎖骨上；（b）將槓鈴直接推舉過頭。

布拉德福德推舉

健力重點：增強肩部肌力。

目標肌肉：三角肌。

起始姿勢：在身體前方正手握住槓鈴，並且拉至下巴高度。肘部維持在肩膀的正前方。

執行：將槓鈴向上推至比頭頂略高的位置（圖5.24a），再將槓鈴舉過頭頂，肘部同時稍微向外略張，以方便將槓鈴從頭部後面放低到顱底（圖5.24b）。慢慢回到起始姿勢。

指導要點：槓鈴只要推得比頭頂略高即可，不需要做一個完整的過頭推舉動作。好比是用槓鈴給自己理髮，但只是修剪一下而不是理成平頭。

圖5.24：布拉德福德推舉：（a）將槓鈴推到頭頂；（b）將槓鈴從頭後移到顱底。

側平舉

健力重點：增強肩部橫向肌力。

目標肌肉：三角肌。

起始姿勢：挺直站好或坐好，以中立握式握住啞鈴，兩手手掌轉向身體，啞鈴直接垂放身體兩側。

執行：將握住啞鈴的兩臂橫向抬高伸直（只有肘部略微彎曲），直到兩臂來到肩部的高度或略低於肩部的高度，使左右手臂和身體的左右側各自形成90度角。控制力道，回到起始姿勢。

指導要點：在這項練習中千萬不要用到腿。身體保持緊繃，只能運用肩膀。如果你有肩部受傷或疼痛的病史，側舉時僅需抬高到約75度角。肩夾擠症區介於90至105度，如果你患有肩夾擠症，只需避開這個範圍即可。

前平舉／槓片平舉

健力重點：增強肩部橫向肌力。

目標肌肉：三角肌。

起始姿勢：挺直站好或坐好，啞鈴直接放正前方。上手握住啞鈴，並將手掌轉向身體。

執行：手臂幾乎保持伸直（只有肘部略微彎曲），將身體前方的啞鈴筆直上舉到肩部高度或略低於肩部高度的位置，讓手臂和身體呈90度角。控制力道，回到起始姿勢。

指導要點：在這項練習中千萬不要用到腿。身體保持緊繃，只能運用肩膀。如果你有肩部受傷或疼痛的病史，側舉時僅需抬高到約75度角。肩夾擠症區介於90至105度，如果你患有肩夾擠症，只需避開這個範圍即可。

後三角肌平舉

健力重點：增強上背部肌力。

目標肌肉：三角肌後束和菱形肌。

起始姿勢：背部挺直彎腰，直到背部與地板平行為止。握住啞鈴，伸長手臂，讓啞鈴處於肩膀的正下方，並將手掌轉向身體。

執行：手臂保持伸直，將啞鈴朝身體後面舉起。當手掌與臀部齊平或略微超過臀部時，控制力道，回到起始姿勢。

指導要點：在這項練習中千萬不要用到腿。這是一項有益肩部整體健康的鍛鍊，可以重複很多次。

彎腰側平舉

健力重點：鍛鍊上背部。

目標肌肉：三角肌後束和菱形肌。

起始姿勢：彎腰，背部平直。握住啞鈴，伸長手臂，將啞鈴握在肩膀的正下方，並將手掌轉向彼此（圖5.25a）。

執行：伸直手臂（建議肘部稍微彎曲），直接將啞鈴舉到身體稍微偏前的兩側（圖5.25b）。一旦啞鈴與背部齊平，控制力道，回到起始姿勢。

指導要點：不少人在執行這項練習時常犯三種錯誤：

1. 背部太高。建議將頭部靠在穩定的東西上，例如臥推椅的斜面，使其固定在那個位置，然後抬高臀部。

圖 5.25：彎腰側平舉：（a）伸長手臂，將啞鈴握在肩膀的正下方；（b）將啞鈴直接舉向身體兩側。

2. 此一練習用到的是下背部，而不是肩膀，因此這練習看起來像是彎腰抓舉。建議將頭部靠在穩定的東西上，使其保持靜止。

3. 啞鈴舉得太朝後了。試著用眼角餘光觀察啞鈴。如果看不到，則需將啞鈴往前挪一點。

總結

　　臥推是大家最常做錯的運動。大多數舉重者願意花時間學習正確的深蹲和硬舉，卻認為臥推簡單。利用臥推舉起較大重量的技術需要時間和耐心來培養。可惜的是，很多人為能舉起較大的重量，不惜改變臥推的姿勢。這會阻礙舉重者在賽台上的進步。臥推技術必須精進，要花時間練習以改善薄弱的環節。使用訓練裝備的人，也必須投下大量時間學習使用它們。在訓練臥推時，請記住這一點：這是最常被大男人心態操縱的運動。舉重者如果一味只想舉起最大的重量，而不顧姿勢正不正確，那麼成績再好也不算數。許多舉重者在臥推板臥推或地板臥推上締造了亮眼的個人紀錄，卻不精進競賽舉重的技術。他們經常無法以正確的方式進行鍛鍊，並且犧牲姿勢以換取槓鈴上的重量。建議花時間把所有細節都做好，這會有助於你的臥推技術發展到最高的境界。

第六章

硬舉

　　前世界冠軍和硬舉世界紀錄保持人唐・布魯說過一句名言：「等到槓鈴落地了，比賽才開始。」硬舉毫無疑問是對全身肌力的終極考驗，因為硬舉會動員到身體每一塊主要和次要的肌肉。在比賽中，硬舉是三個動作中的最後一個。像比爾・卡茲邁爾、布拉德・吉林漢姆、拉馬爾・甘特（一般認為是有史以來最傑出的硬舉運動員）、里基・戴爾・克雷恩、普里西拉・里比奇、詹妮弗・湯普森和丹尼・梅洛這樣的健力界巨星，如果比賽中有人要求他們硬舉，他們同樣也能贏得勝利。

　　如果想累積自己的本錢，你必須知道正確的姿勢和技術，並養成良好的習慣。請記住，一旦壞習慣養成了，就很難改掉，並可能導致嚴重的傷害以及比賽中試舉失敗。壞習慣的另一個問題是，當你嘗試改成正確的姿勢和技巧時，一開始會感覺不對勁、不舒服。然而，一旦身體適應了正確的姿勢和技術，重量就比較容易移動，也就可以鍛鍊到硬舉所動員的肌肉。健力的初學者可能沒有經驗豐富的教練在旁指教，幫助他們掌握硬舉的姿勢和技巧。本章旨在指導讀者做好硬舉，如果你是初學者，那就更適用了。

　　在執行深蹲和臥推時，無論是在訓練還是健力比賽，你都有機會以動量開始這些舉重動作，從而增加你舉重成功的機會。你還有健力服、護膝、腰帶和臥推T恤可用，但是到了比賽硬舉的時候，只有你自己和放在地板上一支負載槓片的槓鈴。你願意的話當然可以穿戴健力服、腰帶和護膝。這些東西可以幫你舉高槓鈴，但它們對初始拉力卻毫無作用。

　　許多舉重者採用了一種被稱為「速潛」的技術（dive technique），即舉重者迅速俯身到槓鈴邊，抓住它，然後再將它從地板上拉上來以獲得動量的技術。另一種動作稱為「猛拉」技術，也就是舉重者先輕鬆俯身到槓鈴旁，然後突然抓住槓鈴並將它從地板上猛拉起來。這兩種技術都是錯的，可能導致背部受傷或者試舉失敗。這些技術可能使得臀部先於胸部、手臂和頭部快速上抬，迫使舉重者做出直腿硬舉或拱背硬舉的動作。

　　比賽中會採用兩種硬舉樣式：一種是傳統樣式，即雙腿和雙腳分開與肩同寬或是間距稍小一些，雙手放在大腿外側；另一是相撲樣式，即雙腿張得很開，兩手放在腿的內側。其實還有第三種所謂「半相撲」的硬舉樣式，即雙腿分開與肩同寬，雙手放在雙腿內側。舉重者很少採用第三種樣式。然而，有史以來數一數二傑出的舉重運動員埃德・科恩卻偏好這種樣式。對初學者來說，採用傳統樣式可能更為明智，因為這種樣式比較

容易掌握。等到比賽參加多了，你可以把自己的深蹲姿勢當作基礎，慢慢轉換為相撲樣式。例如，如果你通常採用雙腿寬間距的方法深蹲，那麼因為你的臀部、內收肌和臀大肌足夠強壯，你做硬舉的時候就會想採用相撲樣式。如果你平常採用與肩同寬的站姿深蹲，那麼你做硬舉的時候會想採用傳統樣式。站姿如果介於寬蹲和窄蹲之間，那麼通常採用半相撲式或傳統硬舉，至於用哪一種，依你舒適的感覺而定。

握法

參賽者採用的握法計有四種：雙正手握法、正反手並用握法、鎖握法和雙反手握法。

雙正手握法（圖6.1a）源自於奧林匹克的舉重賽。在這種握法中，雙手處於正手位置，指關節背對身體，手掌朝向身體。這種握法能造就很理想的平衡，並讓選手在硬舉時避免槓鈴過度轉動。有人稱這種過度轉動為直升機（槓鈴的一端向外大幅擺動，而另一端則反方向）。這是一種較弱的握法，但有時比較適合那些手很大、手指很長、可以完全包覆槓鈴桿的舉重者。

正反手並用握法（圖6.1b）是舉重者最常用的握法。這種握法能讓舉重者發揮最大的握力。通常慣用手會採用正手握法，而非慣用的手則採用反手握法。從不同方向抓住槓鈴，這代表拉力不會產生太大的落差，但你必須確認自己上半身的柔軟度還可接受（所以要求不算嚴苛），否則你會以直升機的方式拉動槓鈴。此外，採用正反手並用握法可以提升握力。

鎖握法（圖6.1c）也是從奧林匹克舉重賽引入的另一種握法。手掌較大且用過鎖握法的參賽者認為這種握法有力多了。鎖握法的原理主要是拇指的位置改變了。實行這種握式時，拇指先放在鈴槓上，然後再用其他手指將拇指包覆起來，這就不像其他握式，先放其他手指再扣上拇指。奧林匹克的舉重運動員一般偏愛這種握法，而那些從奧林匹克舉重比賽轉戰健力的人也通常會加以採用。然而，如果你的拇指有問題，請不要嘗試這種握法。

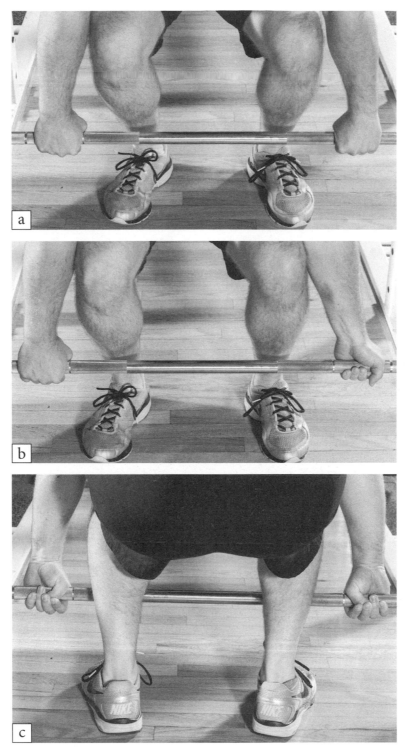

圖 6.1：硬舉握法：（a）雙正手握法；（b）正反手並用握法；（c）鎖握法。

　　第四種握法，即雙反手握法，在比賽中從未真正見過。有些人之所以採用雙反手握法，也就是雙掌背向身體，而指關節則朝向身體，是因為理論上這種握法可以讓槓鈴更貼近身體，而且比較不易擺動出去。然而，雙反手握法會對二頭肌造成很大的壓力，運動員就算舉的只是中等重量，也很容易撕裂二頭肌。我們絕對不推薦這種握法。

傳統硬舉的技術

　　傳統硬舉是許多健力運動員使用的流行技術。傳統硬舉的關鍵在於讓槓鈴靠近身體，最後才伸直雙腿。不要將槓鈴從地板猛拉上來。為能抓緊槓鈴，請確認槓鈴桿上沒有沾附鎂粉。

準備階段

1. 站在槓鈴前面，腳掌放進槓鈴下方（圖6.2a）。

2. 腳趾應指向正前方或是稍微朝外。

3. 小腿應該靠近或是碰觸槓鈴桿。雙腳分開，與肩同寬站立，或是雙腳間距小於肩寬。站立，雙腿分開與肩同寬，或將小腿靠在桿子上滾花和光滑部的交接處。

4. 做好向下姿勢。你應抬頭挺胸，背部保持平坦，向著槓鈴伸長手臂。

5. 剛開始拉動時，臀部應該高於膝蓋。

6. 抓住腿部外側的那段鈴槓，或是抓住滾花靠近光滑部那端的地方（圖6.2b）。

7. 採用正反手並用握法，一隻手掌朝向身體，另一隻手掌背向身體。這樣有助穩定槓鈴，使其靠近身體，並防止槓鈴滾出你的手中。

傳統硬舉

圖 6.2：準備階段：（a）在槓鈴前就位；（b）抓住鈴槓。

開始上拉

1. 伸直手臂。在開始拉動之前，先藉手臂、胸部和肩膀之力緊扣槓鈴，這時你和槓鈴處於一個緊繃的、最利於施力的狀態（圖6.3a）。務必記住，做上拉動作的不是手臂，而是腿和臀部。

2. 吸氣。抓緊槓鈴，然後用腳和腿緊撐地板。

3. 在槓鈴離開地板的同時，抬起臀部、肩膀和胸部（圖6.3b）。

4. 槓鈴上升軌跡應為直線。槓鈴離身體越近，越容易舉起。

5. 等到槓鈴高過膝蓋，將大腿向前推，又將肩膀向上及向後拉，直到兩腿打直為止；鎖定膝蓋（圖6.3c），這時手臂必須伸直，肩膀略微向後，整個人挺直站好。

傳統硬舉

圖6.3：上拉：（a）先藉手臂、胸部和肩膀之力緊扣槓鈴，這時你和槓鈴處於一個緊繃的、最利於施力的狀態；（b）槓鈴離開地面時，抬起臀部、肩膀和胸部；（c）將大腿向前推，又將肩膀向上及向後拉。

放低槓鈴

1. 控制力道，放低槓鈴。

2. 彎曲膝蓋和臀部，讓槓鈴沿著剛才上拉的相同軌跡下降。

3. 槓鈴一直都是靠近身體。

4. 背部保持平坦緊繃，也要保持抬頭姿勢。

相撲硬舉的技術

相撲硬舉專為臀部靈活度特別出色的舉重者所設計，讓他們能採用寬間距站姿。相撲硬舉有兩點需要牢記：你要有將槓鈴拉離地板的爆發力，而且雙腿不能過快伸直。

準備動作

1. 站在槓鈴前面。分開雙腿（圖6.4a），站的位置可用槓鈴環做基準。

2. 腳趾以大約30度角朝外指，以使腳趾與膝蓋朝著同一方向。

3. 雙腳分開站立，間距大於肩寬。脛骨靠近或是接觸槓鈴桿。

4. 上身彎下，但須保持胸部向上，背部平坦。身體彎低快觸及槓鈴時，須彎曲臀部和膝蓋（圖6.4b）。兩臂分別靠在大腿內側，並且直接朝向槓鈴桿。

5. 剛開始上拉時，臀部應高於膝蓋。

6. 抓槓方式共計以下三種：抓住槓鈴滾花和光滑部位之間的地方、抓住滾花、抓住光滑部位。（如果你的握力很強，則不建議採用最後一種握法。）

7. 採用正反手並用握法，亦即一隻手掌朝向身體，另一隻手掌背對身體（圖6.4c）。這種握法有助於穩定鈴槓，使其靠近身體並防止從手中滾脫。

相撲硬舉

圖 6.4：準備階段：（a）在槓鈴前就位；（b）俯身
朝向槓鈴；（c）握緊槓鈴。

開始上拉

1. 開始上拉之前應先打直手臂。先藉手臂、胸部和肩膀之力扣住槓鈴，這時你和槓鈴處於一個緊繃的、最利於施力的狀態（圖6.5a）。

2. 挺起胸膛，吸飽空氣，然後臀部稍向後推。

3. 抓緊槓鈴，雙腳和雙腿緊撐地板，就像你要踩破地板似的。

4. 槓鈴始終貼近身體，直線抬起（圖6.5b）。這樣拉動更加容易。

5. 保持背部平坦，胸部挺起。槓鈴向上移動時，胸部須略前於槓鈴。

6. 槓鈴拉高、超過膝蓋之後，將大腿向前推，又將肩膀向上與向後拉，直到雙腿打直、膝蓋鎖定為止（圖6.5c）。手臂打直，肩膀略微向後，整個人挺直站好。

相撲硬舉

圖 6.5：上拉：（a）先藉手臂、胸部和肩膀之力扣住槓鈴，這時你和槓鈴處於一個緊繃的、最利於施力的狀態；（b）槓鈴始終貼近身體，直線拉起；（c）將大腿向前推，將肩膀向上與向後拉。

放低槓鈴

1. 控制力道，放低槓鈴。

2. 彎曲膝蓋和臀部，讓槓鈴沿著剛才上拉的相同軌跡下降。

3. 槓鈴始終貼近身體。

4. 背部保持平坦，頭部抬起。槓鈴觸地時再呼氣。

傳統硬舉與相撲硬舉的比較

本節不討論哪種方法更適合健力運動，只討論相撲硬舉相對於傳統硬舉的優勢，反之亦然。

傳統風格比較容易學習。硬舉看起來像是一項簡單的練習，但學起來卻牽涉很多技巧。如果你初次準備比賽，請採用傳統硬舉法。採用傳統硬舉法的舉重者有個優勢：能夠較輕鬆地從地板上撐起，這是由於腳和腿的姿勢能更容易動員股四頭肌。如果你可以把槓鈴拉到膝蓋的位置，那麼應該可以鎖定膝蓋。如果你辦不到，那就換個方式重新來過，也就是以這個姿勢執行重度架上硬舉。

相撲硬舉比較複雜，需要更多時間來學習。不僅如此，還需要開發更多的肌肉來提高肌力和活動度。有些人出於各種活動度和槓桿長度的問題，並不適合相撲硬舉。相撲式的優點是槓鈴需移動的距離大大縮短。採用相撲式的硬舉，開始比較難將槓鈴拉離地板，不過槓鈴一旦拉離地板了，其重量就比較能確實鎖定。

規則和說明

比賽規則非常簡單，幾乎是所有健力運動組織共同的標準。

- 舉重選手必須面向賽台的前端，槓鈴水平置於腳前。
- 完成拉升動作後，膝蓋必須鎖定，肩膀向後。
- 主裁判的信號包括手臂向下擺動和一聲「放下！」的口頭命令。該信號僅在槓鈴已經靜止且舉重選手明顯完成硬舉時才會發出。
- 如果選手已經拉起槓鈴或是明顯有意拉起槓鈴，該次試舉則被認定有效。一旦選手開始試舉，在他還沒有挺直身體並鎖定膝蓋時，槓鈴不能向下移動。

選手犯了以下任何一項錯誤就被判定試舉失敗：

- 膝蓋尚未鎖定之前就放低槓鈴。
- 沒有站直，肩膀沒有向後。
- 硬舉完成時膝蓋沒有鎖定。
- 槓鈴靠在大腿上。
- 隨意前進或後退。
- 主裁判尚未發出信號，選手就把槓鈴放低。
- 選手放低槓鈴時，槓鈴失控滑脫。

裝備

你的健力服應符合一切規定。許多舉重運動員比較喜歡肩帶半鬆緊、臀部緊身、腿部寬鬆的舉重服，但怎樣的健力服最適合是因人而異的。

要不要配戴負重腰帶完全由你決定。負重腰帶確實讓腹部有東西可以推。然而，腰帶太緊可能會讓人不舒服，以致影響你的表現。

有些協會要求選手在硬舉比賽時穿著長襪，因此務必參閱比賽規則，以確保你穿的比賽服符合規定。

除了讓槓鈴貼近身體外，你腳下鞋子的類型也是決定你具不具優勢的因素。摔角鞋、硬舉鞋或體操鞋都是傳統硬舉的最佳搭配。由於施加在腳上的力是橫向的，所以如果鞋底和地板的摩擦力夠大，那麼就很適合相撲硬舉。

等到你硬舉的重量變大，就應該使用鎂粉。在你的手掌和手指抹上鎂粉，連指尖的背面也不可忽略。

為求減少摩擦，可將嬰兒爽身粉或滑石粉抹在槓鈴會觸及的身體部位。相撲硬舉的運動員應該在面朝自己的那隻手掌上方前臂的正面抹粉，而背對自己的那隻手掌上方前臂的背面也該顧及。抹粉不要用手，請改用瓶底。此外，比賽前一天晚上刮掉腿毛有助於減少摩擦。

發展握力

如下幾件事可以加強硬舉的握力。無論拉力帶可以幫你拉動多少重量，如果你是初學者，請不要使用，或至少不要養成動不動就使用的習慣。由於比賽時不能用拉力帶，所以訓練時能免則免。

寧可採用如下的替代方法來增強你的握力：

- 雙手放在槓鈴上做硬舉
- 毛巾引體向上
- 將抓握槓片的時間拉長
- 棒球引體向上（將兩個棒球繫在舉重架上，讓棒球懸垂下來，然後抓住棒球，引體向上。）
- 採用45磅或20公斤的槓片做農夫步行的練習

注意：做硬舉時，無論採用的是傳統式還是相撲式，腿部都應該是最後才打直的。要讓槓鈴靠近你的身體，根據經驗法則，最好的辦法是把槓鈴看待成你的女朋友、太太、丈夫或男朋友。

補充練習

　　無論你需要加強的是初始拉力、中間姿勢還是最終鎖定，這些練習都有助於改善你的弱點。

直腿硬舉

健力重點：加強硬舉的初始拉力。

目標肌肉：豎脊肌、臀大肌和大腿後肌。

起始姿勢：雙腳分開與肩同寬站立。正手握住槓鈴。手臂必須打直。

執行：吸氣，腰部以上向前彎下，臀部則向後推。盡可能背部保持平坦、堅實，同時挺胸，伸直雙腿。讓槓鈴始終靠近身體，最後將槓鈴放低，直到槓鈴降至脛骨中間位置或靠近地板的地方。回到起始姿勢，在動作達到高位時呼氣。

指導要點：不要拱背，槓鈴始終靠近身體。

四英寸木塊上的直腿硬舉

健力重點：加強硬舉初始拉力的肌肉。

目標肌肉：豎脊肌、臀大肌和大腿後肌。

起始姿勢：雙腳分開與肩同寬，站在4英寸（10公分）厚的木塊或健身椅上。打直手臂，正手握住槓鈴（圖6.6a）。

執行：吸氣並彎曲腰部，並將臀部向後推（圖6.6b）。可以的話，背部保持平坦、堅實，同時挺胸，伸直雙腿。讓槓鈴始終靠近身體，最後再將槓鈴放低，直到槓鈴降到你的腳趾旁或更低的地方。回到起始姿勢，在動作達到高位時呼氣。

指導要點：確保雙腿打直，做好練習的全活動幅度。

圖 6.6：四英寸木塊上的直腿硬舉：（a）站在木塊上，正手握住槓鈴；（b）腰部向前彎曲，臀部向後推。

寬握硬舉

健力重點：加強硬舉初始拉力的肌肉。

目標肌肉：斜方肌、豎脊肌和菱形肌。

起始姿勢：雙腳分開與肩同寬或稍寬站立。膝蓋位於雙臂內側，兩腳平放，腳趾略向外指。手臂伸向槓環處，採用正手握法（圖6.7a）。

執行：吸氣並伸展膝蓋。臀部向前推並同時抬起肩膀。槓鈴始終貼近身體，肘部完全伸展。臀部向前推，肩膀則同時向後拉，直到雙腿鎖定、身體挺直為止（圖6.7b）。在動作的高位呼氣，並將槓鈴放回起始位置。

指導要點：手臂始終打直，不可彎曲肘部。保持胸部挺直、背部平坦的姿勢。

圖 6.7：寬握硬舉：（a）使用正手握法，手臂伸向槓環；（b）臀部向前推，肩膀則向後拉，直到雙腿鎖定、身體挺直為止。

四英寸木塊上的寬握硬舉

健力重點：加強硬舉初始拉力的肌肉

目標肌肉：斜方肌、豎脊肌和菱形肌。

起始姿勢：站在頂部離地4英寸（10公分）的木塊、墊子、臥推椅或槓片上。站立，雙腳分開與肩同寬或稍寬，膝蓋位於手臂內側。雙腳平放地板，腳趾略向外指。手臂伸向槓環，採用正手握法。

執行：吸氣並伸展膝蓋。臀部向前推，肩膀則同時向後拉，直到雙腿鎖定、身體挺直為止。槓鈴始終貼近身體，肘部完全伸展。臀部向前推，肩膀則向後拉，直到雙腿鎖定、身體挺直為止。將槓鈴放回起始位置時同時呼氣。

指導要點：保持槓鈴平衡，槓鈴不要靠近腳趾並且正確呼吸。

彈力帶直腿硬舉

健力重點：培養舉重低位時的爆發力。

目標肌肉：臀大肌、大腿後肌和豎脊肌。

起始姿勢：雙腳分開站立，間距與肩同寬或是稍窄。打直手臂，正手握住槓鈴，使其自然下垂。綁在槓鈴上的彈力帶已完全伸展。

執行：吸氣，腰部向前彎曲，臀部同時後推。背部保持平坦、緊繃，胸部挺直，雙腿盡量打直。槓鈴始終靠近身體，然後放低槓鈴，直到槓鈴降至脛骨中段部位或是靠近地板，而且彈力帶已經到位。回到起始姿勢，讓槓鈴沿相同的軌跡向上移動，並在彈力帶拉長時使其依然靠近身體。彈力帶在你完成硬舉的過程時提供阻力。動作到達高位時呼氣。

指導要點：保持緊繃。放鬆彈力帶可能會把你推向前。不讓槓鈴靠近腳趾。

鏈條直腿硬舉

健力重點：發展爆發力。

目標肌肉：臀大肌、大腿後肌和豎脊肌。

起始姿勢：雙腳分開站立，間距與肩同寬或是稍窄。打直手臂，正手握住槓鈴，使其自然下垂。固定在槓鈴上的鏈條已完全伸展。

執行：吸氣，腰部向前彎曲，臀部同時後推。背部保持平坦、緊繃，胸部挺直，雙腿盡量打直。槓鈴始終靠近身體，然後放低槓鈴，直到槓鈴降至脛骨中段部位或是靠近地板，而且鏈條已經到位。回到起始姿勢，讓槓鈴沿相同的軌跡向上移動，並在鏈條伸展時使維持槓鈴靠近身體，鏈條在你完成硬舉的過程時提供阻力。動作到達高位時呼氣。

指導要點：在整個動作過程中控制槓鈴。你的體重始終均勻分配在腳掌和腳跟之間。

早安式

健力重點：加強硬舉初始拉力的肌肉。

目標肌肉：豎脊肌、臀大肌和大腿後肌。

起始姿勢：雙腳分開站立，間距與肩同寬或是稍窄。槓鈴放上後肩（圖6.8a）。

執行：吸氣，腰部向前彎曲，臀部同時後推。抬頭挺胸，背部打直，直到軀幹與地板平行（圖6.8b），而且下半身和上半身成90度角。回到起始姿勢，在動作的高位呼氣。

指導要點：膝蓋略微彎曲。你的體重始終均勻分配在腳掌和腳跟之間。

圖 6.8：早安式：（a）起始姿勢；（b）軀幹與地板平行。

上搏硬舉

健力重點：增快初始拉力的速度。

目標肌肉：斜方肌、豎脊肌、菱形肌和大圓肌。

起始姿勢：朝槓鈴蹲下，雙腳分開與肩同寬，腳跟平放（圖6.9a）。膝蓋位在兩臂內側，手臂打直。肩膀位置略前於槓鈴，背部保持平坦。抬頭，目光直視正前。

執行：呼氣。伸展膝蓋，同時抬起臀部和肩膀（圖6.9b）。垂直拉起槓鈴，令其始終靠近身體。槓鈴拉高超過膝蓋時，將臀部向前推，同時聳起肩膀，踮起腳尖（圖6.9c）。軀幹必須挺直，而且垂直地面。放低槓鈴時，彎曲膝蓋，槓鈴始終靠近身體，背部保持平坦。槓鈴回到起始位置時你再呼氣。

指導要點：槓鈴始終靠近身體，手臂打直。如果你的手臂彎曲，這代表你打算舉起的槓鈴太重量了。

圖6.9：上搏硬舉：（a）朝槓鈴蹲下，這是起始姿勢；（b）抬起臀部和肩膀；（c）聳起肩膀，踮起腳尖。

壺鈴擺盪

健力重點： 增強臀部和下半身的力量及爆發力。

目標肌肉： 臀大肌、大腿後肌、腹肌和三角肌。

起始姿勢： 站立，雙腳間距略大於肩寬。雙手正握並抓住一個壺鈴的環，膝蓋微曲。

執行： 首先後推臀部，但過程中胸部仍須保持挺直，讓壺鈴在雙腿之間向後擺盪。手臂保持伸直，爆發力十足地前推臀部。運用動量將壺鈴向上擺盪到肩高的位置，同時繃緊臀部肌肉。

指導要點： 手臂始終打直，不可深蹲。

赤字硬舉

健力重點： 幫助舉重者將槓鈴拉離地面，同時強化下背部。

目標肌肉： 豎脊肌、臀大肌、大腿後肌和股四頭肌。

起始姿勢： 站在1-3英寸（2.5-8公分）厚的木板上。彎曲膝蓋和臀部，打直雙臂，雙腳間距與肩同寬（圖6.10a）。

執行： 深吸一口氣，在拉舉的過程中，雙腳緊緊踩住木板（圖6.10b）。胸部和腿應該同時上抬，直到兩腿打直為止。始終挺胸，頭部維持中立位。放低槓鈴，或是讓它自然沉落，或是緊靠身體將它放下。

指導要點： 不要將槓鈴猛然拉離地板，也不可彎曲背部。

圖 6.10：赤字硬舉：（a）站立在木板上，膝蓋和臀部彎曲，手臂打直，握住槓鈴；（b）上拉槓鈴，雙腳同時緊緊踩住木板。

背部伸展

健力重點：強化後鏈肌群。

目標肌肉：豎脊肌、臀大肌和大腿後肌。

起始姿勢：調整臀肌訓練機（GHM），俯臥在上時，臀部正好貼在前墊前緣之上。雙腳夾在後墊上下之間，而雙手則置於胸前或身體兩側。軀幹應與地板平行。

執行：彎曲膝蓋並將其推入後墊上下之間，然後開始運動。將軀幹向上抬至水平，並與膝蓋連成直線。慢慢伸直膝蓋，將頭部和軀幹向外伸展，直到你與地板平行為止。

指導要點：不要用動量起身，而低身時要控制力道。

羅馬尼亞硬舉

健力重點：加強後鏈肌群和握力。

目標肌肉：臀大肌、大腿後肌和豎脊肌。

起始姿勢：雙腳站立，間距略大於肩寬，膝蓋微曲，頸部在中立位。打直手臂，正手握住槓鈴，使其靠在腿上。

執行：臀部後推並且彎曲。挺胸，背部保持平坦，頭部維持中立位，槓鈴沿腿部下降，直到脛骨中段位置，並讓體重從腳掌均衡分配到腳跟。藉手臂和上背部的力量將槓鈴拉回腿部，稍微向前推回臀部，直到垂直站好為止。

指導要點：不要彎曲背部和肩膀，不要讓面前的槓鈴滑脫。

懸吊式划船

健力重點：零壓力鍛鍊背部肌肉。

目標肌肉：背闊肌和菱形肌。

起始姿勢：打直雙臂，兩腳踏在箱上，拉長彈力帶，直到你與地板呈水平狀態為止。這時身體處於懸吊狀態，且面朝天花板。

執行：兩掌彼此相對，並將軀幹往上拉向雙手，在整個運動過程中，肘部必須始終靠近身體，而身體保持緊繃的狀態。暫停2秒鐘。最後伸直手臂，慢慢放低身體。

指導要點：腳踝、膝蓋、臀部和肩膀維持在一條直線上，收緊身體核心。

單臂俯身地雷划船

健力重點：強化握力和背闊肌。

目標肌肉：三角肌後束、菱形肌和背闊肌。

起始姿勢：採用分腿站姿，右腳靠近槓鈴，膝蓋彎曲約45度角，左腿伸向後面，膝蓋彎曲約90度角。左手抓住槓鈴末端，右前臂放在右大腿或膝蓋上（圖6.11a）。

執行：背部保持平坦、緊繃，然後用左手將槓鈴拉向胸部（圖6.11b）。緊繃肌肉2秒鐘，最後將槓鈴慢慢放低到起始位置。

指導要點：不要用上動量或是猛拉槓鈴。

圖 6.11：單臂俯身地雷划船：（a）採用分腿站姿，左手握住鈴槓，右前臂放在右大腿或膝蓋上；（b）用左手將槓鈴朝上拉向胸部。

臀腿抬升

健力重點：強化並穩定肌肉。

目標肌肉：豎脊肌、臀大肌、大腿後肌和腓腸肌。

起始姿勢：臉朝下臥在臀肌訓練機上，腳踝置於支撐墊間，大腿壓在前墊上。這時身體應呈90度角，下身水平，雙腿伸直。將雙手放在胸前或頭後。

執行：吸氣，彎曲膝蓋，再將軀幹拉直，直到軀幹垂直地面，膝蓋靠上腿墊。伸直雙腿回到起始姿勢，同時將軀幹向外推離訓練機，直到上半身與地板平行為止。放低軀幹時要呼氣。

指導要點：在整個運動過程中都須控制身體。

膝下方的架上拉

健力重點：發展低位的初始拉力。

目標肌肉：斜方肌、臀大肌、大腿後肌、背闊肌、菱形肌、股直肌和股四頭肌。

起始姿勢：將安全插銷插在舉重架上與脛骨中段等高的地方。採用正反手並用的握法。站直，雙腳分開與肩同寬，然後朝向槓鈴蹲下，同時挺胸，打直雙臂，背部保持平坦，眼睛看正前方（圖6.12a）。

執行：吸氣，並開始將槓鈴靠著身體直線拉起。等到槓鈴高過膝蓋，前推大腿（圖6.12b）。在完成槓鈴拉至上位的過程中，同時挺起胸部，打直雙腿。放低槓鈴時，彎曲膝蓋，沿著剛才槓鈴上拉的軌跡將其放低。動作到達上位時要呼氣。

指導要點：臀部保持向下。拉起槓鈴，但是不要猛扯。背部始終保持平坦，不可弓背。也可以為這一動作添加彈力帶或鏈條。

圖6.12：膝下的架上拉：（a）朝向槓鈴蹲下，採用正反手並用的握法；（b）槓鈴緊貼身體，然後將其直線上拉，同時前推大腿。

寬握引體向上

健力重點：增加背部厚度。

目標肌肉：背闊肌、菱形肌、大圓肌、二頭肌和肱二頭肌。

起始姿勢：採用正手握法握住引體向上橫槓，雙手間距大於肩寬，身體盡量放低（圖6.13a）。伸展背闊肌、肩膀和手臂。

執行：吸氣，同時引體向上，直到視線高於引體向上橫槓的高度（圖6.13b）。回到起始姿勢，在下降的過程中呼氣。

指導要點：確保自己做足全範圍的運動。可以採用各種握距，從中距到窄距皆可。

圖 6.13：寬握引體向上：（a）起始姿勢；（b）視線高於橫槓。

反握引體向上

健力重點：鍛鍊和強化槓鈴高過膝蓋時所用上的肌肉。

目標肌肉：背闊肌、大圓肌、二頭肌和肱橈肌。

起始姿勢：雙手分開與肩同寬，反手握住引體向上橫槓，並讓身體自然懸垂。

執行：吸氣。身體稍微後傾，引體向上，直到下巴與橫槓齊平。放低身體時記得呼氣。

指導要點：確保自己在做全範圍的運動時，手臂徹底伸展。

滑輪下拉

健力重點：增加背部厚度　鍛鍊背闊肌的中心。

目標肌肉：背闊肌、大圓肌和二頭肌。

起始姿勢：採用寬距正手握法。面向滑輪纜繩訓練機坐下，大腿頂部置於滾輪墊下。身體稍微向後傾斜。

執行：吸氣，將橫桿向下拉，直到橫桿接觸到胸膛頂部為止，然後拱起背部，收回雙肘。一面慢慢呼氣，一面將橫桿放回起始位置。

指導要點：身體不要太過向後傾斜或者太過垂直。不要猛拉橫桿。嘗試各種握距，從中距到窄距皆可，也可嘗試各種橫桿。

坐姿纜繩划船

健力重點：強健背部、隔離穩定肌。

目標肌肉：斜方肌、大菱形肌、背闊肌、大圓肌、豎脊肌和三角肌後束。

起始姿勢：面對滑輪纜繩訓練機坐下。將雙腳放在踏板上並抓住把手（圖6.14a）。

執行：吸氣並拉動把手，直到把手觸及胸腔為止（圖6.14b）。把手靠近身體時，你的腿會稍微彎曲。弓起背部，試用肘部包圍身體。控制力道，放低負重同時慢慢呼氣。

指導要點：不可圓背，不要伸直雙腿。

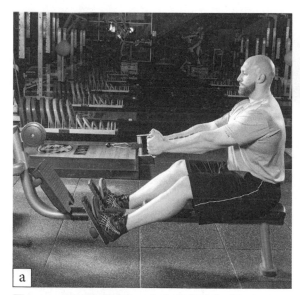

圖 6.14：坐姿纜繩划船：（a）將腳放在踏板上並抓住滑輪橫桿；（b）將把手拉向胸腔。

槓鈴俯身划船

健力重點：鍛鍊背部主要和次要的肌肉，以利完成舉重。

目標肌肉：斜方肌、菱形肌、棘下肌、大圓肌、背闊肌、三角肌後束和二頭肌。

起始姿勢：雙膝微曲站立。彎曲臀部，背部保持平坦。打直手臂，採用正手握法握住槓鈴。

執行：吸氣，向上拉動槓鈴，直到槓鈴接觸軀幹為止。慢慢將槓鈴放回起始位置並呼氣。

指導要點：不要向上猛拉槓鈴。保持背部平坦、膝蓋彎曲。採用從寬距到窄距、從正手到反手的各種握法。

單臂啞鈴划船

健力重點：幫助肌肉最後的收縮。

目標肌肉：大菱形肌、背闊肌、斜方肌、大圓肌、三角肌後束、肱二頭肌和肱橈肌。

起始姿勢：單手手掌朝內抓住啞鈴，將另一隻手及膝蓋擱在健身椅上，背部保持平直（圖6.15a）。

執行：吸氣，同時盡可能將啞鈴抬高，令肘部指向正上方（圖6.15b）。將槓鈴放低到起始位置時要同時呼氣。

指導要點：啞鈴不可太重。太重的話可能改變你的姿勢或技術。

圖 6.15：單臂啞鈴划船：（a）抓住啞鈴；（b）抬起啞鈴。

舉重架膝位鎖定

健力重點：增加背部中間的厚度。

目標肌肉：斜方肌和背闊肌。

起始姿勢：將舉重架上安全插銷插在與膝蓋等高的地方。雙腳分開站立，間距與肩同寬或是窄於肩寬。採用正反手並用的握法，抓住腿部外側槓鈴。略微彎曲膝蓋，直到你抓住槓鈴的手臂打直為止。保持胸部挺直，背部平坦，眼睛看正前方。

執行：吸氣，開始將槓鈴拉到大腿高度，再用大腿緊撐槓鈴，接著打直雙腿，完成上拉動作。雙臂打直，身體站直。放低槓鈴時，一面彎曲膝蓋，一面保持背部挺直。槓鈴在最高的位置時呼氣。

指導要點：由於槓鈴移動距離較短，你能拉起的重量應比硬舉時更多。為求變化，可為這個動作加上鏈條或彈力帶。

正面聳肩

健力重點：有助於舉重完成時的鎖定。

目標肌肉：斜方肌。

起始姿勢：面對攔在舉重架上的槓鈴。站立時雙腳間距與肩同寬或稍窄於肩寬。採用正反手並用的握法，雙手分開與肩同寬。

執行：從舉重架上取下槓鈴。稍微彎曲膝蓋，手臂和背部保持挺直。吸氣時收縮腹部，朝耳朵聳肩，越高越好。暫停2秒，然後再慢慢將槓鈴放回起始位置，慢慢呼氣。

指導要點：手臂始終伸直，雙腳平放。槓鈴過重的話，你的手臂會彎曲，腳趾會踮起來。

啞鈴聳肩

健力重點：強化鎖定姿勢所使用的肌肉。

目標肌肉：斜方肌和菱形肌。

起始姿勢：站立時雙腳間距與肩同寬或稍窄於肩寬。膝蓋略微彎曲，軀幹直立，頭部直挺或是略微向前。將啞鈴握在手中，手臂打直。

執行：吸氣時朝耳朵聳肩，越高越好。暫停2秒鐘，然後將啞鈴放低到起始位置，同時慢慢呼氣。

指導要點：使用重量合適的槓鈴。雙腳始終平放。

膝上方的架上鎖定

健力重點：將肩膀向後拉，幫助完成硬舉。

目標肌肉：斜方肌。

起始姿勢：將舉重架上的安全插銷插在與膝蓋同高的位置。雙腳分開與肩同寬站立，挺胸，背部平直，膝蓋彎曲。採用正反手並用的握法，打直手臂，在大腿外側處抓住槓鈴（圖6.16a）。眼睛看正前方。

執行：吸氣，同時將槓鈴貼著大腿拉上來。挺起胸膛，伸直雙腿，完成上拉動作（圖6.16b）。站直身體，手臂應該打直。放低槓鈴之時，膝蓋必須彎曲，胸部保持挺直，槓鈴放回架上同時呼氣。

指導要點：這個動作很短，所以上拉的重量應該大於硬舉的重量，但也不要重到無法重複動作的程度。為了增添趣味，不妨加進彈力帶或鏈條。

圖 6.16：膝上方的架上鎖定：（a）採用正反手並用的握法，在大腿外側處抓住槓鈴；（b）將槓鈴貼著大腿拉上來，挺起胸膛，伸直雙腿。

直立划船

健力重點：強化斜方肌並幫助鎖定。

目標肌肉：斜方肌、三角肌和肱肌。

起始姿勢：雙腳分開與肩同寬站立，膝蓋略微彎曲，背部挺直。雙手分開12-18英寸（30-45公分），打直手臂，並採用正手握法，讓槓鈴靠在腿上。

執行：吸氣，同時將槓鈴直線上拉，直到槓鈴觸及下巴為止。肘部保持抬高，身體和頭挺直。慢慢呼氣，同時控制力道，將槓鈴放低到起始位置。

指導要點：保持背部挺直。避免搖晃或擺動槓鈴，不要用腿。

六角槓聳肩

健力重點：強化鎖定狀態中使用的肌肉。

目標肌肉：斜方肌、菱形肌和大圓肌。

起始姿勢：須以正手握法抓好六角槓，手掌朝向身體，這樣可以幫助你拉抬比平常更大的重量，而且運動的範圍也比較大。站在六角槓內，雙腳分開，間距與肩同寬或是小於肩寬。打直手臂，手掌朝向身體，正手握懸槓鈴。膝蓋微曲，軀幹挺直，雙眼直視前方。

執行：吸氣，同時收縮腹部並朝耳朵聳肩，越高越好。暫停2秒鐘，再將槓鈴放回起始位置，然後慢慢呼氣。

指導要點：槓鈴重量以你可以操作的為準。在整個動作的過程中都要控制好槓鈴。

T桿划船

健力重點：強化鎖定狀態中使用的肌肉。

目標肌肉：斜方肌、菱形肌和三角肌後束。

起始姿勢：雙腿分開與肩同寬並分跨過槓鈴兩側。彎曲膝蓋以及臀部，背部維持在一條平直的線上。抓住T桿之時，保持抬頭姿勢。

執行：吸氣，並將T桿拉向胸部，直到T桿觸及胸部為止。控制力道，將T桿放低到起始位置，慢慢呼氣。

指導要點：進行全範圍的運動。拉起T桿時不要猛烈扯動。

丹‧奧斯汀的硬舉常規動作

丹‧奧斯汀是第一位硬舉超過700磅（318.2公斤）的輕量級健力運動員。他最好的硬舉成績是725磅（329.5公斤）。下面是丹用來準備700磅硬舉的一套常規動作（表6.1）。

丹通常在週四做硬舉，當天腿部的鍛鍊就沒那麼吃重的。為了讓臀部、腿部和背部溫暖起來，他根據週一這個特大重量深蹲日所蹲舉的重量，進行五組的箱式深蹲。他採用一個為期8週的訓練週期，而競賽則在第9週舉行。在休賽期間，丹會以傳統姿勢訓練硬舉，動作共計5組，每組重複10次，但在開始投入訓練週期的三週前，丹會將姿勢切換為相撲姿勢。丹在第一週採用的重量是目標重量（700磅）的80%（700磅×0.80=560磅），共做兩組，每組重複4次。

表6.1　丹‧奧斯汀九週的硬舉訓練計畫

星期別	磅數與重複次數						
1	135×8	225×5	315×5	405×3	505×1	560×2×4	
2	225×5	315×5	405×3	505×1	545×1	580×2×4	
3	225×5	315×5	405×3	525×1	565×1	600×2×4	
4	225×5	315×5	405×3	525×1	575×1	620×2×4	
5	225×5	315×5	405×3	525×1	585×1	640×2×2	
6	225×5	315×5	405×3	525×1	585×1	635×1	660×2×2
7	225×5	315×5	405×3	525×1	585×1	635×1	680×2×2
8（減負荷週，目標重量的70%）	225×5	315×5	405×3	490×2×8			
9	比賽週：首度試舉633磅；二度試舉672磅；三度試舉705磅						

在補充練習中，丹的目標是盡量強化穩定肌和較弱的肌肉，辦法是盡量加大負重，同時在每次練習時保持良好的姿勢和技術。丹按照表6.2中列出的練習，從下到上循序鍛鍊背部，在腿部鍛鍊較不那麼吃重的週四，他會用俯臥直膝後擺機來練習腿部彎舉。

表6.2　丹‧奧斯汀硬舉計畫中的補充練習

練習名稱	第 1 至第 2 週	第 3 至第 5 週	第 6 至第 8 週
羅馬尼亞硬舉（RDL）	3 × 10	3 × 8	3 × 5
早安式	3 × 10	3 × 8	3 × 5
滑輪下拉	3 × 10	3 × 8	3 × 5
單臂啞鈴划船	3 × 10	3 × 8	3 × 5
引體向上（負重）	3 × 10	3 × 8	3 × 5
槓鈴或啞鈴聳肩	3 × 10	3 × 8	3 × 5

總結

毫無疑問，硬舉是可用來測試舉重者實力的一項運動。舉重者不依賴動量來開始舉重，因此，最重要的是以良好的姿勢和技術來硬舉。由於這是比賽中的最後一項舉重，選手不知道何時需要仰賴硬舉來贏得勝利或是創造紀錄。

第七章
週期化的方法

　　週期化其實只是計畫和組織訓練的一種方法。週期化的訓練包括下列幾種方法：波動法、共軛法、線性法和板塊法。這些方法的目標都是同一個：讓運動員變得更強壯。就像住在華盛頓特區，設法要從A點到B點的兩個朋友一樣。一個可能喜歡走環城公路，但另一個也許寧可走較小的巷子。他們最終都會到達B點，至於如何才能到達那裡，這只是個人偏好的問題。

　　本章將概述波動法和共軛法的週期化。每一種週期化的類型其實都值得寫成專書來探討，事實上，討論每一種類型的書的確也不止一本。每一種類型自身都有細微的差別，因此我們在進入正題前，不妨先了解這些差別。很多人認為，單一種週期化的方法根本不起作用，但實際上他們只是沒能適當加以應用而已。

波動週期化

　　在波動週期中，你追求的總是「最大重複次數」（Repetition Maximum, RM）。在每次鍛鍊中，RM都會有所不同，因此你這週和下週的RM成績從來不會相同，也不會一連幾週表現全都一樣。身體在適應鍛鍊或重量之前會先適應重複，因此，不斷改變重複方式就能讓身體不只適應一種刺激。這可以使身體在較長的一段時間內保持生氣勃勃、反應保持靈敏。

　　訓練中的波動能讓舉重者同時訓練多個特點，和共軛法相當類似。然而，在波動週期中，舉重者做的是相同的練習，而不是每回或每隔幾回就更換不同的練習。

　　RM應該有足夠的變化，這樣你就不會在隨後的鍛鍊中做完全相同的同一種練習。例如，第一週做3RM，第二週也只做4RM，這樣可能不足以產生差異。經驗法則告訴我們，鍛鍊間的改變至少要有2RM。例如，第一週最高做到6RM，第二週最高做到4RM，第三週最高做到2RM，第四週最高做到5RM，第五週最高做到3RM，而到了第6週則最高做到1RM。

　　在波動週期的運動中，如果有幾天你想暫停下來，之後還是可以回到某個RM目標。你只需將練習的目標設定在一個更高的RM即可。例如，與其只鍛鍊到5RM，不如將目標設定在15RM或20RM。

你有必要了解每一個重複次數範圍所預定完成的任務。例如，15RM對肌力完全沒有或幾乎沒有影響，但對肌肥大卻有顯著的效果。相反，鍛鍊到3RM對肌肥大的影響十分有限或是根本沒有影響，但對肌力的作用卻很大。這一切都與繃緊的時間長短有關。處於繃緊狀態的時間越長，對肌肥大的影響就越大；處於繃緊狀態的時間越短，對肌力和爆發力的功效就越大。

要將你大部分精力投注在自己想要培養的重要特點上。例如在休賽期間，如果你想要增加體重，那麼就應該把訓練的目標放在10RM到20RM之間，因為這範圍的RM會產生最多的肌肥大。但如果你想提升的是基礎肌力，那麼努力目標最好維持在4RM到8RM的範圍內。如果你想改善絕對肌力和爆發力，那麼請將鍛鍊集中在1RM到3RM的區間內。倒不是說你不可以把RM目標設定在這些範圍外。你絕對該把每個範圍之外的RM也納入鍛鍊。不過，當你檢視每個重複範圍內的訓練次數時，你最想鍛鍊到的主要特點還是應該接受最多的訓練次數。

鍛鍊的頻率應至少每週一次。很多人認為每週兩次能取得更好的成績，有些報導甚至還說，每週三次的頻率效果最佳，但這都取決於你每週想做的次數，還有你先前的訓練方式。如果你大幅增加訓練量（例如，從每週臥推一次的頻率改為每週臥推三次），這樣可能導致過度訓練或是受傷。如果你想增加每週鍛鍊的次數，那麼第二次鍛鍊時請小幅度增加次數就好，接下來再拉長時間將習慣培養起來。一剛開始只從幾個練習著手，而且訓練不可太吃重，這樣安排可能比較理想。一旦你適應了，才可增加練習次數，然後才提高練習強度。如此一來，身體便能夠恰當地適應，而你就可以在增加整體訓練負荷的情況下，同時減少倦怠和受傷的風險。

有些人認為，採用波動週期法很難讓人專注於訓練，因為重複次數一直都在變化。這個看法並不正確。你必須一直注意RM的紀錄，並在每次訓練時設法打破它。採用波動週期法時，你可以藉由兩種方法來追蹤肌力增強的情況。第一種方法也是最易懂的方法：單純記錄每次RM，並設法在下次訓練時打破那個紀錄。如果你已做出5RM的成績，而2週後你還可以多增加10磅（4.5公斤），那麼你就知道自己的肌力增加了。第二種方法是採用圖表或算式估計出來的1RM。根據美國國家體能協會（NSCA）的說明，10RM或10RM以下的任何數目在預測或估計1RM時都是相當準確的，但超過10越遠，準確度就越低。同樣，你越是低於10，你就越準確。也請讀者注意，估計值並不總是全然準確。例如，有些人可以在1RM的條件下用5磅（2.3公斤）執行3次重複，但如果再增加10磅（4.5公斤），他們就連一次重複動作都做不到了。有些人無法做重複動作，所以從8RM到1RM時，他們可能要減掉80磅（36.3公斤）。

波動週期法的關鍵在於每次訓練都要保持最高的水準。你必須充分讓肌肉細胞和運動神經元疲勞，這樣才能強迫適應。波動週期法的美妙之處在於，你一直都在改變重複次數的方案，同時設法締造新的個人紀錄。波動週期法的不便之處則在於，你始終處於

開放狀態，並且在每次練習中，你都必須將自己推向極限。肌肉要被破壞，這樣才能自我重建、增加肌原纖維（亦即收縮蛋白，本質上是驅動肌肉這輛車的引擎）的數量，同時增加肌肉的大小（肌肥大）。

對於喜歡在每次訓練中保持一貫性、不斷設法突破個人紀錄的人來說，波動週期法是非常有用的。有些舉重者由於核心運動缺乏多樣性，因此希望改變鍛鍊方式。表7.1、7.2和7.3分別呈現每週一回、兩回或三回的鍛鍊示例。

既然你已知道如何為單一舉重項目安排訓練計畫，現在讓我們來看看多重舉重項目和補充練習需要如何安排。

除了那些一天專攻一種舉重練習項目的人以外，其他人通常希望每次不止訓練一種舉重項目。這類流程的設計選項有兩種，至於要用哪一種，取決於舉重者所偏好的鍛鍊。這兩種設計都旨在為每種主要的舉重項目執行相同的RM，或者在一週內為主要的舉重項目執行RM的輪換。

表7.1　使用波動週期法的鍛鍊示例：每週一次

強調基礎肌力		強調絕對肌力	
星期別	第一回鍛鍊	星期別	第一回鍛鍊
1	6 RM	1	1 RM
2	8 RM	2	5 RM
3	3 RM	3	3 RM
4	5 RM	4	5 RM
5	10 RM	5	10 RM
6	7 RM	6	5 RM
7	2 RM	7	3 RM
8	5 RM	8	1 RM

表7.2　使用波動週期法的鍛鍊示例：每週兩次

強調基礎肌力			強調絕對肌力		
星期別	第一回鍛鍊	第二回鍛鍊	星期別	第一回鍛鍊	第二回鍛鍊
1	5 RM	10 RM	1	5 RM	1 RM
2	7 RM	2 RM	2	3 RM	6 RM
3	4 RM	12 RM	3	10 RM	4 RM
4	8 RM	3 RM	4	5 RM	1 RM
5	6 RM	12 RM	5	7 RM	3 RM
6	4 RM	1 RM	6	4 RM	10 RM
7	8 RM	15 RM	7	1 RM	5 RM
8	5 RM	1 RM	8	8 RM	1 RM

表7.3　使用波動週期法的鍛鍊示例：每週三次

	強調基礎肌力				強調絕對肌力		
星期別	第一回鍛鍊	第二回鍛鍊	第三回鍛鍊	星期別	第一回鍛鍊	第二回鍛鍊	第三回鍛鍊
1	5RM	10RM	8RM	1	8RM	5RM	10RM
2	8RM	6RM	12RM	2	2RM	10RM	3RM
3	4RM	10RM	8RM	3	12RM	1RM	6RM
4	12RM	6RM	3RM	4	2RM	6RM	1RM
5	6RM	10RM	8RM	5	5RM	10RM	3RM
6	4RM	15RM	6RM	6	7RM	15RM	1RM
7	2RM	6RM	10RM	7	3RM	6RM	4RM
8	5RM	3RM	6RM	8	5RM	8RM	1RM

　　選項一是對健力三項的每一項執行相同的RM，這代表對你選擇的舉重類型執行相同的RM。例如，假設臥推和深蹲是主要的鍛鍊目標，你每週就執行兩次舉重，而且你處於表7.2鍛鍊示例的第一週（強調絕對肌力）。在第一回鍛鍊中，你應在深蹲和臥推上各做足5RM，然後再做補充練習。在第二回鍛鍊中，你應該在補充練習之前先各做1RM的深蹲和臥推。

　　選項二是輪流交替練習。我們再舉兩回常規訓練中的臥推和深蹲為例。先從深蹲開始。你在第一回的深蹲中練到了5RM，然後再進行臥推練習，而當天的目標是1RM。該週的第二次鍛鍊先從深蹲開始，要達到1RM的目標，然後才是臥推，要達到5RM的目標。

　　現在看看在波動週期法中採用三種舉重類型的情況。同樣，你可以輪流鍛鍊，每一類型做完後再換另一種，也可以將所有舉重類型保留在同一鍛鍊中。你可以做任何想拿來當做主要練習的練習，但大多數人會將硬舉保留到第三個練習，因為硬舉是競賽中的最後一個項目。舉重運動員在做硬舉時一般多採用如下兩種方式中的一種。首先，有些人會像執行其他舉重類型那樣進行硬舉，也就是在每次鍛鍊中都做硬舉。如果每週做3次硬舉會對背部造成太大影響，他們就會在最吃重的日子才做硬舉，其他日子裡只做做例如架上硬舉或早安式等的補充練習。這都取決於你。最好的建議是嘗試每一種方法，看看哪種方法最能幫你提升舉重能力以及保持健康。

　　如果採用第一個選項，每週進行三次舉重、每次包括三種舉重類型的話，那麼第一週的第一回訓練便從8RM的深蹲開始，然後再做8RM的臥推和硬舉（表7.3，強調絕對肌力）。第一週的第二回訓練則以5RM的強度執行深蹲、臥推和硬舉。在第一週的第三回訓練中，深蹲、臥推和硬舉都調到10RM。

　　如果你選擇輪換最大重複次數，則在第一週的第一天做8RM的深蹲、5RM的臥推和10RM的硬舉。在第一週的第二天，做10RM的深蹲、8RM的臥推和5RM的硬舉。到

了第一週的第三天，則進行5RM的深蹲、10RM的臥推和8RM的硬舉。

採用波動週期法的練習順序相當有趣。這裡有兩個基本選項：（1）根據你需要優先開發的項目進行練習，或（2）按照比賽順序進行練習。無論哪種方式，運動員都能看到極好的效果。

如果練習是依據優先順序加以規畫的，那麼舉重者可以在自己體能最佳的時候將精力投入到該練習中。他們可以較輕鬆地進行重複動作，並能夠在這一練習中拉舉最大的重量。採用這種方法的人，經常看到自己移動重量的能力以令人難以置信的方式提升。

第二個選項是，按比賽日的順序進行練習。一般認為，這種練習法在比賽當天會產生很好的效果，因為選手的身體已經習慣在深蹲後進行臥推，接著才做硬舉。比賽日來臨時，選手能夠更準確地判斷自己將能舉起的重量，而且因為他們知道自己身體的感受，所以能成功地完成試舉。通常都能帶來更高的總成績，因為他們更有可能九次試舉都成功。

在選擇補充練習時，請選擇CP值最划算的。你以波動法執行的健力三項越多，你的補充練習就越有效率，因為你將精力都用在健力三項上了。接受訓練時，在一套運動流程中，你專注的練習不要超過六項。如果你以波動法執行三種舉重，那麼也就為三個補充練習留下了空間。務必了解你的弱點以及改善這些弱點的方法。例如，如果你在深蹲的過程中胸部無法保持挺直，那麼你最好做做俯臥直腿後擺的補充運動（第88頁）。如果這項補充運動恰好也能解決硬舉時推臀的問題，那就太好了！你可以使用一項練習來精進兩種舉重。說到臥推，請注意槓鈴會卡在哪裡，這樣你才能做出最佳的選擇。如果想在臥推上取得整體進步，最好做做複雜的背部運動和推舉。一些舉重運動員因為結合了引體向上和過頭推舉的技術而得到很好的效果。有些人也從窄距臥推和T槓划船中得到很好的收穫。找出能讓你臥推技術進步的方法，然後就去執行。

共軛週期化

運動科學家兼舉重教練列昂尼德·馬特維耶夫發明了這種週期化的初始模型。後來，共軛法的設計要旨在於維持高肌力水準，並且不斷提升這一水準。共軛法針對三個主要面向：絕對肌力、動態肌力和肌肥大，而在訓練中，同時會納入兩個或三個面向。

發展絕對肌力

我們通常藉由「最大負重法」來發展絕對肌力。最大負重法以特殊的練習設計，讓你要練的主項目進步，但這些練習設計本身並不是主項目。練習每隔幾週就會變換一次，以防止身體適應，並讓身體持續達到1RM的90%以上。這會動員最多的運動單位。在比賽發生失誤時，這項訓練也能強化可能被動員的、原本並非專司其職的肌肉

群。比方，如果有個舉重選手在深蹲比賽時臀部抬升過快，而且如果他不曾以當時的重量做過足夠多的早安式增加豎脊肌力量的話，那麼他的豎脊肌絕對不夠強壯。

如果舉重者能夠維持完美的技術，那麼他便不需動用其他額外的肌肉，但是我們都知道，比賽當天總會發生一些意料不到的事。你只能試舉三次，所以要防範一切意料不到的事，並且預做準備。

身體狀態的維持，似乎以三週為循環在運作。如果你以最高的標準進行鍛鍊，那麼經過三週後，你再也看不到該項鍛鍊還能為身體帶來任何有益的適應。該運動可能已經促使所有神經肌肉的適應發生了，進一步的訓練實際上反而可能會導致成績退步。在這一點上，變換運動項目便可帶來新的刺激，並促使神經肌肉產生更多的適應，可以讓舉重者得以保持高水準的強度。藉由改變刺激，你可以連續三週以上維持或超越1RM的90%。

最大負重法要求你盡量挑戰當天的極限。你要在某項練習中盡量推舉最大的重量，同時維持良好姿勢。無論當天你取得什麼成績，反正就是你的成績。這裡有個不錯的建議：把你個人紀錄寫下來，這樣你就有個可以為之奮鬥的目標了。與波動週期一樣，如果你不斷打破個人的舊紀錄，你就知道自己變得越來越強壯了。

從圖7.1中可以看出，藉由神經因子和肌肉大小的增加而取得的肌力進步是很明顯的。你還可以看到，神經因子的刺激會經歷一個高峰和一個低谷，然後又會攀升上去。如能變換練習，你便可以消除低谷，同時讓肌力和爆發力的增加保持在很高的水準。

需要多久更改一次練習內容？這點因人而異。如果你連續三週進行相同練習，而且前二週已經平了個人紀錄，但到了第三週成績卻明顯退步，這通常代表你的訓練已有進步，需要每二週就更換一次練習內容。如果你出去聚會，一直玩到早上四點，然後七點便想開始鍛鍊，當然你一定會感到疲憊，而這疲憊和你的訓練程度完全無關。這裡提供一個很好的經驗法則：如果你在連續二週的訓練後，到第三週出現成績下降的情況，那麼就要提前一週變換練習內容。同樣，如果你在第一週就持續創造個人紀錄，但才到第二週成績便開始退步，那你就需要每週更換練習內容。你在訓練中進步得越快，就越要時常更改練習內容。

那麼落實最大負重法應執行哪些練習才算適當？這些練習應該足夠相似，這樣才能提升競賽的舉重水準，但又要足夠不同，如此方能強迫身體重新適應，並且如圖7.1所示，能夠繼續取得高效的獲益。

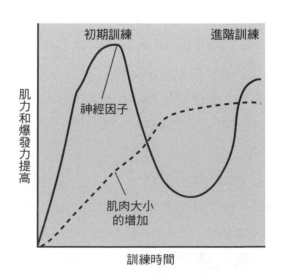

圖 7.1：肌力和爆發力提高與訓練時間的關係。

對於臥推，以下簡短列出最大負重法的幾項練習：窄距傾斜推舉、地板推舉、臥推板臥推（一至五塊板）、架上推舉、反向彈力帶臥推、彈力帶阻力推舉、過頭推舉、坐姿槓鈴過頭推舉、手巾推舉、地毯推舉和泡棉滾筒推舉。在這些練習中，你也可以加進鏈條和彈力帶的阻力以及彈力帶的輔助，增添額外的刺激。這份簡短的清單基本上就涵蓋了四十幾種最大負重法的臥推練習。此外，你還可以更改槓鈴類型以變換刺激，比方使用較粗的、較窄的、較硬的或竹製的槓鈴來變換刺激，並為自己提供額外的鍛鍊。如果你手邊只有一支粗槓和一支普通槓，那麼你就將練習的次數加倍，將四十次練習提高為八十次。

至於深蹲，清單包括早安式、暫停早安式、弓背早安式，箱式深蹲。此外槓鈴也有多種選擇，而深蹲時可將臀部壓入泡棉滾筒，或讓槓鈴沉入泡棉滾筒。做早安式時，同樣可讓槓鈴沉入泡棉滾筒，其他花樣還包括前抱式深蹲、前深蹲、傑佛遜式舉重和奧林匹克深蹲。所有這些練習都對深蹲有益。如長毛象深蹲槓、安全深蹲槓、德克薩斯健力槓、硬舉槓、水牛槓和拱形槓等槓鈴都改變運動的幅度之大，一般認為可以產生讓身體重新適應的新刺激。

至於硬舉，清單包括架上硬舉、木塊墊高硬舉、彈力帶阻力硬舉或彈力帶輔助硬舉。只要換一支槓，加個彈力帶或鏈條，你又可以增加練習的次數了。你還可以改變要站上去的木塊高度，或者調整架上插銷的高度來變化練習。

發展動態肌力

最高速度法在於以最高速度和次大強度移動重量。其目的在於提高肌力與速度，改進技術，同時促進恢復。必須採用適當的重量（1RM的30%到70%）和適當的次數（重複24次似乎對深蹲和臥推效果最好，比方臥推8×3而深蹲12×2；至於硬舉，則採用8至12×1）。

提高肌力與速度的意思就是，讓肌力與速度產生關連或是學會如何快速移動重量，這是SAID原則的一項功能，或是對於強加的需求的特定適應。你推的重量以自己可以在3.5秒內重複完成三次臥推、在3.5秒內重複完成二次深蹲為限，而且每次重複硬舉時，也是速度越快越好。如果你有一套GymAware或FLEX的設備來監測槓鈴速度，那麼槓鈴應該以每秒0.7到1.0公尺的速度移動。這樣可確保你移動的適當重量會增加肌力與速度的目的。你可以適當地訓練肌力和速度，並同時提高兩者。在訓練中使用這種方法的人會注意到，自己的最大舉重能力開始迅速上升。這其實只牽涉到簡單的物理學：這種方法能讓你產生最大的力量，而力量正是質量和加速度的乘積（F=m×a）。如果能更快速地移動一個物體，你就會生成更大的力量。用更簡單的例子說明，：想像你要打破一塊木板，你會怎麼進行，速度是快還是慢？如果速度快，木板很容易就破裂，如果速度慢，木板就不會破。這個原理對健力運動員是很有幫助的。如果你能夠加快槓鈴

移動的速度，你就不太可能在動作的高位附近出現障礙點，因為你在整個上舉的過程中產生了動能。

　　運動員如有穿著深蹲服或臥推T恤等健力服裝，那麼訓練運用的強度大約是有穿著裝備之1RM的30%到60%。如未穿著這類服裝，那麼就是未帶裝備之1RM的50%到70%。使用的重量必須大到足以引發刺激，但又必須輕到足以產生適當的速度移動。如要確定多少重量最適合你，可以使用速度測量設備、馬錶或是和有經驗的舉重者一起訓練。

　　確認最理想重量的方法，首推速度測量設備。如果你接受的是特定的訓練，那你也會得到特定的適應。要想獲得肌力與速度，你就需要接受專門針對肌力與速度的訓練。一旦你了解到，速度能決定所開發的特定肌力為何，那事情就簡單了。以前蘇聯人會採用類似於GymAware的速度測量設備，因此發現如果想在健力運動中發展肌力與速度，那麼槓鈴每秒必須移動0.7到1.0公尺。如果你以這種速度訓練，你的肌力與速度都必然提升。如果你現在用的重量讓你的速度低於每秒0.7公尺，那麼就需要降低重量以提高槓鈴的速度。如果你槓鈴移動的速度超過每秒1.0公尺，那就要為槓鈴增加重量，這樣槓鈴才能達到合適的移動速度。請記住，測量時你要以最快的速度移動槓鈴。這不是一個你設法在這些速度間維持重量的電子遊戲。你必須盡量快速移動槓鈴，並讓速度決定重量。這種方法的優點是，可以準確選擇重量，而缺點則是費用很高，且設備難覓。一套GymAware設備的成本超過二千美元，而一個FLEX設備的成本大概也要五百美元。

　　第二種方法則是利用馬錶。一般訓練肌力和速度的適當重量，是從開始舉起到完成，只用了3.5秒。你要透過訓練讓自己能在這段時間內盡量繃緊身體。臥推適當的重量，是在3.5秒內完成三次重複動作。至於深蹲，適當的重量可以讓你在3.5秒內完成二次重複動作。（說到硬舉，你只要盡快做完一次即可。）這段時間並不包括將槓鈴下架或上架的動作，而測量的基準是從槓鈴一開始的低位到最終完成所有重複動作的時間。一開始先選擇一個重量，然後看看你的表現如何。如果你能在3.5秒內完成，那麼就再增加5-25磅（2.3-11.3公斤），然後執行下一組練習。如果你不多不少在3.5秒時完成動作，就請維持那個重量。如果你完成動作的時間超過3.5秒，就請減輕重量。儘管這不像GymAware那麼科學，但就十美元的馬錶成本而言，這已經相當划算了。這種方法的優點在於為你提供一套可遵循的依據，以保證你使用的重量是合適的，而其缺點則是使用者自身造成的偏差。例如你的技術還不純熟，需要在重複動作之前重新調整身體或姿勢，就會浪費掉寶貴的時間，以至於你使用的重量正好合適或可以添加更多，但看上去卻好像必須減少重量似的。

　　最後一種方法就是與經驗豐富的夥伴一起訓練。如果你的夥伴採用這種方法已有一段時間，不僅直觀知道合適的重量是什麼概念，還能透過你的動作就知道重量對不對了。只要讓對方看看你練習的樣子，他就可以建議你在後續的練習組中應該使用多少重

量，並且指出你應該如何改變姿勢。這樣做的好處是，你不只有了適當的重量訓練，還獲得姿勢方面的指導，而缺點是，可能很難找到僅靠觀察就知道你該怎麼做的人。

改善姿勢的最佳方法是採用次大重量法。在最大負重練習日，你不會像在最高速度練習日那樣練習比賽性的舉重。在最高速度日練習比賽性的舉重可以讓你提高技術水準，並能夠讓你在比賽或測驗日時正常表現。如果你需要在深蹲時保持胸部挺直或是膝蓋朝外，那麼這一天就是練習的好時機。同樣，如果你躺在臥推椅上時，肘部老是張開，那麼這也是學習如何正確收緊肘部的好時機。改變一個錯誤的運動模式需要重複一萬次才辦得到。在做這些重複動作的過程中，如果你能專注於姿勢，那麼就可以修復錯誤的運動模式，並且更快將它重新做到位。

最高速度法也有助於恢復。如果你要在一週內進行兩套高強度的鍛鍊，神經肌肉系統是會承受沉重負擔的，你可能很快就挺不住了。傑伊·施羅德曾說過：「速度可以恢復一切。」肌力連續區有40%到60%的範圍是恢復區。此外，60%這一經驗法則基本上說明了，恢復性的鍛鍊需要在第一次鍛鍊60%的範圍內，這樣才能給下一次的鍛鍊提供適當的恢復。在這三種現象之間，你可以看出，最高速度法可以有效改善最大負重日的恢復。

發展肌肥大

重複竭力法是另一種次大重量法，但這次舉重者會把動作重複做到疲勞為止。這基本上是一種健美方法，而且在這種方法中，舉重者會透過額外的練習來促使肌肥大的大量生成。這是舉重者嘗試增重時採用的方法。如果你想增加體重，你要的不只是體重，你還要增加額外的肌肉。如第二章所述，脂肪不具收縮功能，而且增加的脂肪不像增加的肌肉那樣，會為站在槓鈴後面的人添加爆發力。雖說增加脂肪可以提高槓桿作用，卻不能提高實際施加作用力的肌力。許多人提到「以肉制肉」的古諺，但說「肌肉比脂肪更能推動重量」可能比較準確。

重複竭力法本質上是每組動作重複執行六次以上。你不會想重複超過二十次，因為這樣你就無法運用足夠的重量來增加肌肉的力量。第一章我們提到，肌肥大可分兩種類型，功能性的和非功能性的。如果同一動作你重複做二十多次，那麼你處於緊張狀態的時間就拉很長，而收縮肌力的提升卻很有限。任何質量上的增加都起不了作用，因為儘管肌小節（收縮成分間的空隙）的尺寸增加了，但肌原纖維（專門負責收縮，舉重實際牽涉到的是收縮）卻沒有。

採用的**具體方法**適用於當天的主要練習。你不可能在一天當中都以最大負重法來執行所有的補充練習；例如，如果你用最大負重法來伸展三頭肌，可能會導致三頭肌撕裂。所有的補充練習本質上都是採用重複竭力法，因為你至少要維持六次重複，並在最佳情況維持二十或略低於二十次。

鍛鍊安排

　　如何安排和調整一週的鍛鍊是非常重要的。在鍛鍊間的空檔應該充分休息，以達到恢復和防止過度訓練的目的。在最大負重鍛鍊和最高速度鍛鍊之間必須休息48小時，而在最高速度鍛鍊和最大負重鍛鍊之間則必須休息72小時。例如，你在週日做了最大負重臥推，那麼要等到週三才能做最高速度臥推。如果你週一做了動態深蹲，那麼要等到週五才能做最大負重深蹲。表7.4顯示鍛鍊的示例。

補充練習

　　可以採用補充練習來發展當天的主力舉重。如果你以最大負重法執行臥推，那麼請鍛鍊與臥推相關的肌肉。首先，可以嘗試不同練習量的推舉，然後再進行三頭肌練習、背部鍛鍊、肩部練習和一些二頭肌練習，這樣方能保持良好的肘部健康。可以採用練習量來增加肌肉量。如果你的著眼點在於發展肌力而非增加體重，那麼高練習量可不是好主意，應該加以排除。

　　至於下半身，在主力舉重後可以進行單腿動作或跳箱，以便鍛鍊後鏈肌群和腹肌。

　　一天以較大的重量和較少的重複次數完成鍛鍊，而另一天則以較輕的重量和較多的重複次數完成鍛鍊，大多數人都能從補充練習中得到最大的益處。如果能讓血液盡量泵流全身，這對增加肌力和保持健康效果最好。大的負重增加肌力；血流則可提升肌肉、肌腱和韌帶的健康。許多人發現，在放鬆日以最大負重法做完練習後，再做較多次數的重複動作，這樣對運動員是最有益的。一般分配給放鬆日的工作量比較少，而且採用輕重量和高重複次數會比採用大重量更方便進行超級組訓練和滾輪訓練。

減量訓練

　　減量訓練對於共軛法極其重要。建議每四週就進行一次強度的減弱或訓練量的減少，或者兩者兼顧。共軛法的要旨在於這兩天都執行高次數的重複動作，同時可以使用懸垂壺鈴來增加例如穩定性訓練等不同的項目。沒有定期減重練習的舉重運動員，可能會造成過度訓練的風險。務必記住，就算訓練不足，你仍有所獲益，然而一旦過度訓練，你會失去一切。

表7.4　採用共軛法的鍛鍊示例

最大負重握推

	第一星期	第二星期	第三星期	第四星期
臥推板臥推（兩塊臥推板）	做到 1RM 為止	做到 1RM 為止	做到 1RM 為止	最大重複次數減量到 225
臥推板臥推（兩塊臥推板；個人紀錄）	1RM 的 75%	1RM 的 75%	1RM 的 75%	
彈力帶下拉	100 次重複	100 次重複	100 次重複	100 次重複
下拉	4×15	4×15	4×15	4×15
臉拉	4×15	4×15	4×15	4×15
錘式彎舉	4×15	4×15	4×15	4×15

最高速度深蹲

	第一星期	第二星期	第三星期	第四星期
箱式深蹲	12 × 2	12 × 2	12 × 2	拉雪橇
羅馬尼亞硬舉（RDL）	4 × 6	4 × 6	4 × 6	4 × 6
俯臥直腿後擺	4 × 8	4 × 8	4 × 8	4 × 8
聳肩	3×10	3×10	3×10	3×10
鷹展仰臥起坐	4×10	4×10	4×10	4×10

最高速度臥推

	第一星期	第二星期	第三星期	第四星期
快速推舉	8 × 3	8 × 3	8 × 3	懸垂壺鈴臥推 3 × 30
三頭肌轉動伸展（啞鈴）	4 × 8	4 × 8	4 × 8	4 × 8
支撐胸部划船	4 × 8	4 × 8	4 × 8	4 × 8
布拉德福德推舉	4 × 8	4 × 8	4 × 8	4 × 8
腿部彎曲	4 × 8	4 × 8	4 × 8	4 × 8

最大負重深蹲

	第一星期	第二星期	第三星期	第四星期
早安式（拱形槓）	做到 1RM 為止	做到 1RM 為止	做到 1RM 為止	腿部推舉 3 × 20
手槍式深蹲	3 ×12 每邊	3 ×12 每邊	3 ×12 每邊	3 ×12 每邊
臀腿訓練	4 × 8	4 × 8	4 × 8	4 × 8
俯臥直腿後擺	4 × 8	4 × 8	4 × 8	4 × 8
腹肌	3 ×30	3 ×30	3 ×30	3 ×30

總結

　　所有健力訓練計畫的目標都在於提高絕對肌力。舉重者應該採用自己最喜歡的訓練計畫。

　　波動週期的整個過程，以不同的最大重複次數（RM）循環。舉重者在深蹲、臥推或硬舉執行的當天，可以做想做的任何練習。重複次數的調整為身體帶來對新刺激的適應。

　　週期化的共軛法有三種能提高表現的策略：（1）以最大負重法來發展最大的運動徵召；（2）以最高速度法來加快槓鈴速度；（3）以重複竭力法來發展肌肥大。在一週的時間裡如能專注於其中兩種方法，那麼就可以發展核心的舉重項目。共軛法也重視練習的輪換，而非維持相同的練習與輪換RM。

第八章
基礎訓練

一切結構中最重要的部分就是基礎。如果沒有堅實的地基，摩天大樓會因颱風或非常輕微的地震而倒塌。說到健力，打好基礎是需要一段時間的，而且說實話也不是很好玩。但是這一步驟不能省，否則無法爬到最高水準。健力比賽的會場滿是強壯的選手。有些人真的很強壯，但姿勢動作很糟糕。你不禁會想，如果他們的姿勢正確，究竟能夠舉得多重，還有他們多久後會受傷。

為健力打基礎就是做好動作姿勢、建立肌群支撐、培養工作能力。舉重新手只想趕快到槓鈴下舉起越大越好的重量。許多運動員在最初幾次訓練後便因受傷退出健身房，從此不做這項運動。本章將幫你打下最堅固的基礎，以便日後能建起最高的摩天大樓。

工作能力

工作能力基本上就是把工作做好的能力。在健力上，這種能力等於能在合理的時間內完成鍛鍊，並在做完一組練習、等待做下一組練習的空檔中讓身體恢復。某位舉重教練曾經說過，贏得比賽的舉重運動員並非最強壯的那一個，而是身體處於最佳狀態的那一個。無論是在鍛鍊中還是比賽中，你必須具備足夠的工作能力，這樣身體才能在兩次試舉之間恢復。你越強壯、移動的重量越大，那麼想讓身體在試舉之間恢復的難度就越高。

工作能力可以藉由多種方式培養，例如休息時寧可站著而非坐著、拖行雪橇、做做複合動作或是超級組合。與其單單這些工作能力的培養，還不如把它們當作鍛鍊的一部分，在鍛鍊後做一做。一開始先做好動作姿勢，同時發展肌力，然後把培養工作能力的練習留待最後才做，因為這樣一來，你的技術和肌力訓練才能在最理想的狀態下完成，並讓一點疲累感滲透進來。這是建立工作能力最佳的時間點，因為你已經感到疲勞了。你不需要等上10分鐘訓練課程開始了才來開發這種能力，你立刻就可以開發了。

形式

你必須把形式做完美了，然後才增加槓鈴的重量。槓鈴多重其實無關緊要，也就是

說，無論你舉起的是奧林匹克槓鈴還是1500磅的槓鈴，都必須以完全相同的方式執行每次的重複動作。每次重複都是建立或分解形式的機會。每當來到槓鈴下、面對超過個人紀錄的重量時，都希望自己處於最佳狀態，甚至可以不必考慮形式問題。請參閱第四、第五和第六章，了解有關這三種舉重技術的更多細節。以下是一些基本的漸進法。

　　循序漸進是必不可少的，因為不是每個人第一次嘗試時就知道該如何做。有些出色的舉重運動員在第一次拿起槓鈴時就可以做到這一點，但大多數人都還是必須努力練習。漸進法可以消除學習曲線中的一些挫敗感。許多新手求好心切，給自己施加很大的壓力，總想立刻完美做好每一動作。如果將注意力從比賽鍛鍊上移開，那麼壓力就減輕了，可以更自由地感受自己的身體在做什麼、該做什麼。

　　何時可從一個級別進入下個級別？的問題是很主觀的。維持當前級別，直到駕輕就熟為止，但在每一漸進級別上至少要花一週時間。這裡有個很不錯的建議：在執行目前級別的練習前，不妨先做一組先前級別的一至二項練習。這樣不但可以熱身，也可以確保你對先前級別的練習依然熟練。如果你在熱身練習時表現生疏，那麼當天只做該項練習就足夠了。你還有時間準備舉重比賽，因此請多花一天時間來落實適當的鍛鍊。

基礎練習

　　基礎練習有助於建立更牢固的根底，以支撐你整個職涯中將要舉起的一切巨大重量。此外，基礎練習還能增強你的穩定肌、關節和肌腱。你的根底和穩定肌越強，你的身體能承受的重量就越大。如果某次舉重失常了，你還可以恢復過來並完成該次舉重。最後，堅實的根底有助於降低受傷機率，並且促進康復。

深蹲準備

　　健力運動員常會像在做早安式那樣，胸部前傾斜以換取深度，也常會向內彎曲膝蓋以得到推力。由於常見到這種情況，因此漸進法的設計旨在教導新手不要犯這樣的錯。

平衡深蹲

健力重點：在深蹲過程中學會如何保持胸部挺直，而非前傾。

目標肌肉：股四頭肌、闊筋膜張肌和大腿後肌。

起始姿勢：雙手拿一片10-25磅（5-10公斤）的槓片站好。雙腳分開與肩同寬，腳趾指向正前或是略微朝外。

執行：後推臀部，深蹲下去。在蹲下的過程中，將槓片舉到眼睛高度，以便平衡你的體重，使你胸部保持挺直。

指導要點：無論何時，只要你的胸部、背部、臀部和槓片都處於一條線上（就像雙臂展開的早安式），你就需要將胸部再挺高一點。注意腳後跟。如果腳後跟上提了，你就需要更加努力向後蹲，或鍛鍊腳踝的靈活度。有些舉重者會想把槓片放到地板，再做這項練習。這辦法沒有效，無法改正錯誤。伸展運動有助於提升腳踝的柔軟度，使腳跟在運動過程中保持平放。

平衡單腿深蹲

健力重點：學習在深蹲過程中保持胸部挺直並了解膝蓋的運動軌跡。

目標肌肉：股四頭肌、闊筋膜張肌和大腿後肌。

起始姿勢：站在一個18英寸（45公分）高的箱子上，一隻腳踩在箱子上，另一隻腳離開箱子。手中拿著一個10-25磅（5-10公斤）的槓片（圖8.1a）。

執行：後推臀部，深蹲下去。箱子外的那隻腳慢慢垂下、打直，並在你面前將它稍微抬起。蹲下時，將槓片抬高至胸部高度或稍高於胸部的地方，以便平衡你的體重（圖8.1b）。

指導要點：理想上，你會希望臀部一直蹲下，直到它碰到腳後跟為止，但這樣並不切實際。你不如直接下蹲，直到感覺很難再蹲低就好，然後重站起來。注意膝蓋的姿勢。不要劇烈晃動膝蓋，同時保持腳跟平貼箱子。如果腳跟抬起，你要麼必須更努力朝下蹲，要麼鍛鍊腳踝的靈活度。

圖8.1：平衡單腿深蹲：（a）一隻腳站在箱子上，同時握住一個槓片；（b）蹲下，一隻腳在前面抬高，槓片拿在與胸齊高的地方。

前深蹲

健力重點： 在深蹲過程中保持胸部挺直，膝蓋與腳踝保持在一條直線上。

目標肌肉： 股四頭肌、臀中肌、臀大肌、闊筋膜張肌和大腿後肌。

起始姿勢： 挺直站好，採用上搏握法或雙臂交叉握法握住槓鈴。雙腳分開與肩同寬，腳趾或是筆直朝前，或是稍微向外（圖8.2a）。

執行： 稍微後推臀部，然後蹲下（圖8.2b）。在整個蹲下的過程中，胸部應該保持挺直。一旦腹股溝已低於膝蓋的頂部，就可回到起始姿勢。

指導要點： 練習過程中肘部必須始終抬高，否則槓鈴可能偏離位置。這個練習的目的在於保持胸部挺直，破除或防止身體前傾的習慣。練習過程中聳肩也許有益，因為這樣槓鈴有更多可依靠的空間。同樣，要特別注意腳後跟，必須一直平貼在地面上。

圖 8.2：前深蹲：（a）挺直站立；（b）後推臀部，然後蹲下。

過頭深蹲

健力重點！當深蹲到低處時，胸部仍能保持挺直。

目標肌肉：股四頭肌、臀大肌、臀中肌、闊筋膜張肌、大腿後肌、腹直肌、腹外斜肌和豎脊肌。

起始姿勢：以寬握法握住頭頂上方6-10英寸（15-25公分）的槓鈴。雙腳分開與臀同寬，腳趾筆直朝向前方或是略微外張（圖8.3a）。

執行：正常下蹲，確保槓鈴維持在相同位置，也就是肩膀的正上方（圖8.3b）。一旦腹股溝已低於膝蓋的頂部，就可回到起始姿勢。

指導要點：保持胸部挺直。如果胸部朝膝蓋傾斜，這可能代表髖屈肌緊繃，需要透過伸展來解決。這項練習並不簡單，但對於學習如何在深蹲過程中保持胸部挺直是極其重要的。

圖8.3：過頭深蹲：（a）雙腳分開與臀同寬站立，槓鈴過頭；（b）蹲下，確保槓鈴維持在頭頂正上方的位置，也就是肩膀的正上方。

彈力帶繞膝後深蹲

健力重點：在整個深蹲過程中保持胸部挺直，並將膝蓋外推。

目標肌肉：股四頭肌、臀大肌、臀中肌、闊筋膜張肌和大腿後肌。

起始姿勢：以正常的深蹲姿勢開始，在膝蓋處繫上一條彈力帶（圖8.4a）。

執行：稍微後推臀部，並將膝蓋向兩側推，同時開始深蹲。下蹲，膝蓋不可超過腳趾太多，並和腳掌維持在同一平面上（圖8.4b）。一旦腹股溝低於膝蓋的頂部，就可回到起始姿勢。

指導要點：在這個練習中，臀部很可能有點抽筋。這現象是正常的，代表一直處於休眠狀態的肌肉現在活了起來。

圖 8.4：彈力帶繞膝後深蹲：（a）在膝蓋處繫上一條彈力帶，然後做出準備深蹲的姿勢；（b）蹲下，膝蓋與腳位在同一平面上。

後深蹲

至此，你已經完成了整個漸進練習的過程，接著便可以按照第四章的說明開始深蹲。見圖8.5。

圖 8.5：後深蹲：（a）起始姿勢；（b）蹲下。

臥推準備

臥推是一項非常單純的練習。下面介紹的漸進法可確保你有足夠的力量和穩定性來開始臥推，而且不會受傷。如果你做不了伏地挺身，那就不應該嘗試臥推。

伏地挺身

健力重點：確保上半身足夠強壯，可以開始臥推。

目標肌肉：胸肌、三頭肌和三角肌。

起始姿勢：臉部朝下，手掌平貼地面，置於肩膀的正下方。從後腦勺到腳後跟，緊緊撐直你的身體，就像一塊木板。

執行：身體保持緊繃，彎曲肘部時要緩緩吸氣，直到鼻子觸及地面為止。回到起始姿勢時要呼氣。

指導要點：注意臀部姿勢，確保臀部在上撐的過程中不致鬆弛，且在降低的過程中不致抬起。一旦你可以重複做滿25次（男性）或15次（女性），你就可以進入下一步了。

仰臥懸垂臂屈伸

健力重點：確保上背部足夠強壯，可以開始臥推。

目標肌肉：背闊肌和菱形肌。

起始姿勢：仰臥在地板上。雙手分開與肩同寬。使用正手握法，抓住離地4英尺（1.2公尺）的槓鈴。開始動作前，你的身體必須緊繃，而且後腦勺到腳後跟處於一條直線上。

執行：身體保持緊繃，將胸部中線拉向槓鈴，直到胸部觸及槓鈴為止。默數到3，然後再將身體放回起始位置。

指導要點：確保胸部中線在默數到3的過程中始終貼著槓鈴。注意身體是否始終保持緊繃，注意身體是否鬆弛，尤其是臀部。如果這樣對你來說太容易了，那請放低槓鈴或是抬高雙腳，以加深鍛鍊的難度。這個補充練習十分利於背部鍛鍊。

啞鈴臥推

健力重點：體驗臥推過程中肘部的移動。

目標肌肉：胸肌、三頭肌和三角肌。

起始姿勢：臉部朝上躺在臥推椅上。握住兩個啞鈴，打直手臂，讓啞鈴碰在一起。頭部、肩膀和臀部都應接觸椅面，兩腳則平貼地板。

執行：將啞鈴以弧線動作朝胸部放低；在放低的過程中，肘部應收進背闊肌下。在推舉

的過程中，肘部則應在障礙點處張開，並以弧形動作達到終點。

指導要點：養成在舉重比賽的過程中收起和張開啞鈴的習慣。這個練習能讓許多新手理解這個概念。

臥推

此時，你已經完成了漸進練習的過程，可以開始按第五章的教導進行臥推了。見圖 8.6。

圖 8.6：臥推：（a）起始姿勢；（b）推舉。

硬舉準備

硬舉如果要做得好，背部就須強壯，並有完善的支撐肌肉，這樣才足以承受大的負荷。

迪梅樂硬舉

健力重點：在動作高位時體驗推動臀大肌的感覺。

目標肌肉：臀大肌、臀中肌和大腿後肌。

起始姿勢：直立站好，以正手握法或正反手並用握法抓住槓鈴（圖8.7a示範正手握法）。雙腳分開與臀同寬或比臀寬稍窄。

執行：後推臀部，直到槓鈴觸及膝蓋上方為止（圖8.7b）。一旦槓鈴觸及膝蓋上方，用力收緊臀部，然後回到起始姿勢。

指導要點：保持對槓鈴的控制，不要讓槓鈴在你面前偏離。槓鈴盡量靠近身體，且在舉重過程中一刻都不要放鬆。

圖 8.7：迪梅樂硬舉：（a）直立站好；（b）後推臀部，直到槓鈴觸及膝蓋上方為止。

羅馬尼亞硬舉（RDL）

健力重點：體驗臀推的感覺並鍛鍊大腿後肌。

目標肌肉：臀大肌、臀中肌、大腿後肌、豎脊肌、二頭肌、背闊肌和腹外斜肌。

起始姿勢：直立站好，雙腳分開與臀同寬或比臀寬稍窄（圖8.8a）。以正手握法或正反手並用握法抓住槓鈴。

執行：在放低上半身時，請將臀部後推（圖8.8b）。一旦感覺到大腿後肌已經充分伸展，便將槓鈴拉回起始位置。在整個練習過程中，背部始終保持緊繃。

指導要點：臀部須向後推。臀部向後推得越遠，大腿後肌就能獲得更多鍛鍊。如果你覺得腳趾快要離開地板，那麼動作就標準了。此外，上背部保持收緊，肩膀向後撐，下背部始終平坦。這裡有個生動比喻：此時你背部拱起的樣子像牛而不像駱駝。

圖 8.8：羅馬尼亞硬舉（RDL）：（a）起始姿勢；（b）臀部後推，同時放低槓鈴。

赤字硬舉

健力重點：體驗利用股四頭肌推動的感覺，並學會在運動開始時保持胸部挺直。

目標肌肉：臀大肌、臀中肌、大腿後肌、豎脊肌、二頭肌、背闊肌和股四頭肌。

起始姿勢：站在一個2-4英寸（5-10公分）的箱子上，雙腳分開與臀同寬或比臀寬稍窄。蹲下並以正手握法或正反手並用握法抓住槓鈴。

執行：啟動時腳用力踩向地面，將頭後仰。槓鈴觸及膝蓋時，前推臀部，並像執行迪梅樂硬舉時那樣，用力收緊臀部。

指導要點：頭向後仰。用力收緊臀部。

硬舉

此時你已經完成了漸進練習的過程，可以開始按第六章的教導進行硬舉了。見圖8.9。

圖 8.9：硬舉：（a）起始姿勢；（b）拉高槓鈴。

訓練計畫

　　健力運動員新手通常從零開始，這時還無法知道他們有多強壯或是開始受訓時的狀況。舉重者完成單純的漸進練習後，接著最好採用漸進式的超負荷計畫。「漸進式超負荷」這個術語聽起來也許很熟悉，因為本書從頭到尾一提再提。但在這裡，這一術語僅僅意味每週都在加大訓練重量。由於舉重者之前都未試過最大極限，因此沒有確定的組數和重複次數的百分比可供參考。這便是你應該單純採用漸進式超負載計畫的原因。

　　雖然漸進式超負荷計畫的類型有好幾種，但下文只討論兩種：5×5法和自動調節漸進式阻力運動法（APRE）。

　　5×5法雖是舊調子，但彈起來依然好聽。這個方法多年來都沒有改變，但也不需改變，如果沒有過時，何必畫蛇添足修正它的規則？在這類程序中，你只需先熱身，然後選定一個重量，接著試做5組，每組重複5次動作。如果你能完成所有重複動作，下一次鍛鍊時，就把訓練重量加個5-15磅（2.3-6.8公斤）。好處是，雖然你的進度會慢一點，但有助於你在疲倦時學習形式。到了第四組和第五組時，你會感到非常疲勞。如果你在疲倦時還能重現正確形式，那麼你的根基扎實，可以繼續接受任何鍛鍊。但缺點是，你肌力提升的速度很慢。需要相當多的良好指導才能讓你保持興趣。

　　APRE這方法有點複雜。在我們執行APRE之前，且讓我們看看這套方法的起源歷史。早在20世紀初，軍隊中如果有人摔斷了股骨（大腿骨），就要打上石膏。一旦骨頭癒合，石膏就會拆掉，大家也認為這位士兵可行走了。陸軍外科醫生托馬斯·德洛姆上尉注意到，這些士兵實際上還沒真正痊癒，因為他們一條腿會比另一條腿小，以致無法正常行走或是奔跑。他決定嘗試以最理想的方式加強肌肉。托馬斯·德洛姆醫生先讓病人坐下，然後將重物綁在對方的腳上，以便進行腿部伸展。他認為最好的辦法就是讓病人以10RM的50%重複10次，然後再增加到個人10RM的75%重複10次，接著再採用新的10RM。等到士兵重返工作崗位時，他看到其腿部的大小、肌力和功能都大幅度改善了。請注意，這個療法總共包括三組、每組10次的重複動作。基於托馬斯·德洛姆醫生的成就，演變為今天3×10練習法的標準了。托馬斯·德洛姆將此動作組合命名為「漸進式阻力運動法」（PRE）。許多人今天仍在使用托馬斯·德洛姆的PRE。這方法已經發展為包括第四組動作的三套方法，並被重新命名為「自動調節漸進阻力運動法」，或簡稱為APRE。

　　APRE法並不複雜，共分三套方法：APRE3、APRE6和APRE10。至於該用哪一套，就看你著眼於開發身體的哪一部位。APRE3以估算出來的3RM為基礎，用於開發肌力和爆發力。APRE6以估算出來的6RM為基礎，用於開發肌力和肌肥大。APRE10則以估算出來的10RM為基礎，用於開發肌肥大。表8.1和8.2詳細說明了這些方法的例程。

　　從表8.1可以看出，每個例程的組合都是相同的。第一組是較輕鬆的50% RM，第二

表8.1　自動調節漸進式阻力運動法（APRE）常規練習

組別	3RM	6RM	10RM
無	暖身	暖身	暖身
1	重複 6 次／3RM 的 50%	重複 10 次／6RM 的 50%	重複 12 次／10RM 的 50%
2	重複 3 次／3RM 的 75%	重複 6 次／6RM 的 75%	重複 10 次／10RM 的 75%
3	以 3RM 反覆練習到力竭	以 6RM 反覆練習到力竭	以 10RM 反覆練習到力竭
4	調節後的反覆練習	調節後的反覆練習	調節後的反覆練習

表8.2　APRE 常規練習調節表

3RM 常規練習		6RM 常規練習		10RM 常規練習	
重複次數	第 4 組	重複次數	第 4 組	重複次數	第 4 組
0	減少 10-15 磅（4.5-6.8 公斤）	0-2	減少 5-10 磅（2.3-4.5 公斤）	4-6	減少 5-10 磅（2.3-4.5 公斤）
1-2	減少 5-10 磅（2.3-4.5 公斤）	3-4	減少 0-5 磅（0-2.3 公斤）	7-8	減少 0-5 磅（0-2.3 公斤）
3-4	不變	5-7	不變	9-11	不變
5-6	增加 5-10 磅（2.3-4.5 公斤）	8-12	增加 5-10 磅（2.3-4.5 公斤）	12-16	增加 5-10 磅（2.3-4.5 公斤）
7+	增加 10-15 磅（4.5-6.8 公斤）	13+	增加 10-15 磅（4.5-6.8 公斤）	17+	增加 10-15 磅（4.5-6.8 公斤）

組是 75% RM，第三組是以同樣的 RM，將動作重複做到沒有力氣為止，而第四組則是調整第三組的重複次數，然後也是將動作重複做到沒有力氣為止，這也成為下一週設定 RM 的基準。

　　這裡舉個例子說明。讓我們為一名估計 3RM 為 300 磅的運動員決定其臥推時採用的 3RM 步驟。他熱身後先做第一組，也就是用 150 磅重複 6 次（150 磅是 300 的 50%），然後再以 225 磅完成一組 3 次的重複動作（225 磅是 300 磅的 75%），接下來又以 300 磅（也就是估計的 3RM）一直重複動作，直到精力用竭為止，最後再輕鬆完成 7 次重複。現在讓我們看看表 8.2，這張關於第四組的調整圖表開始發揮作用了。我們先看左欄中 3RM 的標準，找到執行的重複次數，即 7 次。然後，再參考右側的數據時，我們可以發現該舉重者應該增加 10-15 磅的負荷。來到第四組，運動員採用了 315 磅（300 磅加 15 磅），並重複了 6 次動作。再次參考表 8.2 中的調整情況，請注意 6 次重複動作表示增加了 5-10 磅，這會將估計的 3RM 更改為 320 到 325 磅的範圍。

　　現在，請觀察下週的進展。舉重運動員熱身後先做第一組，技術上是 162.5 磅（估計為 3RM 的 325 磅的 50%），但實際上他採用 165 磅的整數。他舉起 165 磅，並將動作重複做了 6 次。第二組的負荷從技術上講是 244 磅（325 的 75%），但實際上他採用 245 磅的整數，並將動作重複做了 3 次。到了第三組，他用 325 磅的負荷一直重複動作，直

到精力用盡為止。這位舉重者會感覺到自己變強壯了，並將動作重複做了7次。現在再來看看表8.2中的調整情況。在3RM的標準下，做完7次的重複動作後，可建議他增加10 15磅（1.5 6.8公斤），因此在3RM的標準下，7次重複可使舉重者的負荷增加到340磅，因此在第四組中，同樣是動作重複到力竭為止，舉重者以340磅重複4次。根據圖表8.2，我們建議負荷重量保持不變。到了下一週，估計的3RM為340磅，而鍛鍊的負荷重量也是從這個估計值再往上加的。

所有規則都是以這種方式落實的。第三組的重複次數決定了第四組的負荷重量，而第四組的重複次數則決定了下週訓練中採用的負荷重量。

究竟要從哪套規則開始呢？這完全取決於舉重者的需要。如果舉重者想讓身形變大，想讓體重增加，那麼APRE10的規則是最合適的。如果舉重者需要改善形式，那麼APRE6是一個不錯的起點。APRE6採用的負荷不像APRE3用的那麼重，但舉重者仍然可以學習如何對抗負荷。如果舉重者已經掌握很好的形式，那就要專注於肌力，而APRE3便是最合適的。

請參閱表8.3至8.5了解基礎鍛鍊的示例。對於那些被標記為重或輕的項目，**重**是指舉重者最終無法承受的負荷（舉重者無法再執行另一次重複）。至於**輕**，則被定義為還有餘力再做2次的重複動作，也就是個人還可再做2次重複動作而不至於失敗。

表8.3　中週期1

	第一星期	第二星期	第三星期	第四星期
臥推				
臥推	APRE10	APRE10	APRE10	APRE10
槓鈴三頭肌伸展	4×8	4×8	4×8	4×8
彈力帶下拉	重複 100 次	重複 100 次	重複 100 次	重複 100 次
滑輪下拉	4×15	4×15	4×15	4×15
臉拉	4×15	4×15	4×15	4×15
錘式彎舉	4×15	4×15	4×15	4×15
輕深蹲				
前身蹲或第二天後深蹲的 80%	3×8	3×8	3×8	3×8
羅馬尼亞硬舉（RDL）	3×10	3×10	3×10	3×10
俯臥直腿後擺	3×12	3×12	3×12	3×12
聳肩	3×10	3×10	3×10	3×10
負重仰臥起坐	4×10	4×10	4×10	4×10

繼續下頁

表 8.3　接上頁

	第一星期	第二星期	第三星期	第四星期
輕臥推				
傾斜臥推或是減輕臥推（從第一天起 APRE 的 80%）	3 × 12	3 × 12	3 × 12	3 × 12
泰特臥推	3 × 20	3 × 20	3 × 20	3 × 20
槓鈴俯身划船	3 × 12	3 × 12	3 × 12	3 × 12
站姿啞鈴肩推	3 × 12	3 × 12	3 × 12	3 × 12
二頭肌彎舉	3 × 12	3 × 12	3 × 12	3 × 12
深蹲				
後深蹲	APRE10	APRE10	APRE10	APRE10
腿部推舉	3 × 12	3 × 12	3 × 12	3 × 12
臀腿抬升	4 × 8	4 × 8	4 × 8	4 × 8
俯臥直腿後擺	4 × 8	4 × 8	4 × 8	4 × 8
腹肌	3 × 30	3 × 30	3 × 30	3 × 30

表 8.4　中週期 2

	第一星期	第二星期	第七星期	第八星期
臥推				
臥推	APRE6	APRE6	APRE6	APRE6
槓鈴三頭肌伸展	4 × 8	4 × 8	4 × 8	4 × 8
彈力帶下拉	重複 100 次	重複 100 次	重複 100 次	重複 100 次
反握滑輪下拉	4 × 12	4 × 12	4 × 12	4 × 12
坐姿啞鈴抓舉	4 × 15	4 × 15	4 × 15	4 × 15
錘式彎舉	4 × 15	4 × 15	4 × 15	4 × 15
輕深蹲				
前身蹲或第二天 80% 後深蹲	3 × 8	3 × 8	3 × 8	3 × 8
寬步距羅馬尼亞硬舉（RDL）	4 × 8	4 × 8	4 × 8	4 × 8
俯臥直腿後擺	4 × 10	4 × 10	4 × 10	4 × 10
啞鈴聳肩	3 × 10	3 × 10	3 × 10	3 × 10
負重仰臥起坐	4 × 10	4 × 10	4 × 10	4 × 10
輕臥推				
傾斜臥推或是減輕臥推（從第一天起 APRE 的 80%）	3 × 12	3 × 12	3 × 12	3 × 12
泰特臥推	3 × 20	3 × 20	3 × 20	3 × 20
支撐胸部划船	3 × 12	3 × 12	3 × 12	3 × 12
站姿啞鈴肩推	4 × 8	4 × 8	4 × 8	4 × 8
二頭肌彎舉	3 × 12	3 × 12	3 × 12	3 × 12

深蹲				
後深蹲	APRE6	APRE6	APRE6	APRE6
腿部推舉	4 × 8	4 × 8	4 × 8	4 × 8
胸前負重臀腿抬升	4 × 8	4 × 8	4 × 8	4 × 8
俯臥直腿後擺	4 × 8	4 × 8	4 × 8	4 × 8
腹肌	3 × 30	3 × 30	3 × 30	3 × 30

表8.5　中週期3

	第一星期	第二星期	第十一星期	第十二星期
臥推				
臥推	APRE3	APRE3	APRE3	APRE3
四塊臥推板臥推	5 × 5	5 × 4	5 × 3	4 × 2
彈力帶下拉	重複 100 次	重複 100 次	重複 100 次	重複 100 次
中立握姿滑輪下拉	4 × 12	4 × 12	4 × 12	4 × 12
啞鈴側平舉	4 × 15	4 × 15	4 × 15	4 × 15
錘式彎舉	4 × 15	4 × 15	4 × 15	4 × 15
輕深蹲				
前深蹲或硬舉	4 × 5	4 × 5	4 × 5	4 × 4
寬握羅馬尼亞硬舉（RDL）	4 × 8	4 × 8	4 × 8	4 × 8
俯臥直腿後擺	4 × 10	4 × 10	4 × 10	4 × 10
槓鈴聳肩	3 × 10	3 × 10	3 × 10	3 × 10
負重仰臥起坐	4 × 10	4 × 10	4 × 10	4 × 10
輕臥推				
傾斜臥推或是減輕臥推 （從第一天起 APRE 的 80%）	4 × 8	4 × 8	4 × 8	4 × 8
泰特臥推	3 × 20	3 × 20	3 × 20	3 × 20
中立握支撐胸部划船	3 × 12	3 × 12	3 × 12	3 × 12
站姿啞鈴肩推	4 × 8	4 × 8	4 × 8	4 × 8
二頭肌彎舉	3 × 12	3 × 12	3 × 12	3 × 12
深蹲				
後深蹲	APRE3	APRE3	APRE3	APRE3
腿部推舉	3 × 12	4 × 10	4 × 8	4 × 6
胸前負重臀腿抬升	4 × 8	4 × 8	4 × 8	4 × 8
寬步距拉力帶俯臥直腿後擺	4 × 8	4 × 8	4 × 8	4 × 8
腹肌	3 × 30	3 × 30	3 × 30	3 × 30

技術性力竭

許多健力運動員和健美運動員都知道什麼是「完全力竭」，意即訓練到自己不能再成功執行動作為止。這是一個使肌肉疲勞、讓舉重者知道何謂肌肉拉傷的好方法。然而，對於新手來說，訓練到完全力竭，尤其是核心舉重，可能不是上策。上文已經討論過，養成良好的動作姿勢有多重要。一旦出現疲勞，接下去會怎樣？你往往會把形式忘得一乾二淨，心裡想的只是繼續推舉下去。這樣會養成壞習慣，所以新手應該在完全力竭之前停手。

說到技術性力竭，舉重者不妨在發生時才停手。每當技術無法正確駕馭時，你才中止該組練習。如在前四次重複時，形式都做得正確，但到第五次重複時失常，那就等於你只成功執行四次重複。只要形式出現錯誤，就應中止該組動作練習，而且這一錯誤不能計入次數。這個觀念有助於將舉重者的思維從「盡量費勁推舉」導向「以正確形式盡量努力推舉」的境界。新手應該養成「不符合標準的動作都無助於實現最終目標」的心態。

技術性力竭的觀念可以成為塑造並完善形式與肌力的好工具。形式越標準，能負荷的重量就越大，而舉重者也越有可能達成目標，何況舉重者這樣做時，受傷的可能性更小。肌力和安全對於健力選手長久而成功的職業生涯至關重要。

消除「酒吧身材」

消除「酒吧身材」（bar body elimination）這個詞乍看之下似乎不難理解，大概就是「以槓鈴鍛鍊身體，消除贅肉」的意思。然而，該詞真正的含意卻和「以槓鈴鍛鍊身體」以及健力運動員想要達成的目標完全相反。如果你想去酒吧認識人，那麼有副酒吧身材（緊身T恤下的大胸肌和二頭肌）看起來真不賴。

最重要的肌肉並不是你在鏡子裡能看到的。那些看不見的肌肉才是真正立大功的。雖說臥推明顯能練出胸肌，但背闊肌、三角肌和肱三頭肌才是臥推著墨的重點。雖然股四頭肌可能在鏡子中顯得最搶眼，但執行大部分舉重工作的實際上是臀大肌、大腿後肌和下背部。

不應該將大部分的時間和精力用來加強「酒吧」，而是注重身體其他部位的鍛鍊。儘管「酒吧肌」在視覺上很容易取得初步的鍛鍊成果，而且很受關注，但在舉重者的整個運動生涯中，「酒吧肌」對於能力的提升助益不大。如果你每次鍛鍊時都重複做60次的飛鳥，可能可以讓你在三週內多臥推10磅（4.5公斤），而相較之下，每次鍛鍊時都重複做60次的滑輪下拉，卻可以讓你在二年內多下拉150磅（68公斤）。

鍛鍊較小的肌肉，尤其是在運動生涯初期，最有助於防止日後受傷。現在花時間鍛

鍊肩袖和胸椎的肌肉，就能防止輕度的脊柱後凸，而脊柱後凸如果不加防止，將來會導致肩部受傷。如果一開始肌肉沒有得到訓練，肌肉就會停止發展，日後想再啟動它、糾正它就不容易了。總之，預防勝於治療。

找個訓練夥伴

對於新手舉重運動員來說，找個訓練夥伴至關重要。你的動作姿勢總要有人監督，也要幫補手的協助，而且，讓我們面對現實吧，總有一天你需要別人來為你加油打氣。一個好的訓練夥伴是不會讓你在這三件事上失望的。這個人對訓練應有足夠的認識，能夠知道你何時對做、何時做錯。萬一你做錯了什麼，他可以幫你解決。這位夥伴須夠水準，這樣才能幫補你或教別人來幫補你。如果你臥推有500磅的實力，這不代表臥推只有205磅、硬舉只有315磅實力的人就不夠格成為你的搭檔。該人可能無法將槓鈴交在你手裡，但在一旁幫忙還是可以的。此外，你難免遇到不想去健身房的時候，但如果知道自己不出現的話會讓別人失望，你就有出門的動力了。

你們雙方都必須盡自己的一份力來維持良好的訓練夥伴關係。每一次鍛鍊你都要現身，這是你的責任所在，應該好好監督你夥伴的姿勢，成為你團隊的積極動力，並為任何事情做好準備。訓練夥伴關係也是一種人際關係，必須扎實建立起來。你有義務每天現身，並做好份內的事。其實你做的事不妨超過份內的，因為對方也會以同樣的熱心回報你。就像一條街道，訓練上的合作是雙向的。當然你的夥伴也須現身，克盡職責，成為給你打氣、提供指導的人。如果對方沒能做好這些，那就該和他分道揚鑣，另覓新合作夥伴。話雖如此，大家難免都會經歷不平順的事，在人生的道路上走到崎嶇不平的地方。例如，對方可能發現父母患有絕症的那一天沒有動力前來參加訓練，這時你也必須擔待。但是，如果那個訓練夥伴對你一直幫助不大，那就斷離這層關係吧。

選擇健身房

許多人在挑選健身房時，通常喜歡最乾淨、最明亮、擁有最多有氧設備的地方。這個地方看起來可能很有吸引力，但卻有可能是你最不想考慮的地方。大多數具備明亮和耀眼設備的健身房，並沒有硬舉平台，不准使用止滑粉，提供的鈴槓不夠堅固，無法支撐超過500磅或225公斤的重量，也沒有重量夠大的器材讓顧客練習進階舉重。

你找的健身房必須具備某些設施。第一是可以讓你以安全方式執行每項練習的舉重架。舉重架附有安全插銷，以防重物墜落，同時為各種高度和臂長提供多樣化的設定。你根本不需要從舊式的兩層架取下槓鈴，也不需要站在槓片上或是全蹲把槓鈴取下。

接下來是大量的自由重量器材。如果哪座健身房的每個舉重架、臥推椅和啞鈴架上

只有三件東西，那麼請你頭也別回、轉身離開這家店便是。如果每個架上至少有5-45磅（或2.5-20公斤）的齊全槓片，那麼算你來對地方了。如果健身房配備大量的槓片，這就表示業主不擔心自家高品質的槓鈴槓承受不住疊加其上的重量而變彎。如果健身房設置可以使用大重量，那是一個很好的跡象。如果某健身房有100磅或50公斤的槓片可供使用，那就表示你已踏入商用健身房的天堂了。

健身房裡是否已經有其他健力運動員在此鍛鍊？這是另一個需要考慮的因素。如果那裡已經有競爭對手了，那你應該很安全才是。

健身房裡是否配有硬舉平台？許多健身房雖有很多舉重器材，卻不允許顧客做硬舉，因為槓鈴撞擊地板的噪音會干擾其他顧客。如果你碰上一家配有硬舉平台的健身房，你就知道這裡適合你，來了應該沒問題。

最近有些健身房會提供了一間特別的後室讓健力運動員使用。這個空間以牆隔開，所以普通人是看不到健力熱鬧場面的。在健力運動員眼裡，這可是商用健身房裡的寶藏。這種空間迎合志在參加競賽的顧客的需要，不過使用者可能每個月還需另外補貼一些費用。這裡通常有深蹲回彈掛勾、俯臥直腿後擺機、臀腿訓練器和保險槓片。

只有兩樣東西比這種特別的後室更好，那就是車庫健身房和槓鈴俱樂部。這兩種場地都因健力而生。在這裡訓練的人只有健力運動員，其他人是不會來這裡摻上一腳的。這種地方沒有鏡子，甚至可能沒有空調。這裡有些自製的設備，通常也不是最乾淨或最漂亮的地方。然而，這種地方有一點是很適合健力運動員的：那裡瀰漫一種驅使他們將自己練得更強壯的熱烈氛圍。

那麼，找出訓練地點最佳的方式是什麼？上網搜索健力運動以及你所在的社區和周邊地區的相關資訊。你可能會在自家附近找到一些健力的同好。試試打電話或寄電子郵件和他們聯繫，以了解他們的訓練地點，還有他們是否正在尋找鍛鍊上的合作夥伴。多些人手總是有用的。

總結

確保你能以到位的姿勢和技術進行鍛鍊，這樣才有利於打下更牢固的基礎。這將是你在健力運動中獲取成功的關鍵。不管你選擇哪種訓練計畫，一旦下定決心，無論如何都要堅持下去。

第九章
熟手的訓練

隨著經驗的積累和肌力的增強，你可能要採取不同的方法來持續提升肌力。除了臥推、深蹲和硬舉之外，你還需要一些輔助練習。如今你需要的是較長的週期化計畫，而不是單純的漸進式超負荷訓練。隨著經驗的積累，情況會有所變化。因為初學者是初學者，他們所做的一切都會使他們變得更強壯。而經驗豐富的舉重者可能要調整和探索新方法，以便讓自己變得更強壯。

第一章討論漸進式的超負荷訓練。對於只有六週時間可以準備比賽的舉重老手而言，這種超負荷訓練也許是個好辦法。但是，如果你的時間比較充裕，比方十二到十六週，那週期化的方法可能才是正確的選擇。大幅提前擬訂參賽計畫對你是很有利的。首先（可能也是最重要的一點），你可以提前預訂航班和飯店，這樣你就可以節省不少開銷，其次還能讓你拿定訓練計畫。

週期化只是一個訓練計畫。倒不是說有什麼竅門可以讓你變得更強更壯，這不過就是項主動積極的計畫罷了。在健力生涯中，拿不出計畫就等於自陷失敗風險。之前你好像隨意練練都可以變強變壯，但到現在，沒做計畫是不行的。

經驗豐富的舉重運動員從不鬆懈，除非他只有六週的準備時間，否則絕對不會走回頭路去做簡單的漸進式超負荷訓練。如果你決定在休賽期間訓練，那麼訓練方式會和賽季訓練週期不同。結束一場比賽後再轉戰另一場比賽完全沒問題，你可以在前一場比賽結束後，先休息一星期，然後再開始一個十六週的訓練週期。但是，如果你一年只參加一、二次比賽，那麼休賽期間訓練有其必要。

休賽期間訓練

當身體因為接受大負荷的訓練而開始撐不住時，就有必要放鬆。注意，這叫放鬆，不叫停止訓練。停止訓練可能在不知不覺中從二週變成二年，所以這不是個好主意，更何況要恢復到像先前那樣的肌力是要花時間的。

休賽期間訓練包括做較輕重量的舉重，執行更多重複動作。倒不是說要你每組20次的重複只要完成40%就好。健力運動員的目標在於變得更強更壯，而鍛鍊肌力的好方法便是執行65%到80%的次最大負荷。以這種百分比進行訓練可確保中樞神經系統和肌

肉從最大負荷中得到休息。這種訓練千萬不可做到完全力竭才停止。快做完每一組時，你至少要保留尚可重複1次的餘力，但最好是尚可重複多次的餘力。有一種判斷你訓練量的好方法，就是採用普里勒平表（表9.1）。亞歷山大‧普里勒平開發該表的目的，在於確定何種強度下該執行哪種訓練量，以便運動員取得最高的效益。

左欄列出的工作強度只是1RM的百分比。重複次數／組是指在每組中執行多少重複次數。一般認為，最佳訓練量是該區間單一鍛鍊的最佳總訓練量，而訓練量的範圍則是單一鍛鍊所執行之重複動作的範圍。例如，依據該表在某一日期執行70%的訓練，3×6（總共18次重複）會正好落在最佳區間。如果你已感覺疲累，希望減輕負荷，那麼4×3（總共12次重複）可能是更好的選擇。如果你想在那一天獲得基礎肌力，那麼4×6（總共24次重複）可能才是最佳的考量。對於相同強度，你可以根據自己想完成的任務做出三個選擇。

表9.1　普里勒平表

工作強度（%）	重複次數／組	最佳訓練量	訓練量範圍
55-69	3-6	24	18-30
70-79	3-6	18	12-24
80-89	2-4	15	10-20
90+	1-2	7	4-10

不要從表中隨機挑選訓練量，你可能因此而過度訓練，或訓練不足。如果你想變得更強更壯，最好以波浪模式檢視你接受的訓練；最大的訓練量應排在最吃力的日子裡，而最輕的訓練量則排在最輕鬆的日子裡。表9.2、9.3和9.4中顯示的三種週期，是基礎訓練、休賽期間肌力發展或是恢復的最佳八週週期。這些週期可以幫你緊湊地回到自己的巔峰週期。即使在維持所有相同強度的情況下，只需操控訓練量，你也可以掌握目標。

你可以縮短或拉長這些週期以符合自己的需求，但始終都要遵循這一方法背後的基本前提。

表9.2　基礎訓練的8週休賽季週期示例

週序	組數	重複次數	強度（%）
1	3	10	65
2	3	8	67.5
3	4	6	70
4	4	5	72.5
5	4	4	75
6	3	5	80
7	3	4	80
8	8	2	80

表9.3　提升肌力訓練的8週休賽季週期示例

週序	組數	重複次數	強度（%）
1	4	6	70
2	4	5	70
3	4	3	75
4	3	6	75
5	4	5	80
6	3	5	82.5
7	5	2	85
8	3	2	90

表9.4　恢復的8週休賽季週期示例

週序	組數	重複次數	強度（%）
1	3	10	55
2	5	6	55
3	4	6	60
4	6	3	60
5	4	4	65
6	3	6	70
7	4	3	70
8	4	6	70

賽季內訓練

賽季內訓練計畫的目標，在於比賽日為賽台上選手締造最佳的舉重成績。這是透過悉心計畫的訓練來落實的，為期十二到十六週。其實也不是說步驟一旦擬定就不容變動調整。生活是多樣的，傷害也會發生，計畫內容可能需要調整，但基本的計畫架構還是在的。如果你一開始訓練就像一把熊熊野火，那麼四到六週後，你就會筋疲力盡，而且到第十二週站上賽台時，絕不可能處於最佳狀態。

一套合適的賽季訓練應該是從休賽季完美銜接過來的計畫，能讓你適應不同的強度區間，並讓你準備好在比賽當天大顯身手。訓練強度如果從60%到70%直接跳到90%到95%，一定會導致你受傷而失敗，所以你需要一套漸進式的過渡訓練。最好在一個強度區間停留三週，然後再切入下一個區間。例如，如果你一直在60%的區間進行訓練，那接下來你應先在70%的區域中訓練三週，然後才嘗試80%的區間，接著還須在80%的區間訓練三週，最後才能跨到90%的區間，並在其中度過二週。一般而言，選手如果在90%的區間訓練超過三週或更久，就會導致中樞神經系統超限運作，造成你無法在比賽中拿出亮眼的成績。你承受的負荷越重，所需的運動神經徵召就越多，身體需要學會徵召的運動單位就越多。因此，雖然在採用次最大百分比時可以看到肌力增加，但除非你用上更重的負荷（90%或90%以上），否則看不到運動單位徵召的改善。

表9.5的示例是一般基於組數、重複次數和相對負荷強度的十四週比賽的週期，而表9.6到9.11，則是基於每次舉重都達到比賽目標的男性和女性總體計畫的示例。

表9.5　一般14週的比賽週期

週序	組數	重複次數	強度（%）
1	3	8	70
2	4	6	70
3	4	3	75
4	3	6	75
5	4	4	75
6	3	4	80
7	5	4	80
8	3	5	80
9	10	2	85
10	5	3	85
11	2	5	85
12	5	2	90
13	4	2	90
14	3	2	82.5

表9.6　男子深蹲訓練計畫示例（最佳：550磅／目標：575磅）

第一星期	第二星期	第三星期	第四星期	第五星期（減負荷）	第六星期
135 × 8	135 × 8	135 × 8	135 × 8	135 × 8	135 × 8
205 × 5	225 × 5	225 × 5	225 × 5	185 × 5	225 × 5
225 × 3	275 × 3	275 × 3	315 × 3	225 × 5	315 × 3
275 × 1	315 × 1	325 × 1	365 × 1	275 × 5	365 × 1
315 × 1	365 × 1	375 × 1	405 × 1	315 × 5	405 × 1
365 × 1	405 × 1	405 × 1	435 × 1	365 × 5	435 × 1
390 × 1	420 × 3/4	420 × 1	450 × 3/4	390 × 5	465 × 1
405 × 3/4		435 × 3/4			480 × 2/2

第七星期	第八星期	第九星期	第十星期（減負荷）	第十一星期	
135 × 8	135 × 8	135 × 8	135 × 8	135 × 8	
225 × 5	225 × 5	225 × 5	225 × 5	225 × 5	
315 × 3	315 × 3	315 × 3	315 × 5	315 × 3	
405 × 1	405 × 1	405 × 1	365 × 5	405 × 1	
435 × 1	455 × 1	455 × 1	405 × 5	455 × 1	
455 × 1	475 × 1	475 × 1	435 × 5	475 × 1	
475 × 1	495 × 1	495 × 1	450 × 5	505 × 3	
495 × 2/2	510 × 2/2	510 × 1	465 × 5		
		525 × 2/2			比賽

深蹲輔助練習：弓步走（3×8）和登階（3×6）。一整套的深蹲鍛鍊包括腿彎舉（3×10）、高腳杯式深蹲（3×8）、腿部推舉（3×12）和二頭肌彎舉（由你挑選）。

2/2＝2 組，每組 2 次；3/4＝3 組，每組 4 次。

表9.7 男子臥推訓練計畫示例（最佳：380磅／目標：400磅）

第一星期	第二星期	第三星期	第四星期	第五星期（減負荷）	第六星期
135 × 8	135 × 8	135 × 8	135 × 8	135 × 8	135 × 8
185 × 5	185 × 5	185 × 5	185 × 5	185 × 5	185 × 5
225 × 3	225 × 3	225 × 3	225 × 3	225 × 5	225 × 3
245 × 1	245 × 1	250 × 1	255 × 1	240 × 5	255 × 1
265 × 1	265 × 1	265 × 1	275 × 1	260 × 5	275 × 1
275 × 1	275 × 1	285 × 1	295 × 1	275 × 5	295 × 1
280 × 3/4	290 × 3/4	300 × 3/4	315 × 3/4		315 × 1
					330 × 3/4

第七星期	第八星期	第九星期	第十星期（減負荷）	第十一星期	比賽
135 × 8	135 × 8	135 × 8	135 × 8	135 × 8	
185 × 5	185 × 5	185 × 5	185 × 5	185 × 5	
225 × 3	225 × 3	225 × 3	225 × 5	225 × 3	
265 × 1	265 × 1	265 × 1	255 × 5	255 × 1	
285 × 1	285 × 1	285 × 1	275 × 5	275 × 1	
305 × 1	305 × 1	305 × 1	295 × 5	295 × 1	
320 × 1	320 × 1	325 × 1	305 × 5	320 × 1	
340 × 2/3	335 × 1	340 × 1	320 × 5	335 × 1	
	350 × 2/3	360 × 1		355 × 1	
		375 × 2/2		360 × 3	比賽

臥推輔助練習：單臂啞鈴推舉（3×5）和臉拉（3×15）。一整套的臥推鍛鍊包括雙手窄間距臥推（3×5）、直立划船（3×8）、側平舉（3×10）、啞鈴傾斜臥推（3×8）、前平舉（3×10）、三頭肌下推（3×15）和後三角肌平舉（3×10）。

2/2=2 組，每組 2 次；2/3=2 組，每組 3 次；3/4=3 組，每組 4 次。

表9.8　男子硬舉訓練計畫示例（最佳：575磅／目標：600磅）

第一星期	第二星期	第三星期	第四星期	第五星期（減負荷）	第六星期
135 × 8	135 × 8	135 × 8	135 × 8	135 × 8	135 × 8
225 × 5	225 × 5	225 × 5	225 × 5	225 × 5	225 × 5
315 × 3	315 × 3	315 × 3	315 × 3	275 × 5	315 × 3
335 × 1	365 × 1	365 × 1	365 × 1	315 × 5	365 × 1
385 × 1	405 × 1	405 × 1	405 × 1	365 × 5	405 × 1
425 × 3/4	435 × 3/4	435 × 1	435 × 1	405 × 5	455 × 1
		455 × 3/4	465 × 3/4		475 × 1
					495 × 3/4

第七星期	第八星期	第九星期	第十星期（減負荷）	第十一星期	
135 × 8	135 × 8	135 × 8	135 × 8	135 × 8	
225 × 5	225 × 5	225 × 5	225 × 5	225 × 5	
315 × 3	315 × 3	315 × 3	315 × 5	315 × 3	
365 × 1	365 × 1	365 × 1	365 × 5	365 × 1	
405 × 1	405 × 1	405 × 1	405 × 5	405 × 1	
455 × 1	455 × 1	455 × 1	435 × 5	455 × 1	
475 × 1	495 × 1	495 × 1	465 × 5	495 × 1	
495 × 1	515 × 1	525 × 1	485 × 5	525 × 1	
515 × 3/4	535 × 1	555 × 1		545 × 3	
	535 × 2/2	555 × 2/2			比賽

硬舉輔助練習：壺鈴擺盪（3×10）和引體向上（3×8）。一整套的硬舉鍛鍊包括 RDL（3×6）、滑輪下拉（3×10）、俯臥直腿後擺（3×10）、坐姿低划船（3×10）、槓鈴聳肩（3×10）和早安式（3×6)。

2/2=2 組，每組 2 次；3/4=3 組，每組 4 次。

表9.9　女子深蹲訓練計畫示例（最佳：235磅／目標：255磅）

第一星期	第二星期	第三星期	第四星期	第五星期（減負荷）	第六星期
95 × 8	95 × 8	95 × 8	95 × 8	95 × 8	115 × 8
125 × 5	125 × 5	125 × 5	125 × 5	115 × 5	135 × 5
145 × 3	145 × 3	145 × 3	145 × 3	135 × 5	155 × 3
155 × 1	160 × 1	160 × 3	160 × 1	145 × 5	175 × 1
165 × 1	170 × 1	170 × 1	180 × 1	155 × 5	195 × 1
175 × 4	185 × 4	180 × 1	190 × 1	165 × 5	215 × 1
175 × 4	185 × 4	195 × 4	205 × 4		220 × 2
	195 × 4		205 × 4		220 × 2

第七星期	第八星期	第九星期	第十星期（減負荷）	第十一星期	
125 × 8	135 × 8	135 × 8	95 × 8	135 × 8	
155 × 5	155 × 5	155 × 5	125 × 5	155 × 5	
155 × 3	165 × 3	175 × 3	145 × 5	165 × 3	
175 × 1	185 × 1	195 × 1	155 × 5	185 × 1	
195 × 1	205 × 1	205 × 1	185 × 5	205 × 1	
205 × 1	220 × 1	225 × 1	200 × 5	220 × 1	
220 × 1	230 × 1	240 × 1	215 × 5	235 × 3	
230 × 2	240 × 2	250 × 2			
230 × 2	240 × 2	250 × 2			比賽

深蹲輔助練習：弓步走（3×8）和登階（3×6）。一整套的深蹲鍛鍊包括腿彎舉（3×10）、高腳杯式深蹲（3×8）、腿部推舉（3×12）和二頭肌彎舉（由你挑選）。

表9.10　女子臥推訓練計畫示例（最佳：115磅／目標：125磅）

第一星期	第二星期	第三星期	第四星期	第五星期（減負荷）	第六星期
45 × 8	45 × 8	45 × 8	45 × 8	45 × 8	45 × 8
55 × 5	55 × 5	55 × 5	55 × 5	55 × 5	55 × 5
65 × 3	65 × 3	65 × 3	65 × 3	65 × 5	65 × 3
75 × 1	75 × 1	75 × 1	75 × 1	70 × 5	75 × 1
80 × 4	80 × 1	85 × 1	85 × 1	75 × 5	85 × 1
80 × 4	85 × 4	90 × 4	95 × 4		95 × 1
	85 × 4	90 × 4	95 × 4		105 × 2
					105 × 2

第七星期	第八星期	第九星期	第十星期（減負荷）	第十一星期	
45 × 8	45 × 8	45 × 8	45 × 8	45 × 8	
55 × 5	55 × 5	55 × 5	55 × 5	55 × 5	
65 × 3	65 × 3	65 × 3	65 × 5	65 × 3	
75 × 1	75 × 1	75 × 1	70 × 5	75 × 1	
85 × 1	85 × 1	85 × 1	85 × 5	85 × 1	
95 × 1	95 × 1	95 × 1	95 × 5	95 × 1	
105 × 1	105 × 1	105 × 1	105 × 5	105 × 1	
110 × 2	115 × 2	115 × 1		110 × 3	
110 × 2	115 × 2	120 × 2			
		120 × 2			比賽

臥推輔助練習：單臂啞鈴推舉（3×5）和臉拉（3×15）。一整套的臥推鍛鍊包括雙手窄間距臥推（3×5）、直立划船（3×8）、側平舉（3×10）、啞鈴傾斜臥推（3×8）、前平舉（3×10）、三頭肌下推（3×15）和後三角肌平舉（3×10）。

表9.11　女子硬舉訓練計畫示例（最佳：280磅／目標：300磅）

第一星期	第二星期	第三星期	第四星期	第五星期（減負荷）	第六星期
95 × 8	95 × 8	115 × 8	115 × 8	95 × 8	135 × 8
125 × 5	125 × 5	135 × 5	135 × 5	125 × 5	155 × 5
145 × 3	145 × 3	155 × 3	155 × 3	145 × 5	175 × 3
160 × 1	160 × 1	175 × 1	175 × 1	155 × 5	195 × 1
180 × 1	180 × 1	195 × 1	195 × 1	165 × 5	215 × 1
195 × 4	205 × 4	205 × 1	205 × 1	185 × 5	230 × 1
195 × 4	205 × 4	220 × 4	225 × 4		240 × 2
		220 × 4	225 × 4		240 × 2

第七星期	第八星期	第九星期	第十星期（減負荷）	第十一星期	
135 × 8	135 × 8	135 × 8	115 × 8	135 × 8	
155 × 5	165 × 5	165 × 5	135 × 5	165 × 5	
175 × 3	185 × 3	185 × 3	155 × 5	185 × 3	
195 × 1	205 × 1	205 × 1	175 × 5	205 × 1	
215 × 1	225 × 1	225 × 1	195 × 5	225 × 1	
230 × 1	240 × 1	240 × 1	215 × 5	240 × 1	
240 × 1	255 × 1	255 × 1	230 × 5	255 × 3	
	265 × 2	270 × 2			
	265 × 2	270 × 2			比賽

硬舉輔助練習：壺鈴擺盪（3×10）和引體向上（3×8）。一整套的硬舉鍛鍊包括 RDL（3×6）、滑輪下拉（3×10）、俯臥直腿後擺（3×10）、坐姿低划船（3×10）、槓鈴聳肩（3×10）和早安式（3×6）。

帶裝備的訓練

在訓練週期的過程中，你可能會添加舉重裝備，例如護膝、壓力褲、舉重腰帶、舉重服、臥推衫和護腕，但這些裝備都只能在訓練時用。隨著比賽越來越近，你可以開始改用在比賽中穿戴的正式裝備。

關於穿著裝備訓練的爭論不斷出現，如果你舉重的時候始終不使用裝備，那你就不會有添購裝備的問題。有一種觀點認為，如果做無裝備訓練，你會盡可能讓自己變更強壯，以至於之後當你添上裝備時，總成績就能大幅提升。另外一種相反的理論強調，你應該抓住機會，盡量進行有裝備的訓練，這樣你就可以學會使用裝備，並適應拉舉更大的重量。這兩種流派不一定都是錯的，不過，另外還有一條中庸路線可走。你可以做些無裝備的舉重，讓自己盡量變強變壯，但也要學習穿戴裝備，才能最有效率地使用那些裝備。

競技運動起源於古希臘的和平時期。古希臘人每四年就聚在雅典舉辦奧運會。士兵接受訓練之後投身競賽，看看誰的軍隊比較優秀。比賽的目的在於選出跑得最快的人，利用全速衝刺造成最大傷害，此外，還會選出最會使用長矛、鉛球或鐵餅等戰爭武器的人，從遠處給對手造成最大傷害。有的競賽比的是誰的信使能以最快的速度跑完26.2英里（42.2公里）的長距。到了現代，又加入兩種較量高度的運動項目：跳高和撐竿跳。撐竿跳的運動員除了盡量跑得快、跳得高之外，還可以藉著學習撐竿的時機和位置來提升成績。如果他們只訓練撐竿的技術，那麼運動員就無法跑得那麼快，也就無從獲得動力，也不能在高跳之際，憑自己的本事用竿子來傳遞動力了。同樣，如果撐竿跳運動員完成所有的跳躍和速度訓練，卻不重視用竿技巧，也會因不熟悉撐竿時機，而無法在比賽中取得佳績。撐竿跳運動員確實會使用竿子進行鍛鍊，但也在不用竿的情況下進行跳躍訓練，或執行簡單的跑步速度練習。

舉重運動員需要進行有裝備的訓練，以便了解如何使用自己的裝備，但也需要在整體上變得更強更壯。他們必須接受有裝備訓練，這樣比賽當天方能締造佳績，但同時也必須提高無裝肌力。如果只注重其中一項而忽略另一項，就會顧此失彼，無法在比賽日大顯身手。如果兩者都能兼顧，即可將自身的潛力發揮到極致，也可以在比賽日締造個人紀錄。

要添加什麼裝備，以及何時添加？這個問題有點棘手。每個聯合會都有不同的裝備規則，每個舉重運動員也都有一套專為自己量身訂做的訓練計畫。基本上，首先添加的應是緊身褲或護膝，然後才是舉重服的下襬，最後才將肩帶繫上舉重服。一般而言，你應在訓練的過程中逐步增加裝備的強度。關於裝備，有種理論相當流行：盡可能不去使用它，如此一來，當你一旦用上裝備時，拉舉的重量就會顯得輕些。

臥推和硬舉都與深蹲不同，因為前兩者用上的裝備要少得多。說到臥推裝備，該

穿臥推T恤的那天就只須穿上臥推T恤。你穿上T恤，把它調整好，然後就推舉當天該推舉的重量。除了臥推T恤外，唯一的附加裝備只有護腕和用來固定T恤的腰帶。如果沒有腰帶，T恤會被擠到脖子這個較高的位置，使用較輕的重量還可以觸胸。然而，隨著所舉的重量增加，臥推T恤最終還是需要固定到位，這時就是繫上皮帶的時候了。相反，有些舉重運動員喜歡一開始就把臥推T恤穿到位，而且每次重複動作時，T恤必須完全貼身。在這些舉重者看來，只要穿上臥推T恤，腰帶就須立刻繫上，而槓鈴移動的距離會因練習的組別而異。槓鈴承載的重量越大，槓鈴就會越貼近胸部。

硬舉就像臥推，用到的裝備也很少。有些人其實只是因為找不到合適的硬舉服，所才在硬舉時繫上腰帶。當然，如果不會用到裝備，則無需擔心添加裝備的問題。如果穿戴裝備，前提只能是協助舉重運動員在重複動作時將形式做得正確。例如，舉重者舉的不是很重的重量，而是太輕的，結果讓他不得不彎曲背部或膝蓋朝不尋常的方向彎曲，那就不應該穿舉重服。舉重服越緊，它能提供的幫助就越大，整體效果就越高。如果在整個運動過程中能承受繃緊的裝備，且從頭到尾將形式做到位，你就可以從裝備中獲得更多的幫助，並且提高整體成績。

不過，話說回來，你受得了繃緊的舉重服嗎？舉重服會不會破壞這項運動帶來的樂趣呢？雖然健力的目標在於舉起的重量越大越好，但你也應該在執行的過程中玩得開心呀。如果你的主要目標在於締造個人紀錄，同時不斷提升自己的總成績，那麼就沒必要依賴緊身裝備，尤其如果你不喜歡那種感覺，那就更沒必要了。

其他舉重運動員可能會讓你穿上不適合的裝備，也就是可能整體太緊，或是某些部位太緊。這種裝備總是因人而異的，所以一定要選擇最適合你的。你不會想要重新適應舉重服因尺寸變化而造成的不適感。此外，如果你不喜歡緊身裝備卻硬要穿戴，那你的注意力就不再全然集中於能讓你成功舉起重量的那一刻，而是集中於緊身裝備所造成的不適。你被迫一心二用，既要做好姿勢，又要避免疼痛。穿戴較緊的裝備會導致你喪失注意力，進而令你的總成績下降。你選的舉重服不要太鬆，因為這樣你什麼好處也得不到，但也不要太緊，以至於改變你的姿勢和技術。選一套舒適的裝備，它會幫助你在舉重時充分發揮潛力。

無論舉重服有多緊，你始終都必須強制自己做好形式。務必記住，你是控制包覆在你身體的裝備把技術輸送出去，而不要讓緊身服將你的肩膀推向前，並導致你的頭部從臥推上抬起來。萬一發生這種情況，原因要麼是你沒有堅持將形式做到位，要麼是你承受不了那麼緊的舉重服。同樣，深蹲服上的束緊帶可能會迫使你的肩膀向前彎曲，造成你在訓練過程中學到的形式走樣。堅持將形式做到位，同時強制裝備依照你的意志來配合你，唯有這樣，你才能充分利用裝備。如果能將舉重服伸展得更緊，你將可獲得更多的回彈效果。

你須足夠強壯且訓練有素，這樣才應付得了較緊的裝備。一旦你無法將形式做到

位，這就是你的舉重服太緊了，你穿戴的裝備超過你目前的能力。阻礙你使用較緊裝備的，可能不是某些特定肌群的肌力，例如，在臥推過程中，胸肌和三頭肌雖受到舉重服緊緊包覆，但可能仍強壯到足以推舉重量，可是如果背闊肌和上背部不夠強壯，那麼你的形式還是無法做好。你雖穿著舉重服做動作，卻無法最大限度地發揮你的肌力。遇到這種情況，你最好換大一點的舉重服，因為如果盡力將形式做到位，這樣能產生更多的回彈力，幫你從動作的低位向上推舉更大的重量。還記得「一條鏈條的強度取決於鏈條中最弱的那一環」這句話嗎？說到裝備尤其如此。

健力的迷人之處在於它是一項個人運動。如果你專注於提升自己的身體和精神，是否能從更緊身的舉重服中獲益就不再那麼重要了。你只需打敗自己即可。

經驗豐富的舉重運動員，平均職業生涯是三年。不少舉重者的活動年限確實很長，但也有許多人只參加過一兩次比賽就退出了。通常是因為對自己比賽的成績感到沮喪的結果。你再如何努力都達不到傑森・佛萊、唐尼・湯普森、安迪・博爾頓或艾普爾・馬西斯分別在臥推、深蹲、硬舉和綜合項目上所締造的佳績，那為什麼還要嘗試呢？這樣想就是放錯焦點了。你應該把焦點轉向自己的內在，設法突破自己的學習高原，並盡可能攀上自己的最高峰。如果你總拿自己和別人比較，當然會覺得自己的不足。試著檢視自己，克服你外部或內部的掙扎，健力可以成為一個很好的切入點，讓你把自己推向更高的層次。

輔助練習與受訓熟手

輔助練習對於已有經驗的受訓員來說更有必要。截至目前，所有的動作形式應該都已練得很好了。現在，決定舉重運動員能否打破個人紀錄的關鍵，往往就是輔助練習了。

對於有經驗的舉重者來說，輔助練習可以更加專業化、個人化。例如，有兩個人正設法要改進臥推表現，並知道自己需要加強背部肌力。其中一位做引體向上，以提高背部肌力，另一位則選擇張力很大的彈力帶肩關節後拉運動，以加強那些被舉重服拉開的肌肉。這兩位舉重者都知道加強背闊肌的必要，但是第二位舉重者的經驗讓他知道如何對症下藥，並選擇適合的練習。

拉里・帕西菲可曾經說過，他在硬舉方面的輔助練習是讓他提升硬舉成績的因素。當你成為更有經驗的舉重運動員時，你會注意到哪些輔助練習最能提升自己的舉重能力。例如舉重者因練了負重量大的T槓划船和布拉德福德推舉，臥推表現進步迅速。這些動作是專門針對弱點而設計的，所以透過練習，舉重者的臥推表現會在一段時間內明顯進步。然而時間一長，這些練習最終將不再發揮功效。鏈條上最脆弱的一環已獲強化，該是尋找另一套練習的時候了。

如果你能了解練習性質、不同的障礙點，以及克服這些障礙點的方法，那麼事情就容易了。你碰上障礙的地方即是鏈條中最脆弱那一環。選擇合適的練習可以幫助你加強脆弱的環節，從而改善你的舉重表現。

總結

對於已有經驗的舉重者來說，了解自己的身體並且知道什麼練習有效、什麼練習無效，這才是最重要的。無論如何，你都不該等到比賽當天才來試驗新的裝備。休賽期間不妨嘗試一些新東西。

第十章
進階訓練

在採用前面章節介紹的方法後，你應已得到不少的收穫，也累積寶貴的經驗。這時，你需要添加一些難度，繼續提升實力。就像玩電子遊戲那樣，在你還沒過完這關前，是無法進到下一關的。在嘗試更高階的計畫前，舉重者應該先扎實練習自己所選擇的低階方法，為期至少一年，有時甚至更長。這裡有個不錯建議：繼續採用基本的方法，直到進步速度變慢為止。到那時候，你就應該改變常規練習了。如果你心急，過早切入高階練習，那麼之前得到的進步可能就停止並消失，而且一去不復返了。

波動週期

波動週期可以採用兩種較高階的方法，這點我們在第七章裡首次探討過。第一種方法是以波動方式練習，而第二種方法則是在同一練習中以波動方式變換速度。這兩種方法很少人使用，也很少人討論，但其實都很有效。

波動練習法就是交替變換練習動作。以臥推為例，你可能做一天臥推、一天斜推，然後再做一天下斜臥推。從這一點來看，你可以採用四種不同方式：以相同的最大重複次數（RM）直接進行鍛鍊；每種練習以不同的RM進行鍛鍊，但週週保持相同的RM；每種練習以不同的RM進行鍛鍊，而且週週改變一次RM；改變每種練習的速度。

相同的最大重複次數

在舉重過程中，從頭到尾執行相同的最大重複次數。你要建構自己的臥推實力，並在臥推、雙手窄間距臥推和地板臥推上採用3RM。每次在做一整套鍛鍊時，你都採用3RM，但會改變練習的項目。你可以根據需要循環執行盡可能多的練習項目（本示例僅採用上述三個）。讀者務必了解，在保持RM相同不變的情況下，最要緊的是，盡量改變練習項目，但每一種練習還是必須重複三週，以確保提高肌力。在原來的週期法中，改變重複次數的目的在於讓神經系統適應不同的刺激。然而，採用這種改變練習項目的進階方法亦能讓神經系統適應不同的刺激。不過，由於你沒有降低強度，所以可能每隔四到六週就該安排一次減負荷，以免發生過度訓練的現象。只要在至少每隔一套到三套的訓練中，RM都有持續進步，那麼無論是藉由提高重複次數還是增加負荷，你都可以

取得進步。

表10.1、10.2和10.3說明了採用此方法的計畫範例。

表10.1 採用波動週期的訓練計畫範例：每週訓練一套，相同的RM

週序	第一套完整鍛鍊
1	臥推 3RM
2	雙手窄間距臥推 3RM
3	地板臥推 3RM
4	臥推 3RM
5	雙手窄間距臥推 3RM
6	地板臥推 3RM
7	臥推 3RM
8	雙手窄間距臥推 3RM
9	地板臥推 3RM

表10.2 採用波動週期的訓練計畫範例：每週訓練二套，相同的RM

週序	第一套完整鍛鍊	第二套完整鍛鍊
1	臥推 3RM	雙手窄間距臥推 3RM
2	地板臥推 3RM	臥推 3RM
3	雙手窄間距臥推 3RM	地板臥推 3RM
4	臥推 3RM	雙手窄間距臥推 3RM
5	地板臥推 3RM	臥推 3RM
6	雙手窄間距臥推 3RM	地板臥推 3RM
7	臥推 3RM	雙手窄間距臥推 3RM
8	地板臥推 3RM	臥推 3RM
9	雙手窄間距臥推 3RM	地板臥推 3RM

表10.3 採用波動週期的訓練計畫範例：每週訓練三套，相同的RM

週序	第一套完整鍛鍊	第二套完整鍛鍊	第三套完整鍛鍊
1	臥推 3RM	雙手窄間距臥推 3RM	地板臥推 3RM
2	臥推 3RM	雙手窄間距臥推 3RM	地板臥推 3RM
3	臥推 3RM	雙手窄間距臥推 3RM	地板臥推 3RM
4	臥推 3RM	雙手窄間距臥推 3RM	地板臥推 3RM
5	臥推 3RM	雙手窄間距臥推 3RM	地板臥推 3RM
6	臥推 3RM	雙手窄間距臥推 3RM	地板臥推 3RM
7	臥推 3RM	雙手窄間距臥推 3RM	地板臥推 3RM
8	臥推 3RM	雙手窄間距臥推 3RM	地板臥推 3RM
9	臥推 3RM	雙手窄間距臥推 3RM	地板臥推 3RM

每次練習的最大重複次數都改變

在波動週期法的下一個變體中，舉重者將繼續採用相同的臥推、雙手窄間距臥推和地板臥推練習。在這套步驟中，你可以在每一套完整的鍛鍊裡更改練習項目。每項練習都有一套RM，但每種練習的RM都不同。這是養成肌肥大更理想的方法，因為以更多的重複次數加以落實。如果你做重複動作時用的標準低於5RM，很快就會引發過度訓練。如果你希望以較低的重複次數來執行此方法，那麼請在每隔二或三週的訓練後，就進行一次減負荷。如果不這樣做，到第四週時你的表現可能會退步。

目標是讓肌肉變得更大，並提升臥推1RM的肌力。請記住，這不是一套特定的鍛鍊，是可以任意安插在任何練習中的，只要你確定是合適的練習即可。例如，想要發展臥推實力卻安插了腿部彎舉練習。不妨選擇多關節的練習當作你的主要練習，並將單關節練習保留為補充練習。練習項目現在既然已經選好，接下來就決定RM。你應該將目標放在比較高的RM，所以就採用5RM、8RM，最後是12RM吧。在這個範例中，臥推採用5RM，雙手窄間距臥推採用8RM，而地板臥推則訂在12RM。在表10.4、10.5和10.6中，你可以看到，在每次鍛鍊中RM是如何交替的。也請注意，各項練習是如何以相同的順序重複的。這樣能將同一種鍛鍊間隔開來，讓身體從練習和重複動作的計畫中恢復過來，如此便可做到最足夠的恢復以及最可觀的肌力改善。

表10.4　採用波動週期的訓練計畫範例：每週訓練一套，每項練習採用不同的RM

週序	第一套完整鍛鍊
1	地板臥推 12RM
2	雙手窄間距臥推 8RM
3	臥推 5RM
4	地板臥推 12RM
5	雙手窄間距臥推 8RM
6	臥推 5RM
7	地板臥推 12RM
8	雙手窄間距臥推 8RM
9	臥推 5RM

表 10.5　採用波動週期的訓練計畫範例：每週訓練二套，每項練習採用不同的RM

週序	第一套完整鍛鍊	第二套完整鍛鍊
1	地板臥推 12RM	雙手窄間距臥推 8RM
2	臥推 5RM	地板臥推 12RM
3	雙手窄間距臥推 8RM	臥推 5RM
4	地板臥推 12RM	雙手窄間距臥推 8RM
5	臥推 5RM	地板臥推 12RM
6	雙手窄間距臥推 8RM	臥推 5RM
7	地板臥推 12RM	雙手窄間距臥推 8RM
8	臥推 5RM	地板臥推 12RM
9	雙手窄間距臥推 8RM	臥推 5RM

表 10.6　採用波動週期的訓練計畫範例：每週訓練三次，每項練習採用不同的RM

週序	第一套完整鍛鍊	第二套完整鍛鍊	第三套完整鍛鍊
1	地板臥推 12RM	雙手窄間距臥推 8RM	臥推 5RM
2	地板臥推 12RM	雙手窄間距臥推 8RM	臥推 5RM
3	地板臥推 12RM	雙手窄間距臥推 8RM	臥推 5RM
4	地板臥推 12RM	雙手窄間距臥推 8RM	臥推 5RM
5	地板臥推 12RM	雙手窄間距臥推 8RM	臥推 5RM
6	地板臥推 12RM	雙手窄間距臥推 8RM	臥推 5RM
7	地板臥推 12RM	雙手窄間距臥推 8RM	臥推 5RM
8	地板臥推 12RM	雙手窄間距臥推 8RM	臥推 5RM
9	地板臥推 12RM	雙手窄間距臥推 8RM	臥推 5RM

週週改變一次RM

　　在波動週期這種變化RM的練習方法中，練習項目保持不變，但重複次數每週都全面變化。也就是說，如果第一週都做12RM，那麼你第一週做的每項運動都以12RM執行。如果第二週都做8RM，那麼你該週做的每項運動都以8RM執行。該採用多少RM完取決於你的目標，這點我們在第七章介紹的基本方法中已討論過。如果你想增加力量強度，就請選擇較高的RM，但如果你想提升的是肌力，那麼請採用較低的RM。表10.7、10.8和10.9說明採用此方法的步驟範例。

表10.7　採用波動週期的訓練計畫範例：每週做一套完整鍛鍊，週週採用不同的 RM

週序	第一套完整鍛鍊
1	地板臥推 12RM
2	雙手窄間距臥推 8RM
3	臥推 5RM
4	地板臥推 6RM
5	雙手窄間距臥推 10RM
6	臥推 4RM
7	地板臥推 3RM
8	雙手窄間距臥推 10RM
9	臥推 1RM

表10.8　採用波動週期的訓練計畫範例：每週做二套完整鍛鍊，週週採用不同的 RM

週序	第一套完整鍛鍊	第二套完整鍛鍊
1	地板臥推 10RM	雙手窄間距臥推 10RM
2	臥推 5RM	地板臥推 5RM
3	雙手窄間距臥推 2RM	臥推 2RM
4	地板臥推 12RM	雙手窄間距臥推 12RM
5	臥推 3RM	地板臥推 3RM
6	雙手窄間距臥推 6RM	臥推 6RM
7	地板臥推 1RM	雙手窄間距臥推 1RM
8	臥推 10RM	地板臥推 10RM
9	雙手窄間距臥推 5RM	臥推 5RM

表10.9　採用波動週期的訓練計畫範例：每週做三套完整鍛鍊，週週採用不同的 RM

週序	第一套完整鍛鍊	第二套完整鍛鍊	第三套完整鍛鍊
1	地板臥推 12RM	雙手窄間距臥推 12RM	臥推 12RM
2	地板臥推 2RM	雙手窄間距臥推 2RM	臥推 2RM
3	地板臥推 8RM	雙手窄間距臥推 8RM	臥推 8RM
4	地板臥推 4RM	雙手窄間距臥推 4RM	臥推 4RM
5	地板臥推 1RM	雙手窄間距臥推 1RM	臥推 1RM
6	地板臥推 10RM	雙手窄間距臥推 10RM	臥推 10RM
7	地板臥推 3RM	雙手窄間距臥推 3RM	臥推 3RM
8	地板臥推 6RM	雙手窄間距臥推 6RM	臥推 6RM
9	地板臥推 1RM	雙手窄間距臥推 1RM	臥推 1RM

改變練習速度

最後一種波動週期的進階方法在於改變運動的速度。到目前為止，我們對這種方法還未過多著墨，因為這方法需要特殊的設備來測量槓鈴的速度。測量速度可以確保你要開發的項目。每個項目都有一種特別速度，如果訓練未能達到該速度，那就等於沒訓練到這個項目了。這又回到了所謂的「特定適應性訓練」（SAID）。也就是說，身體能特別適應施加其上的要求。還記得第一章提到的大錘例子嗎？過了最初的三週後，那位工人已經可以整天輕易地揮動大錘，但如果他換了一把更重的大錘子，下班時他應該還是累到無法動彈。

速度是測定特定肌力的標準。快速概覽一下如下數據，我們可以看到不同速度及其所能改善的地方。如果你以每秒0.1-0.4公尺的速度區間訓練競賽項目中的任何一項（臥推、深蹲或硬舉），那麼你開發的就是絕對肌力。如果你以每秒0.6-0.8公尺的速度區間訓練，那麼你開發的就是加速肌力。如果速度落在每秒0.8-1.0公尺的範圍內，你開發的則是肌力－速度。（最高速度法正落在這個範圍內。）如果你以每秒1.1-1.5公尺的速度區間訓練，那麼你開發的就是速度－肌力了。肌力－速度和速度－肌力之間的差異是你最該重視的。在肌力－速度中，肌力是第一要務，而速度則擺第二，你應試著以適當快的速度移動較大的重量。然而在速度－肌力的組合中，速度變成第一要務，而肌力則降為第二，你反而要以盡量快的速度移動較輕的重量。當然，還有許多為特定運動設計的其他速度、練習與特殊肌力，目前介紹的只是一些主要的內容。其他的舉重和特殊肌力主要在發展其他運動中運動員的特徵。

你必須以盡可能快的發力率（RFD）和正確的技術來執行每一次的重複動作。如果技術做不到位或是速度不夠，那麼該次重複則不能納入計算。如果槓鈴移動的速度高於該組動作預計執行的範圍，就需增加槓鈴重量，因為槓鈴重量太輕的話，你就無法強化所針對的特質。反過來看，如果槓鈴移動的速度低於該組動作預計執行的範圍，則需卸掉槓鈴一部分的重量，因為槓鈴重量太大的話，你也無法強化所針對的特質。

速度可以決定發展的特質，現在你既已了解這一重要事實，那麼不妨照做之前範例中的相同練習，以便在一週內將幾項特質開發起來。你同時開發的特質原則上兩個，最多不要超過三個，所以每週執行二次或三次的一整套完整鍛鍊。你可以二次鍛鍊過程都做相同的練習（但變換不同的速度）以開發你所需的特質。

由於你使用較輕的重量，因此提高速度的練習會有助於恢復。不妨將這點想像成一天輕鬆的工作，但這不是要你以較輕重量增加一點肌肉或是讓你覺得舒服而已，而是在那一天開發某一項特質。

在這些特質中，你當天應該為該特質做到1RM的程度。這使你可以保持肌力並盡量充分開發這些特質。表10.10和10.11展示了採用此方法的一整套鍛鍊範例。

表10.10　採用波動週期的訓練計畫範例：每週做二套完整鍛鍊，週週採用不同的速度

週序	第一套完整鍛鍊	第二套完整鍛鍊
1	臥推 0.1-0.4 公尺／秒	臥推 0.8-1.0 公尺／秒
2	臥推 0.6-0.8 公尺／秒	臥推 1.1-1.5 公尺／秒
3	臥推 0.1-0.4 公尺／秒	臥推 0.8-1.0 公尺／秒
4	臥推 0.6-0.8 公尺／秒	臥推 1.1-1.5 公尺／秒
5	臥推 0.1-0.4 公尺／秒	臥推 0.8-1.0 公尺／秒
6	臥推 0.6-0.8 公尺／秒	臥推 1.1-1.5 公尺／秒
7	臥推 0.1-0.4 公尺／秒	臥推 0.8-1.0 公尺／秒
8	臥推 0.6-0.8 公尺／秒	臥推 1.1-1.5 公尺／秒
9	臥推 0.8-1.0 公尺／秒	臥推 0.1-0.4 公尺／秒

表10.11　採用波動週期的訓練計畫範例：每週做三套完整鍛鍊，週週採用不同的速度

週序	第一套完整鍛鍊	第二套完整鍛鍊	第三套完整鍛鍊
1	臥推 0.1-0.4 公尺／秒	臥推 0.8-1.0 公尺／秒	臥推 1.1-1.4 公尺／秒
2	臥推 0.6-0.8 公尺／秒	臥推 1.1-1.4 公尺／秒	臥推 0.1-0.4 公尺／秒
3	臥推 0.8-1.0 公尺／秒	臥推 0.6-0.8 公尺／秒	臥推 1.1-1.4 公尺／秒
4	臥推 0.1-0.4 公尺／秒	臥推 0.8-1.0 公尺／秒	臥推 1.1 1.4 公尺／秒
5	臥推 0.6-0.8 公尺／秒	臥推 1.1-1.4 公尺／秒	臥推 0.1-0.4 公尺／秒
6	臥推 0.8-1.0 公尺／秒	臥推 0.6-0.8 公尺／秒	臥推 1.1-1.4 公尺／秒
7	臥推 0.1-0.4 公尺／秒	臥推 0.8-1.0 公尺／秒	臥推 1.1-1.4 公尺／秒
8	臥推 0.6-0.8 公尺／秒	臥推 1.1-1.4 公尺／秒	臥推 0.1-0.4 公尺／秒
9	臥推 0.8-1.0 公尺／秒	臥推 0.6-0.8 公尺／秒	臥推 1.1-1.4 公尺／秒

共軛法

本節討論共軛法的進階選項是變動阻力（彈力帶和鏈條）、懸垂壺鈴、彈力帶輔助和簡易的峰值估算。

變動阻力

基本上，變動阻力意味，當你處於最大的力學優勢時，阻力也是最大的。鸚鵡螺機的發明者亞瑟‧瓊斯曾規畫出一些步驟程序，利用各種凸輪來增加舉重者的舉重阻力。這是一個了不起的概念，讓舉重者在整個運動範圍內持續施加力量。然而，鸚鵡螺機的局限性在於無法針對不同的肢體長度進行調整。而當前的變動阻力模式（彈力帶和鏈條）則能確保這種靈活性。

　　幾乎所有的練習都可以使用鏈條或彈力帶。有些練習除了重量外，還另外加上鏈條或彈力帶，更有一些只採用鏈條或彈力帶作為唯一的阻力。以早安式為例吧，你可以只用直槓身槓鈴執行早安式，但也可做下列不同的早安式：鏈條早安式、槓鈴加鏈條早安式、彈力帶早安式、槓鈴加彈力帶早安式，以及鏈條、彈力帶和槓鈴並用的早安式。只要加進變動阻力，一種練習就可擴增到七種，供你在最大負重日時採用。更換槓身又可以讓上述的七種倍增。例如，如果你用直槓、拱形槓和安全槓，就可以做二十一種練習，而改變雙腳間距（標準、窄距和寬距）甚至能產生多達六十三種的練習。只怕你想像力不夠，不怕沒有招式玩。

鏈條

　　每個鏈條的重量為18-50磅（8.2-22.7公斤）。這些鏈條會另外以較細的鏈條連上槓鈴槓身，當舉重位於動作低位時，鏈條的重量會完全卸載到地板上，但當舉重位於動作的高位時，鏈條約80%到90%的部分會離開地面，因此增加槓鈴的阻力（圖10.1）。使用鏈條時，加載和卸載的重量必須正確。市面上常見的是加上軸環的沉重鏈條，可以讓你將整個重量從地板上拉抬起來，這樣幾乎沒有卸載的重量，這種設備不會引起預期反應，因為阻力沒有變，整個重量都會掛在槓鈴上。倒不是說懸離地面亂晃的鏈條不具額外的訓練效果，這種鏈條確實能發揮額外效果，畢竟不斷變化方向的阻力能發揮喚醒肌肉運動知覺的作用，只是不會達到預期的變動阻力效果而已。當然，也有更有效的非均勻訓練法，我們會在懸垂壺鈴訓練的部分加以討論。

　　加上鏈條有什麼好處？不就只是增加槓鈴的重量罷了？為什麼不乾脆直接在槓身上多掛一些槓片就好呢？只要鏈條懸掛得當，你就可做加速運動。連續三屆世界鉛球比賽冠軍、並贏得2008年奧運會鉛球項目銀牌的美國選手克里斯蒂安‧坎特威爾，曾採用鏈條訓練來提升實力。他認為傳統的舉重訓練動作只會讓他在動作的高位時放慢速度，而添加鏈條後，整個運動過程中都能加速，並在動作結束、處於高位時的那一刻提高肌力和發力率，可以訓練他在動作結束的那一刻將鉛球推到盡可能遠的距離。如果沒有使用鎖鏈，他就無法訓練身體以締造佳績，而最終的成果可能大不相同。

圖 10.1：使用鏈條進行臥推。

彈力帶

　　彈力帶能提供一些和鏈條相同的好處，但它們又有不同之處。彈力帶安裝起來比較省事，又可以讓槓鈴產生更多的張力。彈力帶對身體還有另一個影響。鏈條只能單純地加載和卸載，而彈力帶則能加速舉重離心部分的重量。根據艾薩克·牛頓的理論，我們知道，每一動作都有一個對等和相反的作用力。下去得越快，上來得也越快。可以舉籃球的彈跳為例，如果把籃球舉到肩膀的高度然後放手，籃球觸及地面後會回彈大約原先一半的高度（或與腰部等高）。如果你用力把球攫向地面，因為你施加了額外的力，籃球回彈的高度就會比原來的更高。彈力帶能教你如何更快速地移動。

　　彈力帶對關節結締組織所施的壓力往往較大。開始使用彈力帶練習時，不要超過三週。過了第一波之後，請把槓鈴上的彈力帶取下，並在接下來的三週內改用鏈條或完全不使用變動阻力。過了這一階段，你可以再回頭用彈力帶。隨著時間的推移，身體會適應這種阻力，你不妨以一週用、一週不用的節奏使用彈力帶。但是，在這樣訓練之前，你要有好幾年的時間適應彈力帶的練習週期。

　　彈力帶的潛在力量，對許多健力運動員的肌力發展能產生相當深遠的影響，其卸載量和負載量都十分驚人。舉重者在深蹲動作的高位時，站著撐住700磅（318.2公斤）相當容易，而在深蹲最困難的點上，卻只能承受300磅（136.4公斤）的重量。

　　至於每條彈力帶能提供多少張力？如何計算槓身上的張力有多少？這些問題仍引發許多爭論。問題的關鍵在於，彈力帶的每種綁法都會產生不同程度的張力。因為涉及到如此多的變數，以至於沒有明確的張力。不過，有一組變數倒是固定的，那就是彈力帶的張力強度與其寬度成正比。彈力帶張力的大小由低至高分別命名為迷你、輕度、普通、強大和超強。

　　當你將彈力帶綁到各種不同設備執行深蹲、早安式、臥推或其他練習時，請先確認該設備不會晃動。你站立時所承受的重量加上彈力帶的張力很巨大，所以萬一舉重架翻倒了，你就會摔出去。顯然，任何一間健身房都不樂見發生這種不安全的情況，因為醫療費用以及設備的維修費用很高昂。確保舉重架或設備不會晃動的方法有很多種。第一種、也是最簡單的方法，是將舉重架或設備用螺栓固定在地板上，這種舉重架幾乎不會翻倒。另一種方法是在舉重架上增加重量，直到它產生暫時的錨固現象。每個舉重架都不一樣，因此要花點時間弄清楚槓片或啞鈴應該放在哪裡才好，關鍵在於防止設備損壞、避免人員受傷。進行試驗時，最好有六個人在場：一個負責舉重，一個站到後面，兩個站在側面充當幫補手，兩個負責觀察舉重架是否會傾倒。要六個人合作一天很不容易，但這是最好的方法。

　　確認知道如何正確綁好彈力帶。如果舉重架設有彈力帶插銷（圖10.2），請務必加以使用。如果舉重架不帶彈力帶插銷，那麼請將彈力帶綁到舉重架底部的支架橫桿或是使用啞鈴。

　　將彈力帶綁上舉重架底部時，只需讓帶子扣住橫桿即可。如果張力不夠，那在讓帶子扣住橫桿之前，請先將木塊安置在橫桿旁（圖10.3），然後再綁緊彈力帶，以便它在頂部產生更大的張力。彈力帶如果綁得夠緊，那麼扣鎖的力量自然會將木塊固定到位。萬一扣鎖得不夠緊，那麼木塊可能滑動並且脫落，從而導致張力改變、槓鈴移動，同時可能造成受傷。

　　如果你使用啞鈴，則每一條彈力帶至少需綁上兩個重型啞鈴（圖10.4）。彈力帶必須環繞第一個啞鈴一圈，然後穿過第二個啞鈴的下方。盡可能使用最重的啞鈴，確認啞鈴的重量大於槓鈴上彈力帶的張力。如果不符合這一原則，你舉起槓鈴時，啞鈴就會懸掛在槓鈴末端晃盪，因為啞鈴的重量不足以固定彈力帶。此外，啞鈴要放在槓片的外側，可以防止啞鈴移動。安全是舉重運動首要考量的因素，必須排除環境中一切潛在的危機。

圖 10.2：將彈力帶固定在彈力帶插銷上。

圖 10.3：在底桿加上木塊以增加張力。

圖 10.4：利用啞鈴固定彈力帶。

懸垂壺鈴訓練

懸垂壺鈴訓練是利用繩子或彈力帶將壺鈴懸掛在槓鈴上來完成的。懸垂壺鈴訓練的用意旨在造成高度混亂，因此你必須對槓鈴上難以捉摸的壺鈴做出反應。這需要高度的肌肉運動知覺。速度和張力不停變化，這會導致肌肉劇烈收縮。這種練習還有一個好處：將混亂訓練帶入運動中。壺鈴為訓練過程創造了一個混亂的環境，重力不斷移動迫使舉重者改變軌跡，並且要在無暇思考的情況下迅速做出反應。這點對運動訓練很重要。最近肌力的訓練趨勢講究不穩定表面訓練。一般認為，肌肉運動知覺的增強可以整合到運動中。肌肉運動知覺的增強經常發生，但並不是運動才有的現象。大家都知道，運動時的地面總是穩定的，然而環境卻帶有不穩定性。就理論而言，如果你可以在不穩定的環境中接受訓練，並從中獲得肌肉運動知覺，那麼你才能獲得運動特有的肌肉運動知覺。

如果你是用繩子固定壺鈴，最該注意的是，壺鈴在任何時候都不可碰觸地面，要確保壺鈴可以自由擺動。萬一壺鈴接觸到地面了，就會停止擺動，額外的益處也就難以產生了。繩子讓壺鈴可以向前、向後以及橫向擺動。

使用迷你彈力帶執行懸垂壺鈴訓練。用兩條彈力帶，穿過壺鈴手柄孔至一半的長度，然後再綁上槓鈴。彈力帶能讓壺鈴向前、向後以及橫向擺動，並且還可增加上下阻力，從而促成更強的肌肉運動知覺適應。

此外，槓身如果不穩定的話，也可以增加額外的刺激。這裡介紹兩種特殊的槓身。第一種是竹製槓身，你可向頂級的經銷商購買。這種槓身是專門為彈力帶懸垂壺鈴訓練而開發的，不但具有很大的彈性，還設計了可供手握的環，此外，槓身末端也有專供固定壺鈴的配件。另一種是一根簡單的PVC長管，裡面可以裝不超過一半的水，這樣就能產生更大的不穩定性。PVC管的厚度決定你可以使用多大的重量，只要不低於3英寸（8公分）即可。PVC管的缺點是會斷裂，所以使用時要非常小心。

彈力帶輔助練習

如要使用彈力帶做輔助，彈力要從頂部懸垂下來，你就會用到重訓架。彈力帶輔助訓練和彈力帶阻力訓練的概念差不多，因為從頂部下來的重量會大於從底部上去的重量。對於有裝備訓練的舉重運動員而言，這種訓練雖然不用裝備，但似乎更像是有裝備。彈力帶可以幫你在底部上升階段創造動量，並在舉到高位的過程中提供力量。

彈力帶必須綁牢在槓身上，以免滑脫（圖10.5）。這裡分享兩種實用辦法：一種是將彈力帶綁在槓片和連接環之間，另一種則是用登山扣夾將彈力帶固定在槓身，但要使用腹翅或攀岩用的大型扣夾。將彈力帶間隔均等地綁在槓身，所謂的「均等」係指彈力帶彼此的間隔以及相對於槓身其餘部分的間隔。如果彈力帶的綁縛位置不均等，鍛鍊時就會一側比另一側獲得更多輔助，從而導致彈力帶旋轉、不均勻伸展或者兩害兼有。

使用彈力帶做輔助，你得不到超速離心運動的額外好處，因此不會開發超速功能。

使用彈力帶輔助的另一個優勢是能增強自信，因為接受這種練習輔助時，槓鈴上會添加更多槓片。如果你能成功舉起更大的重量，那麼改天看到槓鈴上的槓片時，就不會害怕了。你對大重量的恐懼一旦減輕，經過一段時間的練習，就可以締造越來越多的個人紀錄。在舉重比賽時，對方多增加100甚至200磅（45.5或90.9公斤）也不會嚇倒你，因為你已有應付這種重量的經驗。因此，信心不會遭受挫折。彈力帶發揮阻力的功用，所以槓鈴上實際的重量並沒那麼重。

哪種方法比較好？這問題必須由你自己找答案。不妨兩種都試一下，看看哪一種對你幫助更大。哪一種在比賽當天能帶來最好的成果？那你就選那一種吧。

圖 10.5：彈力帶輔助練習。

高峰階段

高峰階段（或稱近巔峰階段）係指比賽前的深蹲鍛鍊。這一方法結合了大重量的槓鈴和大阻力的彈力帶，目的在於使舉重者接受最大重量或是接近最大重量的考驗。只有身體十分強壯的舉重者才能做到這一點，對於舉重新手來說負荷可能太大了。

身體會隨著時間而適應負荷，並能在整個循環過程中舉起越來越大的重量。如果你還不夠強壯就貿然進入高峰階段的話，可能會導致過度訓練或是受傷。不要把高峰訓練視為比賽的前導階段，這觀念為害不淺。

在高峰階段裡，通常捨棄掉最大負重日，並將高峰階段練習改在最高速度日執行。然而，建議在預計的最大負重日執行補充練習以及例如泡棉滾筒、主動獨立伸展或冷熱交替浴等恢復和活力再生練習。

高峰階段也是一個訓練階段，不像彈力帶或鏈條練習那樣可以自由切換進出的。你必須為高峰階段做好準備，接受吃力的最大負重練習。你在整個訓練過程中可能發現，一些最大負重的練習雖然仍屬於這一類型，但比其他練習的負荷要輕得多。如果你已準備好接受高峰階段的訓練，那麼這些練習就不合適了，因為身體必須準備好應付高峰階段的負荷。如果你的某個弱點導致負荷量減少，那麼解決該弱點的方法是補充練習，而非最大負重練習。

高峰階段練習持續三週，接著是一至三週的減負荷。需要減負荷才能實現延遲轉換效應。也就是說，如果你的比賽日訂在高峰階段練習完成後的一週，那你可能會舉不起接近你巔峰值的重量。你或許以為自己已早早達到了高峰，而實際上卻只是處於延遲轉換效應的過程罷了。你越強壯，你需要的減負荷就越長，畢竟連續幾週的訓練會給身體帶來很大的壓力。

延遲轉換效應代表你的獲益並非立竿見影，而是幾週之後才看得到。這類似於你稍微過度訓練並進行了減負荷，然後開始接受超量補償。訓練能使你變得更強壯，但你必須先後退幾步才能達到或實現成果。如果堅持繼續費勁訓練，實際上你只會無法恢復而變得更虛弱。

只要完成大約六次的舉重練習。請注意，這裡說的不是六組。所謂的「六次」係指從六次單一動作到三組2次重複動作的任何組合。大多數人在3×2時獲得的效果最好。（表10.12是一套採用3×2之高峰階段練習的範例。）如果採用這種方法，訓練處在緊繃狀態下的時間就會更長，這也是你在比賽當天可能會碰到的情況。身體會適應這一狀況。如果你的訓練長時間處於緊繃狀態，那麼比賽當天你也能適應。如果你訓練的緊繃狀態很短，那你在比賽當天就無法適應。如果訓練過程錯失這一階段，運動員通常在比賽時都會這麼說：「感覺還算輕鬆。我推得動，只是沒什麼進步而已。」這僅僅因為這些人不習慣在那麼長的時間內繃緊身體，因此身體認定已完成了舉重任務。

深蹲重量在450-550磅（204.5-250.0公斤）範圍內的人應該使用藍色（強級）的彈力帶；在550-750磅（250.0-340.9公斤）範圍內的人使用一條藍色（強級）加一條紫色（中級）的彈力帶，在750到975磅（340.9-443.2公斤）範圍內的人使用一條藍色（強級）加一條綠色（普通級）的彈力帶，至於深蹲重量在1000磅（454.5公斤）以上的人，則應使用兩條藍色（強級）的彈力帶。

做完一個循環後，你需要減負荷。以下是減負荷的步驟：在進行減負荷的前一至二週，不要再使用鏈條或彈力帶，但還是要達成1RM的80%到90%。有些舉重者決定只做一週，但其他人卻發現，做二週可以讓自己在比賽日取得最佳的成績。請你兩種都試試看，然後決定哪種選項最適合你。如果你第一週練單一動作，第二週（或第三週，如果你前二週都練單一動作）就做強度達到65%的2×2，就這麼簡單。接著第三週或第四週就是比賽了。在這個減負荷過的程中，你一定要執行大量提升活動度的練習，以便維持或訓練你的身體，讓身體在比賽日感覺自在，否則你的身體可能變得十分緊繃，無法在比賽當天蹲得夠深。可以嘗試參加兩場小型比賽，第一場在做完一週減負荷的單一動作後參加，第二場則在做完二週的單一動作後參加，以便找到最適合你的方式。你可以在本地或區域比賽的過程中進行調整和試驗。不要等到全國性或國際性等大型錦標賽前才來嘗試調整和試驗，這樣就找錯時機了。（有關賽前準備工作的更多說明，請參閱第十二章。）

在高峰階段的訓練中，你不必額外多做最大負重或最高速度的練習。這時候的焦點就是高峰階段練習。不過，補充練習依舊不可偏廢。萬一忽略這點，比賽當天可能產生不利結果。高峰階段練習通常在最接近比賽的那一天完成。比方說，如果你是週二做低強度、週六做最大負重，而比賽日落在週六或週日的話，那你就在最大負重日或週六做高峰階段練習。

表10.12　高峰階段練習

週序	組數	重複次數	強度
1	3	2	55
2	3	2	60
3	3	2	65
3（減負荷）	1	1	55
	1	1	60
	2	2	65

總結

進階訓練能確保你在整個健力生涯中不斷進步。經過多年的訓練後，過程中的微小改變加總起來將會對你的總成績造成極大的影響。波動速度、變動阻力、懸垂壺鈴、高峰階段練習等，可幫助你將總成績推高到一個新的水準。但是，你必須先落實大量的基礎工作，這些進階方法才會奏效。如果在健力生涯中你過早嘗試進階練習，你的獲益可能不會最好，而且還會感覺倦怠、承擔受傷風險。舉重運動員必須經過多年認真的訓練和參賽後，才能開始接受進階訓練。

第十一章
健力運動員的心態

　　健力是一項十分依賴體力的運動，肌肉和肌腱的表現係其基礎。結果的勝負取決於你舉起的重量。有人認為健力幾乎不牽涉心理技巧。殊不知，頭腦才是決定能否成功舉起重量以及比賽是贏是輸的地方。健力的真正戰場不是賽台，而是頭腦。如果身體強壯但是心智孱弱，那麼所有體能上的優勢都會賠進去。

　　比方說，有位選手曾經多次栽在同一個試舉重量上。就以600磅（272.7公斤）的深蹲比賽為例。他試舉585磅（265.9公斤）時，總能風光過關，但每次一到600磅（272.7公斤）就過不去了，失敗了。一旦他突破這個障礙，就能在這一基礎上進步50或75磅（22.7或34.1公斤）。這個障礙其實是心理上的。

　　再舉另一個例子，有位健力運動員，她在健身房裡能夠舉起驚人的重量，而且成績屢屢勝過她那位曾贏得世界冠軍的訓練夥伴，但到了比賽日，才一開賽她就失常。比賽其實是輸在內心這片戰場上的。

　　運動心理學不是什麼祕術，是一種工具，讓人學會如何在運動中有效運用大腦。運動心理學教人超越障礙，讓人在自身體能條件允許的情況下，盡可能成為最好的選手。

　　在了解健力員運動心理學的這個好東西前，你有必要先吸收一些基礎知識，其中之一便是「倒U理論」，可以用一個座標軸加以說明：y軸為表現，x軸為喚醒水平。喚醒水平評估的是一位運動員對於某次舉重的振奮程度。在健力中，振奮程度不會以線性方式上升，它是有起伏的。振奮程度不足或是過高的人，表現都不是最理想的。未被喚醒的人不會以該有的注意力面對槓鈴，也無法全力發揮。反過來看，過度振奮的人則會發現，自己的心思運轉得比身體快上許多，所以同樣無法達到最佳狀態。

　　倒不是說所有舉重者最佳的喚醒狀況都一樣。其間的差異實際上是很大的。就算同一個人，在不同的舉重項目上喚醒的水平也可能呈現不同的曲線，更何況不同舉重項目包含無裝備的和有裝備的。作者布萊恩·曼博士以自身的經驗為例，建議無裝備臥推最好在高度振奮的情況下進行，振奮的程度幾乎是狂熱的狀態。然而，一旦穿上了臥推衫，那麼就必須冷靜應對。因為裝備增加了健力運動的複雜性。有裝備與無裝備的舉重技術不同，因此必須管理喚醒水平，這樣方能符合技術上的要求。如果穿上臥推衫並過度振奮地參加比賽，並且振奮到整個人都把持不住，這時曼會快速把槓鈴從胸口移到脖子的位置，並迅速從槓鈴下離開。但是，如果他以較低的喚醒水平試舉，就可以保持技

術到位，並且成功完成試舉，因為控制力和複雜度之間的關係取得了平衡。換句話說，複雜度越低，運動員掌握技術的速度就越快，而控制力越高，可以運用的喚醒水平就越高。這就是為什麼選手經常在職涯的過程中改變方法。舉重運動員一開始可能表現平平，但一旦學會駕馭自己的活力並適當加以引導，他們就能藉由提高喚醒水平來加強舉重的實力。

穿戴健力裝備時，活動範圍和力量波動會發生變化。適應這些波動需要時間。在適應這些波動時最好保持冷靜，以便體會臥推衫或T恤給你的感覺。如果你以過高的喚醒水平執行有裝備的舉重，那麼試舉不但失敗，還有可能受傷，因為你沒把本應保持緊繃的東西推緊或拉緊，或是讓它保持緊繃狀態。每當你穿上新的臥推衫或T恤時，就要重新適應和學習。也不是說已適應了一件臥推衫的舉重運動員，還需要同樣長的時間才能掌握另一件，而是他們必須從之前的最佳喚醒水平中冷靜下來，才能學會適應新的臥推衫，進而恢復先前的表現。

最好與你的訓練夥伴坐下來討論，你在什麼時候、哪個舉重項目上做出最好的表現。對於高負荷的深蹲、硬舉和臥推，你需要振奮到什麼程度？你的訓練夥伴必須了解你，並知道如何將你帶到你該有的振奮水平，如何在你過火的時候讓你平靜下來。在布萊恩‧曼的案例中，他的訓練搭檔基思‧卡頓會一把將他從舉重台上拉開，以便讓他恢復到恰當的水平。

放鬆

「放鬆」可能是舉重運動員最不放在心上的事，但放鬆帶來的好處不容小覷。無論何種壓力，影響身體的方式都是一樣的。來自家庭或職場的壓力會耗盡接受訓練的能力。解決這問題的方法之一，便是放鬆。

放鬆的另一個好處便是幫助你在比賽當天保持冷靜。舉重運動員經常一想到比賽就覺得緊張，然後這種情緒便控制了他。一些舉重運動員在健身房舉出的總重量可能比比賽當天多出50-200磅（22.7-90.9公斤），這是臨陣緊張所造成的。放鬆是對抗緊張的方式，並在平台上勝人一籌的方法。

放鬆的方法主要有兩種：身體放鬆以及引導放鬆。在身體放鬆的過程中，可以藉肌肉的收縮和放鬆獲得不同的感受。也可以透過錄音或心理師的引導，經由聽覺來放鬆。

身體放鬆

進行身體放鬆時，請盡量收縮某一肌肉，並讓收縮狀態保持幾秒鐘，然後再放鬆。當你放鬆緊繃時，放鬆的感受來自於你對肌肉收縮和肌肉放鬆的對比感受。通常身體放鬆會伴隨著腦中的言語暗示。身體放鬆可以從左腳開始，然後上溯腿部的每個肌群（左

腳到左小腿，再到左大腿），再以相同的步驟換做右腿。接著再做左臂，從左手開始，然後上溯前臂和上臂，最後輪到右臂。做完四肢之後，請將放鬆焦點移到軀幹、胸部和頸部。就在放鬆之前，想出或說出一個提示，例如「放輕鬆吧」這類簡單的提示。接著再用其他詞語來進一步促進放鬆。你還要協調呼吸：深吸一口氣，然後進行收縮，最後放鬆肌肉時記得呼氣。

　　我們來看看左腿在做身體放鬆時的情況。先從左腳開始：盡量收縮左腳，並維持10秒鐘。等到放鬆肌肉時，請在心中說出「放鬆」。肌肉放鬆後，請想著（或輕聲說出）：「我感覺左腳溫暖而沉重。我很放鬆。」也可以在放鬆時體驗另一種感覺，你可以想像你的腳脫離緊繃的狀態，就像八月時柏油路面散發熱氣那樣。接著再對自己重複一兩次：「我感覺左腳溫暖而沉重。我很放鬆。」然後，盡可能收縮左小腿並維持10秒鐘。等你開始放鬆肌肉時，又在心裡說著「放鬆」的命令。肌肉放鬆後，請想著（或輕聲說出）：「我感覺左小腿溫暖而沉重。我很放鬆。」也可以在放鬆時體驗另一種感覺，你可以想像一下自己的左小腿脫離緊繃的狀態，就像柏油路面散發熱氣那樣。接下來，盡可能收縮左大腿並維持10秒鐘。等你開始放鬆肌肉時，又在心裡傳達「放鬆」的命令。等肌肉放鬆後，請想著（或輕聲說出）：「我感覺左大腿溫暖而沉重。我很放鬆。」在放鬆時體驗另一種感覺，你可以想像一下自己的左大腿脫離緊繃的狀態，就像路面散發熱氣那樣。

　　如果你反覆練習這種放鬆技巧，「放鬆」這個詞本身就會引起條件反射。只要一想到放鬆，你的緊繃感就會消失，繼而感到放鬆。這技巧在比賽日緊張時可以派上用場。一旦這種條件反射已然根深柢固，你只需說出關鍵字就可以達到放鬆的效果。

引導放鬆

　　在引導放鬆中，你可以現場或透過錄音檔聽聽指導你放鬆的人的指示。有許多極好的引導放鬆錄音檔可供使用，這些錄音檔製作起來只運用到簡單的剪輯方法。引導放鬆錄音檔的好處在於包含許多能幫助你放鬆的提示。以下是一個引導放鬆的示例，取自拉爾夫・維納基亞、里克・麥奎爾和大衛・考克在所合撰的《出奇制勝從心開始》：

　　　放鬆時運用想像力來想像自己。在你放鬆的過程中，試著觀察自己，彷彿你透過安裝在房間天花板上或放置在你面前椅子上的錄影機來觀察自己一樣。觀察自己的面部特徵。從頭頂開始，放鬆你身體所有的肌肉。花點時間想像每個肌群，並讓這些肌肉對你腦中的圖像和放鬆的肯定做出反應。想像頭皮和前額的肌肉，以便讓太陽穴、頭頂和後頸的肌肉不再受到拘束，變得溫暖、放鬆。

　　　觀察自己的呼吸已自發地變慢變深，進而讓你身體的每個作用都減緩到深度放鬆的狀態。讓眼窩深處的肌肉放鬆。確定你的下巴放鬆了，牙齒沒有緊閉。當你想

像自己的肌肉不再受到拘束、鬆弛了，請同時體驗伴隨而來的自在和溫暖的感覺，也讓你的心臟將溫暖、豐富、滋養的液體泵送到身上的每一個細胞、每根肌纖維和每一塊肉。

讓肩部、頸部和胸部的肌肉放鬆。將手臂的肌肉一路放鬆到指尖。必須認清，放鬆的同時，你應該保持清醒的意識。外界的任何聲音聽在你耳裡都好像都變成音樂。如果放鬆的過程，外界發生什麼緊急狀況，你應能睜開眼睛，並且正常應對緊急狀況。否則，聲音應該融入過程，並幫助你放鬆。

感受背部和腹部的肌肉。放鬆臀部、下腹部和骨盆的肌肉，還有一路到指尖的手臂肌肉。至於哪一隻手先變溫暖、沉重和遲鈍並不重要。不要試圖控制身體的感覺。只需體驗這些感覺並加觀察，然後領略你身體自然地放鬆，減少緊張、疲勞和壓力。當你呼氣時，呼出殘留的疲勞和緊張。當你吸氣時，吸入純淨、新鮮的氧氣。

感受臀部、大腿和骨盆的肌肉，然後從每條腿向下直到膝蓋和小腿。放鬆你的腳踝和腳的頂部和底部，一路直到腳趾尖為止。這時，你身體的每根肌纖維、每一條線、每一束肌、每一塊肉都鬆垮垂了下來，柔軟而且自在。

放鬆的過程中要對自己重複一些簡單而肯定的話。比方重複說道：「我很容易放鬆，也很享受每天練習放鬆的時光。」體驗肌肉鬆弛、自在以及變溫暖、變沉重的感受是什麼。你的呼吸模式輕鬆、舒適而且深沉。溫暖流過你身體的每一條肌和每一塊肉。隨著身體放鬆得更加深入與徹底，你會發現自己的想像變得更清晰，甚至連顏色和形狀都很清晰。等到放鬆得更深沉後，你會發現，自己能用有意義的外觀、圖像和情境等形式，保持這些彩色圖像和形狀的能力都在提高。

每次呼氣時，你只需重複一遍：「我很容易放鬆，也很享受每天練習放鬆的時光。」為了深化你放鬆的程度，不妨想像一道五台階的樓梯，並將每一步都從5號編到1號。下面我會從5數到1時，就讓自己享受每數一下就踏下一階的感覺。每踏下一階，就等於讓自己更加放鬆20%，如此一來，當踩到樓梯底部時，你會比現在舒服兩倍、放鬆兩倍。

5 在你下樓時，想像樓梯通向一個安靜的場面，它將成為你的交流中樞。

4 再往下走一步，讓自己輕輕進入更深層的放鬆。請在你的腦海中保持清晰的樓梯形象。想像一個令人愉快的環境，這樣有助於你放鬆。

3 隨著每次呼吸、每次踏步，請感受自己的放鬆變得更深入、更徹底。你的感知能力正在增強，而藉由視覺和聽覺的途徑，你的感知變得十分清晰。

2 再往下踏一步，徹底放鬆。

1 你已接近樓梯底部，走向將你帶往交流中樞的門口。

0 踏出最後一步，穿過一道門廊，走進一個吸引你的、美麗而愉悅的場景。

想像一下植被和新鮮空氣。看那天空，湛藍清澈，有幾朵雲飄過。聆聽穿越附近一帶的小溪或河流。當你在那個場景中放鬆片刻時，花時間將一些意象以及正面想法灌輸給自己，讓內心明白你自己想追求的目標、想要的現實以及生活中想達到的成就。

花一些時間在心裡反覆排練，並與你的內在自我交流。每天觀察自己，審視你生活的方方面面，每天都要更進一步脫離自我限制以及令你苦惱的反應，因為在你追求卓越的過程中，這種反應會橫加干擾與抑制。請運用這些技巧執行有效的心理排練，以便為成功做好準備。白天運用這些技巧可以時時讓你休息並提神。不管五秒或五分鐘都好，這些技巧可以在白天的關鍵時刻讓你的頭腦安靜下來，進而減輕緊張和壓力，同時放鬆身心。這樣可以澄清你的頭腦，讓你享受空閒時間。

以你自己的方式在深度放鬆的同時，運用意象和正面想法將這些目標、這些想法、這些成就傳達給你的潛意識。

現在，可以開始練習視覺化的技巧了。

先從1數到3。數到3時，完全睜開眼睛，讓你自己徹底恢復到意識清醒的狀態，能夠充分理解並重視每天早、中、晚運用這些技巧所能帶來的效果。每天留給自己一、兩次靜默、安寧和深層放鬆的時間，以便進行心理排練，並為你的潛意識提供有關自己需求和目標的意象和交流。有效運用這些工具來提高時間效率、增加耐力，並在生活的各方面保持一致性和高品質的表現。

1　感覺自己開始改變，完全深度放鬆，但又像小睡三小時候後一樣精神煥發。

2　變得警覺、放鬆，而且活力恢復、神清氣爽，你已經感覺徹底甦醒了。你享受了探索自我內心的樂趣，腦海迴盪美妙歌曲，臉上漾著微笑。

3　意識徹底恢復覺醒，整個人充分休息了，精神煥發、放鬆。

以上引文改編自《出奇制勝從心開始：無論輸贏都不重要》（Coaching Mental Excellence: It Does Matter Whether You Win or Lose, Portola Valley,CA：Warde,1996），180-184 頁，拉爾夫・維納基亞、里克・麥奎爾和大衛・考克授權。

正面思考

你與自己交談的次數不及與其他人交談的次數。因此，你對自己說的話是很重要的。人們常讓別人說的話，或者別人告訴自己的話影響自己，這是沒必要的。負面想法潛入腦海，並且讓人揮之不去，這會影響我們的心態。如果舉重運動員一遍又一遍聽到：「別管他了。他第一次試舉達不到那程度。」這句話就會在他腦海裡根深柢固，他真的永遠達不到那程度了。

負面想法不必然會將舉重運動員困在無助的牢籠中。這些想法雖難改變，但是方法還是有的。正面想法（本質上就是肯定自己所知為真）便是一個有助於做到這點的理想

方式。就算此時正面肯定的願望還沒實現，但對於需要實行的改變而言，這卻是有意義的。這是一種訓練大腦養成正面積極思考、避免讓負面消極思想影響表現的方法。

只要遵循一些規則，你就能充分利用自己的正面積極。首先，將其記錄在隨身攜帶的索引卡片上，而且每天至少複習三次。複習的過程中務必帶著感情，並且相信那是真的。人們不能對自己撒謊，他們所說和所相信的將成為現實。在家裡或車上張貼標誌也很好，這樣你隨時看得到，隨時提醒自己那些正面積極的想法。

其次，以積極的態度和現在式時態寫下正面思維。例如寫下：「**我第一次試舉會成功。我喜歡以主導權握在手裡的方式開始比賽，我用第一次試舉的成功為我的比賽定下基調。**」但不要寫成：「**第一次試舉我絕對不會失敗。這種事我是絕對不會發生的。**」如果你用消極負面的字彙，那麼你的心思所專注的便是事情的消極面而非積極面。另外，你寫下的積極正面文字涉及的是現在而非未來。人很容易拖延，所以寫下這些文字時，要寫得好像已經發生了似的。

下面是一些表現正面、肯定的例子：

- 我總是在人群面前才能舉起最好的成績。看到人群，我充沛的精力會提升到新的高度。我喜歡在一個擠滿觀眾的地方舉重。
- 我在深蹲時總能正確做出向後坐的動作。我用力將臀部向後推，讓大腿後肌發揮作用。
- 我的臥推總是做得完美無缺、得心應手。
- 我是一個非常自信、專注的選手。我知道自己的目標是什麼，並會盡一切努力實現這些目標。
- 我每次硬舉總能鎖定。我的身體知道自己的慣性，並會一直努力直到完成。

思考中斷法

就像正面肯定思考，思考中斷法也是可以獲得思想力量的一種方式。思考中斷法的訣竅只在於停止消極負面的想法而已。參賽者走向槓鈴的時候，心中只能存有一個念頭，並且必須是積極正面的念頭。

有句話說，如要保持頭腦清醒，有時就須倒倒垃圾。任何與手上任務（即取得更好的舉重成績）不相關的東西都應視為垃圾，必須從參賽者的心思中清除而後快，時機未到時不准它再次出現。你總要時時掌控自己的念頭。要不要讓它留在你的腦海中，這是你可以全權做主的。一旦意識到某個消極負面的念頭正在破壞你的思考，就請打斷這個念頭，把垃圾清出去。清醒的頭腦讓你更專注。清晰的頭腦可以讓你做出反應而非思考，讓你完全沉浸在當下。「**如果這次舉不上去會怎樣？**」、「**我該怎樣拉舉才有勝算？**」或者「**如果這次我深蹲成功了，那麼握推成績就算比平時少20磅也穩贏了。**」

別讓這些念頭占據你的心思。只要考慮**此時此地就好。不必想到明天，也先別管下次比賽。當下只有眼前這個賽台，此時此刻我只要完成這項舉重就好。**

每當消極負面的想法闖入腦海時，運動員都應有能力打住這些念頭，並用積極正面的想法取而代之。每當運動員走向賽台時，他應該深信自己能完成動作。一旦心裡產生有關舉重的消極負面念頭，那麼舉重動作還沒開始就結束了。思考中斷法是一種簡單而有效的工具，可以培養積極的心態。

目標設定

目標設定可能是健力中最常見的運動心理學工具。目標設定亦即確定你的目標為何，但這樣只說了一半的重點。所謂的目標包括兩種類型：產品目標和過程目標。產品目標是一系列目標的終極產品。它是一條終點線，比方400磅（181.4公斤）的臥推目標或2000磅（909.1公斤）的總目標，或其他類似的目標。產品目標即是目的地。

過程目標是沿途目標。這些目標組成了通往目的地的路線圖。對於600磅（272.7公斤）臥推的產品目標而言，第一個過程目標可以是：如果三頭肌似乎是一個限制因素，那麼便可以使用100磅（45.5公斤）的啞鈴進行三頭肌伸展；增加引體向上的次數以增強背闊肌；用405磅（184.1公斤）的重量進行俯身划船，以提升在臥推時收攏背闊肌的能力或拱背的能力；改善腿部驅動。過程目標可以是一個、兩個或全部。雖說你主要的產品目標應該只有一個，但過程目標卻可以多個。過程目標是你在實現主要目標時應該關注的事，因為你需要用許多過程目標來輔助主要的產品目標。

產品目標和過程目標相輔相成，好比目的地和地圖。例如，「去體育場」並非特定目標。目標必須是具體的，例如「去國家美式足球聯盟體育場」就比較具體了，但國家美式足球聯盟的球隊多達三十二支，因此，更具體的目標應是「去芝加哥的軍人球場」。你必須先知道自己在哪裡，還有如何前往目的地。從洛杉磯出發的人和從伊利諾州埃文斯頓的人相比，前往軍人球場的路線不會一樣，而且停留地點的數目也不相同。

這個比喻告訴我們，主要目標（亦即產品目標）非得精確不可。如果你說：「我想臥推很大的重量。」就好像你說：「我想去體育場。」一樣。什麼體育場？在哪裡呢？臥推重量多大？400磅（181.8公斤）算大嗎？可能算大，但是500磅（227.3公斤）不是更大嗎？而600磅（272.7公斤）則又更大。精確說出臥推的目標重量是660磅（300.0公斤），這就像你確定要去軍人球場一樣，目標非常具體。臥推只有一個660磅（300.0公斤）。至於過程目標則是如何去到那裡，那包括多條道路上的多個目標。

過程目標和產品目標必須保持一致。如果目標是臥推660磅（300.0公斤），那麼所有過程目標都必須朝著這個方向前進。在選擇過程目標時，提高硬舉能力的目標與臥推的主要目標是不一致的。過程目標必須具體。說要「加強技術」，這目標就像說「去

國家美式足球聯盟體育場」一樣。什麼體育場？什麼城市？請說清楚。在放低槓鈴過程中，改善兩肘收進體側下方的技術屬於特定目標。改善變換點，以便你的雙肘得以外展，這目標也是特定的。改善拉下臥推衫領子的技術也屬特定的過程目標。如果你想去軍人球場，請確認整張地圖都是芝加哥，而不是一半芝加哥一半紐約市。

如下是產品目標和過程目標的另一個示例：

產品目標：深蹲1000磅，高於目前的750磅。

過程目標：深蹲800、850、900和950磅。提高將臀部向後推的能力。改善舉重服的穿戴技巧。羅馬尼亞硬舉（RDL）的重量增加150磅，每組做8次。在頸後用25磅的槓片做4×8的臀腿抬升以增加該動作的強度。深蹲站起時先抬起頭和胸部以改善技術。

對於這個產品目標而言，「改善舉重服的穿戴技巧」這一選項太模糊了，所以是個無效的過程目標。你如何知道自己已經有所改善？如果你深蹲時遇到頭部和胸部低俯或臀部先於頭部和胸部抬起等問題，那麼較切實際的目標是：身穿舉重衫時仍能保持抬頭挺胸。你的目標必須具體。一個模糊的目標永遠不會達成。產品目標是長期的，而各過程目標則是在達成產品目標之道路上的小里程碑。

產品目標在實現之前是不會改變的。在實現主要目標的過程中，你可以根據所需，隨時添加或刪除過程目標。例如，在深蹲後站起身的過程中，也許你擅長讓頭部和胸部保持挺直，所以這個動作現在已成了本能。然而，當負重增加時，膝蓋會彎曲內夾。因此，此刻的過程目標應調整為：在深蹲起身的過程中保持膝蓋向外推；做羅馬尼亞深蹲時，增加的重量從150磅變成200或250磅；臀腿抬升的負重增加到45磅。過程目標能使你專注於目標的改進，並敦促你朝主要目標前進。過程目標需要不斷更新，直到達成主要目標為止。

視覺化

健力運動員如能懂得利用運動心理學，則可獲得最大益處。這裡涉及的人僅有一個，而活動也是已知的了，所以這讓利用運動心理學工具來提高技術和肌力、減少恐懼和焦慮、幫助自己成為戰士等事變得很容易了。

當你進入放鬆狀態，然後在腦海中回想自己的表現時，視覺化現象便會發生。好像就是這麼簡單，但事實並非如此。這不單純只是一種對於表現加以思考的過程或是像觀看電影的過程，這還代表正在充分參與當下。本章稍後將介紹如何落實視覺化，但一開始先讓我們看看一些範例，思考如何從其中汲取能幫助自己成為舉重運動員的要素。

喜歡打高爾夫球的詹姆斯‧內斯梅特少校在越南戰爭期間當了七年戰俘。為了在囚

禁期間讓自己保持清醒，內斯梅特少校每天都在腦海中排演一場高爾夫球練習。他回味手握球桿以及球桿擊球的感覺。他感受吹在臉上的風，重溫鳥兒鳴囀和高爾夫球友說話的聲音，重溫腳踏果嶺的感覺。回到美國後，他做的第一件事就是打高爾夫球。以前他最好的比賽成績是相當可觀的90桿。在回國後的第一場比賽中，他的第一洞就打出漂亮的一桿進洞。在這場比賽中，他打出74桿，締造16桿的個人紀錄。

接下來我們再回想一下美國了不起的鉛球運動員布賴恩・奧德菲爾德的例子。在運動員生涯較晚的階段中，奧德菲爾德的紀錄雖被打破，但他仍堅持以每天投擲一千次鉛球的頻率，繼續參與國際水準的競爭。他說無論天氣如何或是身體狀況如何，自己每天堅持投擲一千次鉛球。然而，所謂的一千次，其實大部分是斜靠在椅子上時，在腦海中完成的。他能運用思維來保持競爭力。

當你想像一項活動時，肌肉會接受到該活動所需的電脈衝。例如，你現在想像在做臥推，肌肉就會接收到執行該動作所需的電脈衝。這是一種能幫助舉重達到得心應手狀態、令動作形式更完善的方法。

以下是充分利用視覺化的一些步驟。視覺化越理想，對運動動作形式的影響就越理想。

首先，找一個安靜、適合放鬆的地方。接下來，在腦海中想像某一活動，觀看自己完美地執行。這就是視覺化，舉得起或舉不起重量全取決於你的想像，所以心態要積極正面，要想像自己舉起來了。一旦你達成視覺化的目的，接下來就可以做得更深入，一如詹姆斯・內斯梅特所經歷的過程。感受深蹲時壓在背部的重量，還有滾花紋壓在你的上背肌的情況；想像取下槓鈴時聽到深蹲回彈掛勾的聲音，試想臀部向後、向下推的感覺；感受舉重服如何扯動你的身體；等到你越蹲越低時，還要想像護膝包覆的感受；想像訓練夥伴喊出「up！」的時候，自己能以完美姿勢、得當控制槓鈴重量的狀態輕鬆站起身來。預先品嚐勝利的滋味，嗅聞空氣中阿摩尼亞和擦劑的味道。全副身心投入其中。

視覺化對於技術上仍有缺陷的舉重運動員來說尤其有用。進行視覺化時，要想像自己如何將動作做對。在下一次訓練時，如果你自發把動作做對了，不必感到驚訝。這是因為你已經在腦海中正確排練過好幾次。

為使視覺化更加有效，還要想像熱身以及正確穿戴裝備的過程。

視覺化有助於改善動作形式並減少焦慮。因為你先前已在心裡做過並達到那個境界，所以你不會因每週訓練要嘗試不同的重量而感到焦慮，也不會在跟你的夥伴進行訓練前感到焦慮。視覺化有助你以任何重量執行數千次的重複，同時也不消耗精力。

你面對人群會緊張嗎？想像一下人群，感受他們的活力，聽他們的歡呼聲，感受比賽空間的熱度，感受自己身歷其境，並且成功舉起可觀的重量。焦慮往往源自於人群帶來的新刺激，健身房裡畢竟沒有人群。

深蹲的視覺化

你先開始為深蹲做準備：膝蓋被包覆到產生完美張力，而且姿勢全然正確。別人將你從椅子上扶起來時，你會感覺到膝蓋的緊繃和彈性。感受舉重服的帶子被拉到完全正確的位置，而舉重服很快便就定位了。你想像那場比賽地點是能夠讓你徹底發揮技術的場所。想像你自信滿滿而且志在必得走近賽台的同時，自己在手掌塗上鎂粉，而夥伴也幫你在背部塗上鎂粉。踏上賽台之際，你毫不懷疑堅信試舉必然過關。你走到槓鈴下面，讓它滑入你習慣的背部定位。等你身負槓鈴站起來並調整到準備下蹲的姿勢時，應有一切都將順利完滿的感覺。從槓鈴放上你背部的那一刻起，你就不覺得重。你將臀部向後推並開始下蹲。舉重服由於穿著得宜，所以能幫助你深蹲到底。一旦動作達到所要求的深度，你就反轉槓鈴方向，直線朝上將它舉回終點。還在等裁判下達將槓鈴放回架上的命令時，你已聽到人群的歡呼。你會看到裁判下達槓鈴歸架的指示，然後轉身看到顯示三個白燈的評分板。

臥推的視覺化

聽到唱名時，你便在訓練夥伴的協助下開始穿著臥推衫。臥推衫穿著妥當，然後皮帶也繫好了。為求舉重過程的完美緊度，你還可以在手腕上纏上護腕。你確知如何為每次試舉調整裝備，並且確知如此調整最適合當次試舉的重量。從地板走向賽台時，你會在手掌和背部塗上鎂粉。你在槓鈴加載槓片時走向槓鈴。你以標準的姿勢躺上臥推椅，背已弓起固定，你知道身體不會在臥推椅上偏移或亂動，因此你可以自在推舉而不必擔心身體位置會改變。位置和姿勢就定位後，你伸手緊握鈴槓。即使你尚未將槓鈴從架上取下，你的手掌已先感受到它強大的威力了。你知道將槓鈴舉起的時刻到了。你依規定說出1、2、3的口令，然後旁人就會把槓鈴交付給你。槓鈴雖已離開架子，但在你的手裡感覺很輕。你依循標準的習慣姿勢放低槓鈴。槓鈴越來越靠近你的胸部，碰到時絲毫沒有重壓感，槓身沒有向下動或搖晃的問題，這是因為你的臥推衫穿著十分得宜所致。聽到裁判命令後你才開始推舉，與此同時，你用腳後跟緊撐地面。槓鈴從你的胸口騰起，彷彿失去重量似的，然後進入鎖定狀態。你維持對槓鈴重量的控制，並且展現這份能力，這時你聽到人群中傳來的歡呼聲。裁判下達槓鈴復歸架上的指示，你依令行事，然後站起身來，看到你的臥推成績亮了三個白燈。

硬舉的視覺化

在一場很棒的熱身和精采的比賽後，你一直坐在座位上，精神專注於自己身上。你知道需要舉起多重才能達到目標，並且也選了最合適的重量。聽到唱名時，你站起身來，調整身上裝備，直到感覺完全妥當為止。你走近放在地上的鎂粉容器，然後在手掌抹粉以提高抓握力。準備就緒後就可以登上賽台了。此刻你的心裡沒有恐懼，只有

信心。直到現在，你對自己所受的訓練充滿信心，也知道這些訓練已經讓你為比賽做好了準備。你站穩腳跟，同時確信自己的基礎堅如磐石。你準備好就伸手抓握槓鈴。槓鈴在你的手中感覺很小，仿佛你的手變大了，今天的抓握力不會出問題的。你開始拉舉，槓鈴平穩上升，好像失了重量一樣。槓鈴觸及你的膝蓋，你平順地過渡到臀部驅動的步驟，然後突然進入鎖定狀態。你站在那裡，毫不費力地抓住槓鈴，靜待裁判下達「放下」的指令。聽到指令後，你將槓鈴輕輕放低到賽台上，然後起身看看燈板，亮起三個白燈。

視覺化和技術

在訓練的過程中，你可以執行多次的重複動作。如果某項技術出現缺陷，則必須藉由正確執行重複動作來改正缺陷。體力的透支很快，但鬥志的耗損卻很慢。你可以在腦海中進行無數次重複以提升技術水準，訣竅如下：

放鬆。就像你在腦海中播放電影那樣，欣賞自己在表演完美的技術。注意所有複雜的小動作。遇到需要動員不同肌群和移動關節的情況，必須特別注意時機點。接下來，請踏進電影裡，體會做每個小動作的感覺，並且將它做得正確。感受重量，注意腳的感覺，嗅聞空氣。感受動作正確完成後的滋味，體會槓鈴握在手中的感覺。感受這一切，了解這一切。在這些場景中數度身歷其境後，請確認自己已產生飽滿的信念，並相信自己可以征服這重量，而且是在技術無懈可擊的前提下完成的。最後一步就是實現這過程了。對於下一次的鍛鍊，你只需運用透過視覺化練習所獲取的完美技術即可。這種方法也稱為「庫克模型」（參見第一章）。看見它、感受它、信任它、相信它並實現它。

正確的心態

心態正確一切就對。踏上賽台的那一刻，你應該清楚自己的目標，並處於可以實現該目標的適當位置。踏上賽台的那一刻，你知道自己舉得起眼前的重量。要全心全意相信自己必然成功，而且現在面對的只是整個舉重過程中最簡單的部分。你能克服舉重過程中可能發生的任何意料之外的狀況。

舉重運動員之所以會心懷恐懼和憂慮走向賽台，那是因為擔心自己以前從未舉過那樣的重量，擔心自己的裝備不完全合適，或者擔心觀眾會盯著他們看，以至於自己最後無法完成舉重任務。他們已經先在心理上挫了自己的志氣。

正確的心態是為行動承擔責任，而不是責怪其他人或其他事。如果你深蹲沒能過關，那麼失敗的原因是什麼？不是錯在裁判、錯在槓鈴，也不能怪現場有人說話或拍照。反正試舉就是沒能成功。勝者善於解決問題，敗者則在意責任歸屬。

心理健康

　　許多舉重運動員和普通人一樣死於自殺。原因不一而足，但是細究起來，主要還是他們未能獲得所需要的幫助，多是對心理健康諱疾忌醫的心態。這有必要改變。很多人認為，尋求幫助是軟弱的表現。在我看來，尋求幫助更是力量的展現，畢竟你必須足夠堅強，才能放下自尊，承認有些事情單靠自己是解決不了的。遇事退縮並讓現狀繼續惡化，這樣才不需要勇氣。

　　人們不是因為喝酒才吸毒的，而是創傷。由於遭受創傷，人們經常使用藥物和酒精進行自我治療。這種創傷和隨後的藥物濫用是心理健康的問題（加上伴隨而來的成癮症），除非解決基底的創傷，否則問題仍將繼續浮現。

　　我在全國各地的舉重比賽和健身房中與人互動，其中許多人都向我透露，他們之所以投身舉重或其他鍛鍊方式，是為了對治和替代藥物濫用。雖說這絕對是個正面積極的行為，但如果不解決促使他們轉而投身舉重的根本原因，那麼這項運動也只是治標不治本。一旦運動員因受傷而必須引退時，他們即無法應付早先伴隨精神疾病而來的憂鬱或憤怒，而且最終結果往往很可怕。

　　正因如此，去看心理健康專家（例如治療師或精神科醫生）會讓患者產生強烈的羞恥感。我是這樣看事情的：如果我家水管不通，我會找鉛管工；如果我家電路出問題，我會找電工；如果我要一件木造物，我會找木匠；如果我要換髖關節，我會約骨科專家；如果我需要動心臟手術，我會約心臟外科醫生。找心臟外科醫生來疏通堵塞的水槽或是找電工來幫我換髖關節，這樣都是愚不可及的。如果我的心理健康出現問題，我需要找的是心理健康專家。不要誤以為自己可以解決問題，因為這就像我認定心臟毛病不需要找醫生那樣荒謬。

　　我曾公開表示，舉重救了我的命。舉重成為我生命的錨，讓我得以對治童年創傷帶來的戾氣與憤怒。後來我受了傷，不得不停止參賽，但潛在我心底的問題仍在，直到我與專業人士合作後，才從根本真正解決了問題。

　　此外，對事情有感受、情緒有波動都是人之常情。但每個人仍然都想當約翰·韋恩。為什麼會這樣？約翰·韋恩是一名演員，所以你在銀幕上看到的一切都不是現實生活。我們都有情緒，無論是藉由哭泣還是其他方式，總要將情緒表現出來。大家常認為戰士是不屈不撓的鐵漢，那麼歷史上哪些戰士才是最堅毅的鐵漢？日本武士。但是你知道嗎？那些人會畫畫、寫詩，除了戰鬥和表現勇敢的性格外，他們還有其他自我表達的方式。甚至還有表現武士在哭泣的雕像，這就說明宣洩情緒沒什麼大不了。

　　有些人說，實際情況並非如此，那只是你看待事情、回應事情的方式罷了。好吧，那我就更進一步說明自己是如何看待這些治療或協助方法的。

　　我也並非完全不受心理健康的謬論所影響。我由單親媽媽撫養長大，男子本性是我必須自己摸索弄清楚的事，直到今天我還在努力。然而，如果我們能夠改變社會（尤其是社會中的男性）看待心理健康相關問題的方式，這樣可以對人們接受治療的方式產生巨大的影響，從而提高生活品質並降低自殺率。如果能像看待身體健康一樣看待心理健康，我們的境況會大幅改善。心臟病發作的人應該去找心臟病專家，心理健康和治療應該也要找對的人來處理。

　　如果你還在困擾中掙扎或有自殘的想法，或者你知道某某人正處於這種情況，那麼手邊

可用的資源是相當多的。必要時請連絡如下的機構：

全國精神疾病聯盟（www.nami.org）；800-950-NAMI

國家預防自殺生命線（www.suicidepreventionlifeline.org）；800-273-8255

生命線（www.linesforlife.org）；或傳簡訊273talk到839863

（編按：在台灣可以連繫台灣自殺防治學會：https://www.tsos.org.tw/%）

NAMI Broward County 的執行董事珊德拉・坎珀呼籲社會打破對精神疾病的沉默。不過她也看到了希望：

〔我們必須〕矯正消極看待精神病患的心態，不要再以負面方式對待精神病患。社會不留情的污名化和歧視行為與 NAMI 的原則背道而馳，因為那些行為會對一個人的心理健康產生不利的衝擊，同時妨礙病人尋求並獲取自己所需要的治療。復原是有可能的。

關注圈，影響圈

在舉重運動中，很多事情都會困擾運動員。從漢斯・塞利對壓力的研究中可以明顯看出，無論是正面壓力（生日、孩子出生、升遷或度假等良性壓力）還是負面壓力（家人去世、失業或人際關係問題等惡性壓力），一切事情都會以同樣的方式影響身體。想想有多少人在度假回來後抱怨比出發前更累。度假的良性壓力和享受會耗盡人們的精力，所以期待下一次的假期來化解上一次假期的壓力。

很多事情都牽涉到人，其中包括家庭問題、人際關係問題、工作問題、訓練、競賽、吃的、住的、就學、世界局勢以及經濟狀況，關注的事項是無止無盡的。每當我們憂心自己無法掌控的事情時，這份憂心會占去我們原本可以拿來做自己有把握的事情的時間和精力。如果放不下擔憂，我們的注意力就會從可控制的領域轉移到自己發揮不了影響力的領域。既然操心的事你無能為力，所以白操心是沒有意義的。在影響圈內，只專注於你可以對其發揮影響的事。你一定可以控制的是你的態度和努力，但就是無法控制裁判要不要亮你紅燈，不過你還是可以控制自己對紅燈的反應，也可以決定被判紅燈後如何面對下一次試舉。

只專注於你可控制的事，這樣能提升你的力量。反之，專注於自己無法控制的事，你會徒增憂慮、恐懼和緊張。

我們在斯蒂芬・科維《高效人士的七個習慣》一書中，找到一個關注於影響圈的精采例子。科維在書中談到了二戰期間維克多・弗蘭克爾被關在奧斯威辛集中營的遭遇。那些納粹爪牙每天都告訴他，當天就是他的死期。對方會嘲笑他以及其他營裡的俘虜，會想方設法讓俘虜天天活在噩夢中。弗蘭克爾了解到，自己無法控制那些納粹守衛對待俘虜的言行，但他還是可以控制自己的意念。他可以決定不讓守衛影響自己，決定不讓對方的施暴令自己灰心喪志。身體雖被囚禁，但他可以選擇心靈自由。

許多人的工作讓他們無法按照自己的意願接受訓練。其實他們大可以只專注於從每次訓練中充分汲取經驗，而不是在乎無法按照自己想要的時間或方式接受訓練的事實，因為這只會消耗他們的心力。工作讓他們得以維生，但他們無法控制工作狀況。然而，他們可以改變心態，以便在目前的工作中充分利用機會讓自己進步。

有時人們不知道自己受訓的目的何在，也覺得沒什麼進步。關鍵在於不要感到失望，而是做好可做的事。不妨分析一下訓練本身，找出問題癥結（是技術還是進度出問題了？）並努力糾正。這任務可能不簡單，可能還需他人協助，但畢竟辦得到。如能努力改變自己所受的訓練，你就可以掌控訓練。在整個改變的過程中，你可以控制自己積極正向的心態。只要你願意拿起話筒並打電話給可以提供協助的人，或登入論壇提出你的問題，你就可以掌控一切。

許多情況看似沒有希望，因為你把注意力集中在錯的事情上。只要你在影響圈內努力，那些一度像高山一般大的問題，最後往往只像稍稍令人不便的小山丘。

回到你的決定權

在你舉重生涯的某個時刻，不管出於何種原因，你都會經歷失敗的經驗。這會降臨在每個人身上。下次比賽時，或者你會再度害怕失敗，然後因害怕而無法發揮實力，也可能你會把失敗的經驗拋諸腦後。

記住關注圈和影響圈的概念。過去的事覆水難收，所以你不應該在那上面虛擲心力。既已發生，一切都結束了，今天無論你做什麼都無法改變既成的事實。沒什麼可以改變你遭挫敗的事實，但你還是可以從失敗中汲取教訓，並且防範敗績再度發生。是因為減重過劇還是訓練不當呢？是比賽日發生什麼變數？還是動作形式不符規定？弄清楚原因為何，然後加以改正。除此之外，你還能怎麼樣？做出選擇，不要糾結於過去的敗績。如果你又開始沉溺在失望中，請運用「思考中斷法」打斷思緒，並改用積極的心態取而代之。只要一個簡單的決定就能讓你恢復。不要糾結於過去負面的經驗，這決定權在你手上。

總結

思想的力量是強大的，往往可以決定你舉重成功或失敗，贏或輸。你可以控制自己腦子裡發生的事，你的想法可以變得實際並且可以善用。控制你的思想，從思想中獲得豐收，並利用這些思想來為你自己的利益服務，進而提升你舉重的成績。

第十二章
比賽準備

　　健力運動在1960年代剛起步，當時只有「業餘運動聯盟」（AAU）負責舉辦比賽，而且比賽規則非常簡單。今天，我們有三十多個組織，每個組織都為建立自身特色而添加自己的規則。無論你選擇加入的是哪個組織，你最好取得所有組織所發布的規則手冊，這樣一來，你就可以學習、理解、參考和遵守每個組織的規則。

　　一旦你認為已準備好，可以參加生平的第一次舉重比賽，那麼就和你的訓練夥伴、教練或陪訓員坐下來，制定一個兼顧心理和身體的比賽準備計畫。這時請你考慮以下的問題：

- 需要為比賽訓練多少週？
- 訓練時你將採用多少重量百分比、組數和重複次數？
- 贊助這次比賽的是哪個組織？
- 比賽是否已獲批准？
- 這是帶裝備還是不帶裝備的比賽？
- 需要填寫哪些資料（報名表、會員卡）？需要支付費用嗎？
- 什麼時候過磅？可以提前過磅嗎？
- 比賽地點在哪裡？你打算怎麼去？
- 你的一切裝備都準備好，且符合比賽的規定嗎？

　　毫無疑問，觀看健力比賽是為健力比賽做準備的一個好辦法。拿一支筆和記事本，這樣你就可以寫下對你而言很重要的事，比如發號施令的總裁判對深蹲、臥推和硬舉所下達的指示。裁判的評判標準何在？為什麼副裁判要舉起手？運動員都穿著什麼品牌服裝？運動員如何處理成功或失敗的試舉？記下一切對你有益的訊息。隨身攜帶這些資料，並在準備第一次比賽的過程中加以參考。

　　找到你想要參加的舉重比賽後，先取回一份參賽表格，以便你和教練或陪訓員審視表格中的詳細訊息：比賽在哪裡舉行？何時過磅？他們所做的裝備檢查是什麼樣的？預計有多少舉重運動員參賽？比賽（無裝備的或有裝備的）對誰開放？比賽以及規則介紹幾點開始？比賽是否已獲批准？你可以等到比賽時才購買會員卡嗎？

　　訓練進行到一半時，你或你的教練應致電比賽的負責人，確認比賽將會舉行，並問清楚比賽使用的重量單位是公斤還是磅。預先了解這一點很重要。如果你以磅為單

位進行訓練但比賽卻以公斤論重，你就要調整練習。你計畫以395磅（179.5公斤）開始深蹲，那麼你必須決定比賽時的深蹲試舉要以177.5公斤（391磅）還是180公斤（396磅）的重量開場。然後，你還必須據此調整你所有的第二次和第三次試舉。聯繫比賽的負責人還可以讓你有機會取得一張公斤與磅的轉換表，以便提前了解情況。在某次比賽中，有位體重132磅（60公斤）、不知道比賽以公斤為計重單位的年輕舉重運動員，把開場深蹲定在345，並認為這重量指的是磅數。實際上，345公斤等於760磅，而他另一開場試舉也以公斤為單位。幸虧有人及早發現這個錯誤，在比賽開始前幫了這位年輕的舉重運動員一個大忙，讓他有時間將開場試舉改成他想要的重量。

準備比賽

比賽前兩週，只用腰帶練習硬舉，不穿舉重服，動作重複三到五次。如果你將在星期六早上出賽，那在前一週就要規畫你的時間表。星期一，穿戴三角褲和腰帶進行開場深蹲，動作重複三到五次，並執行輕度的腿部鍛鍊。星期二，練習臥推，穿不穿臥推衫都無所謂。開場試舉需重複一到三次。

星期二之後的連續二天，你可以休息、恢復、療癒和伸展，幫助身體為比賽做好準備。不可改變日程安排，不需要練習舉重，休息就可以了。沒錯，你應該盡量暫停活動，但繼續上班、上學倒是沒問題的。星期三和星期四，請保持精神專注並聰明利用時間。原本你應該進行舉重訓練，但這兩天只需檢查自己的體重，看看是否需要進蒸汽室或三溫暖減重。如果你的體重合乎標準，那麼請花時間泡熱水或泡冷水，並使用泡棉滾筒或讓人幫你按摩。伸展運動或腹肌訓練始終都不嫌多。

舉重運動員可能犯的一個大錯就是一兩天無所事事呆坐，以為這樣是在為比賽做準備。這種行為會讓人悶壞，所以不要改變你的日常生活。星期二鍛鍊結束後，和你的陪訓員或教練坐下來，在索引卡片上寫下你每個舉重項目的三次試舉，並註明自己是否需要舉起這個重量才能致勝或是取得名次。

聰明利用你的時間。暫時離群獨處，將時間保留給自己。研究索引卡片上的數字。使用視覺化和冥想的方法來想像自己以完美的動作形式和技術成功完成每一次舉重。請參閱自己在觀察其他比賽時所做的心得筆記。每次在想像自己執行試舉的場面時，還要想像你執行動作時聽到裁判的命令：深蹲時是「蹲下」、「上架」；臥推時是「開始」、「推舉」、「上架」；硬舉時是「放下」。

成功的關鍵在於重複演練。你重複的次數越多，習慣就越容易養成，成功的機會就越大。務必記住，雖然健力是一項較量肌力的運動，但勝出的舉重選手並不總是最強壯的那一位。有時，試舉次數最多的人才會獲勝。仔細研究你索引卡片上的數據吧。最後，還需利用這段時間研究主辦單位所訂定的規則。

赴賽與過磅

一旦你知道了比賽的地點，先確認地點是否離家夠近。如果夠近，比賽前一晚你仍可以睡在自己舒服的床上。如果比賽不在你的城市舉行，那麼請在比賽前一天動身赴賽。預留足夠的時間以防萬一。提早預訂房間，確保你有地方可住。

入住房間之後，先找出體重計，確認你的體重符合比賽要求。找到熱身區並查看賽台。好好感受一下這個場地。吃點東西，然後休息。如果主辦單位提早在星期五過磅，那麼別急著入住飯店，先直接去過磅。請你的教練或陪訓員將你的裝備送去檢查。依試舉卡欄位填寫開把（第一次試舉）重量之後，請參閱索引卡片。完成過磅之後，好好吃上一餐，然後回房放鬆。

如果週六早上才會過磅，那麼請在過磅前九十分鐘起床。先洗個熱水澡，這樣有助清醒並且放鬆身體。儘早前去過磅，如果其他選手被叫號時尚未到場，你應可以向前遞補。

過磅是你了解競爭對手的第一個機會。有些人的體型看起來比實際所屬的體重級別大，有些人看起卻比較小。即使他們和你同屬一個體重級別，你也無法單憑肉眼來衡量其實力。你能控制的只有你自己。如果你過分關注對手，頭腦就會開始捉弄你。你會開始質疑自己為什麼要來參加這場比賽。參加舉重比賽感到緊張是難免的。如果你竟不覺得緊張、不安、興奮，如果你的腎上腺素沒有大量分泌，那麼這項運動就不適合你。

介紹比賽規則的簡報非參加不可。如果你有聽不懂的地方或想更進一步了解某項規則，請把問題提出來，說不定其他選手也有同樣的疑惑。務必記住，沒有哪個問題是笨問題。有時，主辦單位改了規則而你卻渾然不知。比方主辦單位可能已經投票通過規則修訂，不再准許選手在臥推放低槓鈴的過程中將頭部從臥推椅上抬起，而以前這動作並不算犯規；又或者，規則可能修改為雙腳必須完全平貼地板，而不再像以前那樣，腳底只要部分接觸地板即可。如果你錯過了比賽規則的說明會，你是不會知道這些修改的，從而讓你在比賽中白白浪費試舉的機會。更糟糕的是，這一疏忽可能打亂你的計畫，讓你比賽當天的流程無法順暢執行。雖然有些選手不在意突然改變計畫，但其他選手可能因此完全亂了手腳。

有裝備的舉重

所謂無裝備的比賽就像它字面的意思一樣，就是除了腰帶、護膝、護腕和背心外，不可穿戴任何裝備。如果你正在接受無裝備比賽的訓練，那麼就無需在每週訓練中添進任何裝備。但只要你願意，還是可以穿戴裝備進行訓練，不過比賽當天，那些裝備都必須拿掉。如果你參加的舉重比賽是帶裝備的，請在訓練期間用上比賽主辦單位所允許的

一切支撐裝備。剛開始時要慢慢來，每二星期才添加一件支撐裝備，直到你穿戴好全套的裝備為止。以下是為深蹲添加裝備的範例，目標是在為期八星期的訓練週期結束後，於第九星期上場比賽。

第一星期：三角褲和健身腰帶

第二星期：三角褲、護膝和健身腰帶

第三和第四星期：三角褲、護膝、不繫肩帶的比賽服、健身腰帶

第五至第八星期：三角褲、護膝、有繫肩帶的比賽服、健身腰帶

第九星期：比賽週；穿著三角褲和健身腰帶進行開場試舉

你應該信任熟知你訓練週期的陪訓員或教練。他們會確認你在深蹲比賽時的出場序。你要採用自己和教練在索引卡片上記下的流程進行熱身。如果你是第一批上台的選手，請在比賽規則簡報後立刻開始熱身，並且穿好舉重裝備。例如，假設你是名列第一批上台的選手，出場順序落在開場深蹲的1號和5號選手之間，那開場試舉會在三十分鐘後進行，而在此之前，你預計要做完四、五個熱身練習。這時你要分配好熱身時間，讓自己每五分鐘能做完一次，之後你才有充裕的時間走到賽台旁，並在開始深蹲前稍作休息。

如果你名列第二批上場的選手，那麼你會有一些時間安頓下來，緩解緊張的情緒並放鬆一下。而這時候你也可以觀察裁判做出評審的情況。有些裁判會比其他裁判要求深蹲得更低，或者比其他裁判要求選手臥推到位時停頓更長的時間，或者其他你需要做好心理準備的小怪癖。一旦第一批選手開始進行第一回合試舉，你就可以開始熱身了。每三到五分鐘做一次熱身練習。等到第一批選手進行到第三回合的深蹲試舉，請你全副裝備上身，完成最後一次熱身。臥推和硬舉之前，請按照同樣的流程做準備。

在為開場深蹲做準備的過程中，等你排到候賽選手的第二順位時，要先套上護膝。等你輪到候賽選手的第一順位時，請拉起肩帶，繫上腰帶，然後將鎂粉塗在手心和背部。如果你是第一次參加健力比賽，那麼緊張是難免的。為讓自己方便，你在開場的深蹲試舉時，請選擇一個可以重複做五次的重量。無論情況如何，即使你覺得舉重服不合適或不舒服，你也可以過關。過去八週你的身體已完成賽前鍛鍊，而過去一星期你更在心理上也做好準備了。不要讓你的自我冒出頭來。這裡介紹一種讓你在比賽中維持競爭力的可靠方法：健力三項的每一項試舉盡可能與你的教練討論，以提高成功率。你做的試舉越多，你建立的信心就越強。你的最終目標是在比賽中取得九次試舉都成功的總成績。這是個人紀錄。如果有機會，你也希望為自己在比賽前辛勤的付出能贏得名次並獲得獎杯或獎牌。

請參閱下一頁的清單表格，並將它複印下來，以便在準備比賽的過程中逐項核對任務。

賽前準備清單

☐ 確認比賽日期並將其記入你的行事曆。

☐ 確認比賽地點（地址）。

☐ 登記參賽並支付報名費。

☐ 確認你加入舉辦比賽的組織會費是否已繳交。

☐ 工作已安排好請假時間，以便往返比賽地點。

☐ 安排合適的出行路線（不要途經通常會塞車的道路）。

☐ 必要的話，先換好零錢以方便支付收費站的過路費。

☐ 決定往返比賽地點的交通方式；如果你駕駛的不是自己的車，那麼請確認你駕駛的車狀況良好（你不希望爆胎延誤你到達賽場的時間）。

☐ 預訂比賽時入住的飯店；至少從比賽前一晚待到比賽後隔天早上。

☐ 下載比賽主辦單位的規則手冊。

☐ 檢查自己的比賽裝備是否合乎主辦單位的要求。

☐ 確定何時安排體重過磅。

☐ 找個體重計，看看自己是否可以先測測體重。

☐ 試著為每個舉重項目的每次試舉製作一張索引卡片。

☐ 打包赴賽行程所需的零食和飲料。

打包補充品：

☐ 蛋白質

☐ 興奮劑

☐ 碳水化合物

☐ 恢復劑

☐ 你習慣服用的其他補充品

摘自 D. Austin and B. Mann, Powerlifting, 2nd ed. (Champaign, IL: Human Kinetics, 2022)。

比賽結束後

比賽結束後，你會迫不及待想吃點東西，並談談比賽之前、之中和之後發生的點滴。你會檢討自己本來可以做得更好的地方，不過最重要的是，你很高興比賽終於結束了。然後你會打聽下一次比賽的日期。

初學者一年應該參加多少場比賽？這個問題很容易回答，只要看你能為每次比賽投

入多少星期的訓練便可得知。如果你的訓練週期是十個星期或是更長，那麼你一年也許只能參加二到三場比賽。如果你的訓練週期為十週或者更短，那你一年參賽的場數便可以提高為三到四次。由於你需要累積經驗、曝光次數和自信心，所以第一年應該參加三場比賽。這將為你在營養攝取、目標（短期、中期、長期）設定、奉獻精神、辛勤鍛鍊、培養耐心、休息恢復、前置準備、事分輕重、克服逆境和永不放棄等方面，提供寶貴的經驗。身為一名新手，即使你夢想成為最好的舉重者，你也不可能在每場健力比賽中都成功舉起理想的重量。你的最終目標應是參加比賽並在巔峰時期盡量舉得更重，從而在每次比賽時增加你的個別重量和總重量。

如果你已參加過幾次舉重比賽，但總成績沒有進步或進步有限，那麼請花一點時間加強較弱的肌肉，並讓強壯的肌肉更加強壯，以便克服你的障礙點，強化你的穩定肌，同時建立更牢固的基底。如果你一直在參加比賽，那麼你將永遠沒有機會開發這些面向。請好好運用你的休賽期間。如果舉重的方式正確，你會更快變得更強壯，你會達到理想的目標。

挑選裝備

一旦踏入健力的天地，請了解一切可用的裝備以及籌辦比賽的組織所允許使用的裝備。當今的裝備日新月異，促進了健力運動的發展。但是，一件裝備能促成的進步還是有限的。想想今天的賽車運動吧。賽車手有一些辦法來讓賽車加快速度，但這些辦法必須合乎規定，同時還須通過檢查。下面的摘要列舉時下的一些附加裝備及其用途。

深蹲服

深蹲服對深蹲的幫助有多大？很大，如果你按照正確的方式使用、以對自己有利的方式使用，效果尤其明顯。貫徹執行你的訓練週期。在週期快結束時，先不穿深蹲服，而且訓練的重量盡可能大。然後才穿上深蹲服，看看你能舉起多少重量。

1970年代，喬治・贊加斯開始使用一件淡黃色、單層布料的超級深蹲服。後來他又大幅改進車縫方式，又將側面和前面的布料剪得更低，這樣一方面可以露出背闊肌，另一方面又可袒現更大片的胸部。這兩處布料的縮減令舉重運動員感覺舒適，因為他們可以呼吸得更輕鬆。他還把肩帶放寬，並推出不同顏色的深蹲服。喬治不斷改進自己的超級深蹲服，其他公司隨之開始設計生產自家的深蹲服。到了1980年代，深蹲服在美國和國際上已十分流行。例如弗雷德・哈特菲爾德（深蹲博士）、戴夫・帕薩內拉、戴夫・沃丁頓和柯克・卡沃斯基等舉重運動員都能蹲舉到1000磅（454.5公斤）或更大的重量。1984年在俄亥俄州代頓舉行的男子國民賽中，第一個在全國比賽中蹲出這個重量的人是李・莫蘭，而且這將成為史上數一數二了不起的深蹲成績。當李靠近1000磅的

深蹲槓鈴並要把它從架上取下時，槓鈴一側的連接環鬆開，槓片隨之脫落，然後另一側也發生同樣的事。這時幫補手四下避走，而李只是站在原地。等槓片重新加載妥當，連接環固定好而幫補手也重新就位，李開始蹲下，然後再將槓鈴頂上來，過程十分順利。觀眾歡聲雷動，而李也極興奮。當時他穿的是單層布料的深蹲服。

在1980-90年代，很少有健力運動員嘗試舉起或成功舉起1000磅（454.5公斤）或以上的重量。進入新世紀後，由於訓練、營養和裝備上的進步，舉重運動員一直在蹲舉1000磅或以上的重量，並且蔚為風氣。今天的健力運動員蹲舉1200磅（545.5公斤）的方式跟1970-80年代的人蹲舉800磅（363.6公斤）的方式一樣。

新式的深蹲服為舉重者的臀部和大腿肌加上最大的束縛力，並且整個深蹲過程中盡量均勻分配體重和壓力，所以能提供支撐力。新式深蹲服的支撐力改善了許多，因為使用更厚、更重的材料縫製。為了讓深蹲服更加合身，無論你採用寬站距還是窄站距，你都可以請人特別為你量身訂做。穿著深蹲服，目的在於為運動員深蹲到底後起身時提供更多的力量、速度和的爆發力。深蹲服最大的進步也許是布料從單層變為雙層，或採用科技混紡帆布。這套衣服的重量接近6磅（2.7公斤），由兩層厚帆布縫製而成，上面繫帶還附鉤環，讓你可以在穿著時自由調整鬆緊程度。你要穿什麼深蹲服上場？這全看主辦單位如何規定。不管你選擇哪種深蹲服，都能保證你至少多舉50磅（22.7公斤）的成績。

臥推衫

臥推衫是約翰‧因澤在1980年代初期發明的。臥推衫問世之前，舉重運動員或穿T恤或不穿T恤，而在那年代也出現很多優秀的臥推運動員。帕特‧凱西是第一個成功臥推600磅（272.7公斤）的人。吉姆‧威廉斯則是第一位在比賽中臥推成績超過600磅的健力運動員；1972年，他在沒穿臥推衫的情況下臥推了675磅（306.8公斤）。比爾‧卡茲邁爾在1981年臥推661磅（300.5公斤），山姆‧薩馬涅戈在1988年臥推655磅（297.7公斤）。下一步就是將成績推上700磅（318.2公斤）了。據報導，吉姆‧威廉斯曾成功臥推出700磅的成績，但消息從未獲證實。為臥推設定標準的人是泰德‧阿爾西迪，他是1985年第一個正式紀錄在案、臥推超過700磅的舉重運動員，成績是705磅（320.5公斤）。女子舉重運動員的臥推紀錄接近400磅（181.8公斤），例如香農‧納什締造的380磅（172.7公斤），或者朝500磅（227.3公斤）的目標努力邁進，例如艾普爾‧馬西斯在無裝備的情況下，臥推最好的成績是457磅（207.7公斤）。

臥推衫剛問世時，許多舉重運動員都敬而遠之，因為他們嫌穿臥推衫的過程太麻煩了。他們通常穿緊身T恤上陣，但普通的棉製緊身T恤缺少聚酯纖維這種關鍵材料。不過舉重運動員很快便意識到，開始穿上臥推衫，因為其他穿臥推衫的選手屢創佳績，不斷打破紀錄。同時製造商也努力提升臥推衫的品質並開發不同的設計。臥推衫的目的在

於幫助選手保持緊繃，並在臥推的整個動作過程中支撐身體，並且有助於胸前的初始驅動，還能保護你的肩膀（無論是否曾經受傷）。

幾乎在每一次大規模的舉重比賽中，都會看到舉重運動員在開場時或試舉時締造個人的、大會的、國家的或世界的紀錄。即使在地區性的舉重比賽中，也會看到大多數的舉重運動員一開場就締造某項佳績。

現今的臥推衫比早期的先進許多。學會讓臥推衫配合你一起發揮優勢，這樣你的臥推磅數必然增加。有些舉重運動員穿上臥推衫後可以多推舉200磅（90.9公斤）以上的重量。

健力新手應將目標設定在找到比賽單位認可的、穿起來最舒適的臥推衫。臥推衫並非每件都一樣。有些單層布料的臥推衫袖角呈90度，有些後面具有彈性，方便讓你拱起背部，有些布料較厚、高領或低領都有。有些臥推衫以雙層或三層布料縫製，讓舉重者在將重量從胸部向上推時力氣更大。還有一些是帶鉤環扣件的牛仔布款式，有些則是露背的。

無論你穿的是哪種款式的臥推衫，一旦適應了單層的款式，你的臥推成績至少能增加30磅（13.6公斤）。如果採用雙層或由其他材質製成的臥推衫，你能臥推的重量就更大了。

硬舉服

硬舉服的設計旨在保持身體緊繃，在開始拉舉時增加拉力、保持背部挺直，並在舉重過程中提供幫助挺直雙腿和伸展臀部的力量。硬舉測試的是你的抓握力和整體肌力。在硬舉時，你要麼舉得起來，要麼舉不起來。男性舉重運動員拉馬爾・甘特是有史以來最傑出的硬舉運動員，曾以123磅（55.9公斤）的體重成功硬舉639磅（290.5公斤），又以132磅（60.0公斤）的體重締造683磅（310.5公斤）的成績。直到世紀之交，只有三名舉重運動員的硬舉成績超過900磅（409.1公斤）：埃德・科恩以220磅（100.0公斤）的體重舉起901磅（409.5公斤），而多伊爾・肯納迪和加里・海西則分別成功舉起903磅（410.5公斤）和925磅（420.5公斤），這在當時是有史以來硬舉最好的成績。加里的硬舉重量一度是最大的，而這項紀錄後來才被英國的安迪・博爾頓的1003磅（455.9公斤）所破。女子舉重運動員斯蒂芬妮・科恩的硬舉紀錄分別為451磅（205.0公斤）、529磅（240.5公斤）和507磅（230.5公斤），所隸屬的三個體重級別分別為114、123和132磅（52、56、60公斤），而查克拉・霍爾科姆則以181磅（82.5公斤）的體重級拉起622磅（282.7公斤）的壯舉，被列為有史以來女性最了不起的硬舉表現。

過去，深蹲服通常兼作硬舉服使用。如今，製造商已設計出一款專用的硬舉服，無論你走的是相撲式還是傳統式，它都可以根據你的需求量身定製，提高你的硬舉能力。由於硬舉服是量身定製的，所以可以讓你將槓鈴拉離地面的那一刻更具爆發力，並在拉

至高點時提供更強的鎖定力。胯下和臀部的強化接縫能使舉重者感覺更緊繃、更有力。你可以根據自己的喜好調整繫帶的鬆緊或鉤環的閉合程度。有些舉重運動員在硬舉過程中十分倚重背部，市面上也有適合他們穿的硬舉服。合適的硬舉服必定能增加你舉起的重量。

健力腰帶

腰帶是從過去的皮革腰帶（後部較寬、前頭較窄）改進而來的。現今改進後的健力腰帶，兩面或一面為麂皮，附帶一個或兩個方便快速扣合的爪頭，或一個可以喀噠上扣的槓桿。這類腰帶是所有聯合會都認可的。

健力腰帶的設計旨在運動員蹲舉和硬舉很大的重量時保護其背部，並為腹部提供推力。新手應該使用單爪或槓桿腰帶，因為穿戴最容易且速度又快。

護膝

護膝的目的在於讓舉重者從重負荷的深蹲站起身時，得以伸展膝蓋、獲得更大力氣，以及更周延的保護。以前的護膝很薄，伸展性不好，很快就耗損了。先進的新款護膝更舒適、更易伸展、更耐用，同時因為更厚，可以保持膝蓋溫暖，提供進一步的保護。一定要充分利用你的護膝。

包覆膝蓋的方法不止一種。新手可以試著從膝蓋的上方或下方開始纏繞護膝，從上到下或下到上包覆膝蓋。如果你想加強效果，可先環狀纏繞膝蓋一圈，然後再以8字形繼續交叉纏繞，最後收尾時在膝蓋上方環形纏繞一圈。護膝綁得越緊越好，這樣膝蓋才能充分受益。也要確知合適包護膝的高低位置，比方綁得太低會導致小腿抽筋。

三角褲

三角褲的好處是在深蹲和硬舉的過程中，為臀部和大腿肌提供額外的支撐。確認穿在深蹲服下的三角褲適合你、讓你感覺舒服。這是穿雙布層深蹲服的錯覺，除非你不必擔心肩帶的問題。如果穿著得當，三角褲可為深蹲至少增加50磅（22.7公斤）的成績，並為硬舉時的鎖定提供支撐。

護腕

以前的護腕非常薄，有的還是從舊護膝上剪下來的，伸展性並不理想。新式護腕可說是短版的護膝，採用的布料也和護膝一樣。這種護腕更舒適、更厚、伸展性更好，也更耐用。這種護腕有一個保留給大拇指的開洞，能讓舉重者將護腕盡量纏緊、纏牢。護腕的末端附有魔鬼氈，可將護腕固定在適當的位置。新式護腕有助於你在深蹲、臥推和硬舉時穩定手腕。

深蹲鞋

　　舉重鞋比過去進步太多了。不必再穿普通的步行鞋深蹲。深蹲鞋提供穩定性、支撐性、舒適性、角度和驅動力（圖12.1）。這種高幫鞋子是膠底的，能為足部提供空間並且帶有鞋跟。你可以依自己的喜好繫上鞋帶。無論你採用哪種款式的深蹲鞋，請確認鞋子合腳，而且如果你是用寬腳距深蹲，還要確認鞋子側邊不會因橫向力量而側翻。

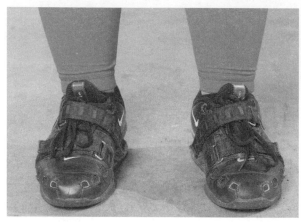

圖 12.1：深蹲鞋。

硬舉鞋

　　過去運動員硬舉和深蹲時穿的鞋是一樣的，就是鞋跟加高的網球鞋。如今，舉重運動員的選擇多了，例如硬舉專用鞋（圖12.2）、摔角鞋、網球鞋等。所有的這些鞋子都帶橡膠底，而且鞋跟不再加高。大多數舉重運動員會從中選擇一種鞋款，因為沒有鞋底墊高，將槓鈴從地面拉至鎖定位置的距離就縮短了。

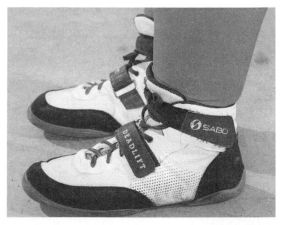

圖 12.2：硬舉鞋。

總結

　　無論你決定加入哪個組織或聯合會，請確認自己了解其規則和規定，並了解該單位允許使用哪些裝備。

第十三章
比賽當天

你已經受訓幾個月了，期間仔細研擬訓練計畫、注意營養攝取、流了不知多少汗水，並學會完美使用裝備。現在是登台比賽的時候了。你在比賽當天和比賽前一天所做的事可能會讓你成功，但也可能讓你失敗。

比賽備品清單

最好簡單擬出一張比賽清單，以便確保比賽所需要的一切都到位了。如果比賽當天你到了會場後才發現，每次自己訓練時穿的那雙鞋子竟然忘在家裡，還有什麼感覺能比這個更糟糕？雖然大多數舉重運動員都熱心助人，願意對你伸出援手，然而這樣小小的變動，可能大幅影響比賽成績。

可能的話，請確認你已準備好所需要的一切，連備份都沒有遺漏。萬一哪件裝備在試舉的過程中出狀況了，你不可能在下一輪試舉前找到合適的替代品。此外，選手通常在臥推開場試舉時，穿著較寬鬆的臥推衫，然後在後續的試舉中才換上緊身的款式。如果選手忘了帶緊身的臥推衫，那麼在後續試舉時必須較為保守。如果選手忘了帶寬鬆的臥推衫，那麼開場試舉的重量必須遠大於平常習慣的。另外，多準備幾雙護膝也是不錯的。許多參賽者喜歡在穿上護膝前將其捲得很緊。如果護膝掉落，就無法將其重新捲緊，因此纏上膝蓋後的感覺也會不同。多帶幾雙護膝，萬一某一雙出現問題，你仍能以相同的方式包覆膝蓋。

每個舉重運動員多少都有個人差異，但下一頁的表13.1列出每次比賽選手必備物品的基本清單。

表 13.1　比賽備品清單

物品名稱	數量	備註
深蹲服		
臥推衫		
硬舉服		
汗衫		
深蹲鞋		
硬舉鞋		
三角褲		
運動胸罩		
T 恤		
套裝和套頭衫		
臥推腰帶		
深蹲和硬舉腰帶		
綁帶收納捲軸		
橡膠綁帶		
護膝		
護腕		
普通襪子		
硬舉襪		
備用裝備		
臥推彈弓		
臥推平衡板		
鎂粉		
爽身粉或滑石粉		
氨氣嗅鹽或其他嗅鹽		
會員卡		
身分證		
慣用的興奮劑		
慣用的蛋白質能量棒		
零食		
運動飲料或電解水		

注意：務必檢查監督比賽的聯合會規定，以確保自己的裝備和服裝符合規定。參見：D. Austin and B. Mann, Powerlifting, 2nd ed. (Champaign, IL: Human Kinetics, 2022)。

賽前檢查清單

比賽前，請先確認你的出行計畫是否周延，提前幾天確認航班編號與起飛時間或是行程路線。接下來，了解是否需要提前過磅體重以及過磅時間。明白這些訊息可以保證自己不致錯估到達目的地的時間。如果你預計到達的時間已超過提前過磅的時間，那麼你改變飲食計畫的時間只有一天而非二天。但是，如果你在比賽前一、二天即已到達，請找到賽場的標準體重秤並量一下你的體重。如果這個秤顯示出的體重比你在家裡量的多出2磅（0.9公斤）或更多，請改變你的飲食以便將體重減下來。

接下來，預訂位於賽場附近的飯店房間，以減少路程時間，但也不妨考慮附近比較經濟實惠的選項。讀一下飯店的住客評論，確保你打算入住的飯店是可以接受的。如果飯店每晚只要四十美元，你卻因為空調壞了或床不舒服而睡不著覺，這對你的舉重成績十分不利。

另外，打聽一下當地的餐館。最好在你熟悉的地方用餐。連鎖餐廳分店數量眾多，這樣對你比較方便。吃你習慣吃的菜。比賽難免令你情緒緊張，新的菜色可能讓你胃部不適。如果比賽日你腹瀉，那成績表現可能不會理想。恐怕沒有人想在全副武裝深蹲時從賽台上衝向廁所。如果你會擔心，也可以請將自己準備的食物放入冷藏箱中帶去。許多舉重運動員都吃自備的食物，因為他們知道自己的身體喜歡什麼、習慣什麼。另一種選擇是，如果你不知道該去比賽地點附近的哪一家餐館用餐，那麼也可以去食品雜貨店購買食物。

提前安排食宿以及想參觀的景點。舉重本身已經夠你操心的了，所以請盡量減少其他的壓力源（比方飯店到餐廳該如何去）。

陪訓員

陪訓員是陪伴你一起訓練過的人。他知道你慣用什麼裝備，知道如何協助你穿戴裝備。此外，陪訓員對你舉重的情況非常熟悉，可以幫助你選擇試舉並有助於你試舉成功。舉重運動員在比賽日的任務就是舉重，而不該分神擔心其他事。比賽當天，陪訓員的工作則是任何舉重以外的事。陪訓員負責注意航班動態、護膝護腕、腰帶，還有打破紀錄或贏得比賽所需的條件。陪訓員的工作比舉重運動員的壓力大得多，但好的陪訓員是培養冠軍的搖籃。

陪訓員即使沒比舉重選手累，至少會和舉重選手一樣累。陪訓員負責加載槓片、包覆膝蓋、拉起肩帶、勒緊腰帶、協助穿上臥推衫、試舉前幫忙調整臥推衫，並繫好臥推腰帶、拉起硬舉服上的帶子、塗抹鎂粉、在每次舉重之間幫選手加油打氣、注意選手技術是否到位、給予提醒，並設法與承受極大壓力的舉重運動員保持好友的關係。在每次

試舉之前，陪訓員都會以積極的鼓勵幫你打起精神。比方你是一部機器，陪訓員知道該按哪顆按鈕才能讓你振奮起來，方法包括拍打你的臉部、背部和頭部。

備用裝備

在比賽日，舉重運動員遇到最糟糕的事可能就是專業服裝被撐破了。但是，如果你參賽的資歷夠長，你應該碰過這種情況。我們不建議你向供應商購買全新的臥推衫、身蹲服或硬舉服，甚至不建議你向其他選手借用裝備。每件裝備都有其獨特性，如果貿然穿上別人的裝備進行接下來的試舉，你可能會受傷。最好的辦法是在你的職涯中保留一些舊裝備。你曾經穿戴那些裝備接受訓練並且熟諳其特性。千萬不要將專業服裝穿到完全磨損。如果你手邊多了一、兩件備用的，就不用擔心裝備迸裂的窘境。

在你的訓練週期中，每隔幾週就可以穿上舊裝備重複做一兩次動作，不為什麼，只為保持穿上它的感覺。另外，如果你改變裝備款式，最好仍保留一些舊東西，以防你後來不喜歡新的裝備。

有些人會帶上所有備用裝備，就怕自己的常規裝備在比賽當天不合用。有些減重並補充水分後的選手，注意到體重沒能像先前那樣正常分配。正因如此，他們會帶來自己所有的裝備，這樣便隨時可以換成更合適的。如果你的臥推衫太緊，那麼沒什麼比將它撐破更麻煩的了。備用裝備還為你提供額外的安全保障，不必擔心發生事情時會手足無措。

裝備收納整理

在整個比賽過程中，你會用到很多裝備，例如換了舉重項目就要換不同的鞋子和不同的護膝、護腕，此外還有舉重鞋、鎂粉等。這些東西擠在健身包中會變得非常雜亂，導致你無法快速找到需要的裝備。這裡有個好建議：可以將每個舉重項目用得著的裝備分裝在幾個單獨的小袋子裡，然後再將小袋子放進較大的行李袋中。而可在多個舉重項目中使用的裝備，則放在較大的包中。這樣一來，你袋子一背就可以去做臥推或深蹲，不必擔心花許多時間翻找。

請將鎂粉裝進拉鍊夾袋裡，然後再置入完全密閉的塑膠容器中。你總不希望萬一行李袋上壓下重物，塑膠容器被擠爆，粉末灑得到處都是。

在健身包的口袋裡放進會員卡、氨氣嗅鹽或類似嗅鹽以及其他你必須快速找出來的重要物品。在口袋裡塞一些小額鈔票也是個好主意，這樣你可以在體力不足時買杯運動飲料來喝。

比賽日熱身

　　首先，進行正常鍛鍊日你都會做的輕度伸展運動。如果感覺肌肉緊繃，請做伸展動作。緊繃的肌肉會令你的動作形式走樣，而做一些簡單的伸展即可解決問題。

　　接下來，要讓血液快速流動起來，但不需要進行劇烈的運動。蹲蹲弓步，徒手深蹲或是仰臥軀幹扭轉。只需讓血液流過身體並放鬆關節即可。當你舉起槓鈴執行第一組真正的熱身動作時，輕微的痠痛應已自行消失了。限制性裝備對肌肉造成壓迫，增加肌肉的核心溫度是防止肌肉受傷的關鍵。

　　最後談到上台舉重前的熱身。前面那一批選手還在比賽時就開始熱身。例如，第四批上場的選手應該在第三批選手正在比賽時開始熱身。你不想倉促進行熱身，但又想整套做完。在大型比賽中，流程的節奏都很快，一批選手下台後緊接著就是下一批選手上場，所以安排好上場前熱身的時間是很重要的。要了解特定比賽日一批選手在賽台上總共去用多少時間，可以請陪訓員計算這段時間的長短，然後將結果乘以三，以便大致估計你有多長時間可以熱身。

深蹲熱身

　　一般熱身做完，就可以開始深蹲熱身了。大多數人開始時不會先穿戴裝備。如果開始時不穿裝備，就要注意是否已經盡量蹲低。下蹲時大腿必須遠低於與地板平行的線，如此一來，才能保證穿戴裝備之後，肌肉有能力讓你蹲得夠深。

　　除了較輕體重級別的選手，大多數人都從135磅（61.4公斤）開始熱身，並將動作重複3到10次。熱身的關鍵在於確保神經系統做好承受負荷的準備，不過這種重量仍輕，不致令舉重運動員感到疲勞。務必記住，只有賽台上舉起的重量才算數，你在熱身室中舉起的重量並不重要。這裡提供一個不錯的建議：這一組動作結束後再增加40磅（18.2公斤）到150磅（68.2公斤）的重量，再做下一組。這樣即確保重複次數和重量都能合適。

　　如果先不穿戴裝備便開始熱身，你接著可以逐漸添加裝備。不要一次就添足所有東西，因為逐漸添加的支撐會使較重的重量顯得較輕，這會讓你上賽台後覺得肌力更強。

表 13.2 深蹲各種起始重量的熱身示例

起始重量	磅數和重複次數
100 磅（45.5 公斤）	槓鈴 × 3-5 65 × 1-3（可以的話加深蹲服，不繫肩帶） 75 × 1（可以的話加護膝） 80-90 × 1
200 磅（90.9 公斤）	槓鈴 × 5-10 95 × 3 115 × 3（可以的話加深蹲服，不繫肩帶） 135 × 1（可以的話加護膝） 155-175 × 1
300 磅（136.4 公斤）	槓鈴 × 10-15 95 × 5 135 × 3 185 × 1（加深蹲服、不繫肩帶） 225 × 1（加護膝） 250-275 × 1
400 磅（181.8 公斤）	135 × 5 185 × 3 225 × 1（加深蹲服、不繫肩帶） 275 × 1（加護膝） 315 × 1 365 × 1（全套裝備，可用也可不用）
500 磅（227.3 公斤）	135 × 5 225 × 3（加三角褲） 315 × 1（加深蹲服、不繫肩帶） 365 × 1（加護膝） 405 × 1 435 × 1（全套裝備）
600 磅（272.7 公斤）	135 × 5 225 × 3 315 × 1（加三角褲） 365 × 1（加蹲舉服下襬） 405 × 1（加護膝） 455 × 1 495 × 1（全套裝備）
700 磅（318.2 公斤）	135 × 5 225 × 5 315 × 3（加三角褲） 365 × 1（加蹲舉服下襬） 405 × 1 495 × 1 545 × 1（加護膝） 585-635 × 1（全套裝備）
800 磅（363.6 公斤）	135 × 5 225 × 5 315 × 3（加三角褲） 405 × 1（加蹲舉服下襬） 495 × 1 545 × 1（加護膝） 585 × 1 635-675 × 1（全套裝備）

臥推熱身

深蹲之後，肩膀經常會很緊繃，必須放鬆回來。試試手臂繞圈，或將毛巾捲成棒狀進行練習以提高柔軟度。首先伸出手臂向前、向後畫大圓圈，肩關節囊後方伸展也非常有助於深蹲後的肩部放鬆。做肩關節囊後方伸展時，請先向右側臥，將右臂直接伸向身體前方，然後彎曲肘部，手指指向正上方。最後請用左手將右手朝地板方向壓下，直到你感覺右肩伸展得很好為止。保持30秒。換邊再做。

還有，深蹲後接著做臥推經常引起背部抽筋。深蹲後伸展背部有其必要，以防止導致後面的臥推訓練時抽筋。牛駝式伸展是深蹲後、臥推前放鬆背部的絕佳練習。牛駝式伸展的重點在於手膝並用，以爬行姿勢開始。小心拱起背部並維持3到5秒，這時你的背部應該像個駝峰。接著，輕輕讓你的背部鬆弛下來，並維持3到5秒，這時你的背部看起來會像牛背。重複五到七次。

雖然大多數聯合會禁止在比賽中使用肘套，但在熱身的過程中使用還是不錯的。肘套提供的額外熱量和支撐力有助於緩解肌腱炎。做前幾組的動作才戴肘套，之後就只穿臥推衫。肘套會稍微改變本體感覺，然而上賽台時不能戴，所以你在熱身室的本體感覺最好盡量接近你在賽台上的本體感覺。

伸展做完，開始要為比賽熱身。與深蹲熱身一樣，你必須在前一批選手還在賽台上時開始臥推熱身。確認前一批選手比賽時間的長短，這樣就知道你有多長時間進行熱身。表13.3顯示穿上臥推衫後，熱身臥推各種起始重量的示例。

表13.3   穿上臥推衫後，臥推各種起始重量的熱身示例

起始重量	磅數和重複次數
100 磅（45.5 公斤）	槓鈴 × 3-5 65 × 1-3（可以的話加護腕） 75 × 1-3（可以的話加臥推衫） 85-90 × 1
200 磅（90.9 公斤）	槓鈴 × 5-10 95 × 3 115 × 3（可以的話加護腕） 135 × 1（可以的話加臥推衫） 155-175 × 1
300 磅（136.4 公斤）	槓鈴 × 10-15 95 × 5 135 × 3 185 × 1（可以的話加護腕） 225 × 1（可以的話加臥推衫） 250-275 × 1

繼續下頁

表 13.3　接上頁

起始重量	磅數和重複次數
350 磅（159.1 公斤）	槓鈴 × 10-15 135 × 5 185 × 3 225 × 1（加護腕） 275 × 1（加臥推衫） 300-320 × 1
400 磅（181.8 公斤）	槓鈴 × 10-15 135 × 5 185 × 3 225 × 3 275 × 1（加護腕） 315 × 1（加臥推衫） 350-365 × 1
450 磅（204.5 公斤）	槓鈴 × 10-15 135 × 5 185 × 3 225 × 3 275 × 3（加護腕） 315 × 1 365 × 1（加臥推衫） 405-425 x 1
500 磅（227.3 公斤）	槓鈴 × 10-15 135 × 5 185 × 3 225 × 3 275 × 3 315 × 1（加護腕） 365 × 1 405 × 1（加臥推衫） 455 × 1
550 磅（250.0 公斤）	槓鈴 × 10-15 135 × 5 185 × 5 225 × 3 275 × 3 315 × 1（加護腕） 365 × 1 405 × 1（加臥推衫） 455 × 1 485-525 × 1
600 磅（272.7 公斤）	槓鈴 × 10-15 135 × 5 185 × 3 225 × 3 275 × 3 315 × 1（加護腕） 365 × 1 405 × 1（加臥推衫） 455 × 1 495 × 1

起始重量	磅數和重複次數
650 磅（295.5 公斤）	槓鈴 × 10-15 135 × 5 185 × 3 225 × 3 275 × 3 315 × 1（加護腕） 365 × 1 405 × 1 455 × 1（加臥推衫） 495 × 1 545 × 1 585-625 × 1
700 磅（318.2 公斤）	槓鈴 × 10-15 135 × 5 185 × 3 225 × 3 275 × 3 315 × 1 365 × 1（加護腕） 405 × 1 455 × 1（加臥推衫） 495 × 1 545 × 1 600 × 1 650 × 1

　　有些人每次在健身房熱身時都有固定的方式。這樣熱身是最好的。例如，一些舉重運動員喜歡以一組五個動作為單位練習。有些人喜歡穿著較寬鬆的臥推衫熱身，然後開場前再換上較緊身的。保持你向來的習慣。比賽當天讓自己覺得舒適是最關鍵的，而且掛心的事能免則免。特別留意你所有的裝備，比方護腕通常看起來都很像，你自己的最終可能不知所終。最好讓你的陪訓員幫你保管護腕。

硬舉熱身

　　硬舉是比賽當天最後一個項目，也是選手最感疲憊的時候。有些人甚至喜歡在開始熱身之前小睡片刻。表13.4列出一套完整的泡棉滾筒例行熱身練習。如果你在比賽前採用這一程序並堅持不懈執行，你也許能夠防止比賽當天出現痙攣和抽筋的問題。

　　硬舉過程務求舒適。臥推之後，很多人會因為先前兩個項目所累積的壓力而出現腰部、臀部和髖部疼痛的現象。肌肉經常因收縮和脫水而痙攣。在硬舉之前，可以喝電解質飲料或其混合物以防止抽筋。你也可以喝泡菜運動飲料或快速補水電解質飲料，但這些飲料通常不容易買到。佳得樂效果很好，倍得力也不錯，都含有電解質，是為有胃腸道問題的兒童開發出來的。

　　表13.5包括硬舉各種起始重量的熱身示例。

按摩也可以幫助緩解痙攣。一些大型比賽現場會有按摩師幫選手放鬆緊繃的肌肉。在舉重項目之間的空檔來一次按摩是最有利於恢復的，肌肉會因此變得柔軟並能正常發揮實力。

表13.4　泡棉滾筒例行熱身練習

	練習項目	重複次數
1	泡棉滾筒大腿後肌	10
2	泡棉滾筒臀肌	10
3	泡棉滾筒下後背	10
4	泡棉滾筒胸椎	10
5	泡棉滾筒背闊肌	10
6	泡棉滾筒小腿肌	10
7	泡棉滾筒髂脛束	10

見第三章這些練習的方式。

表13.5　硬舉各種起始重量的熱身示例

起始重量	磅數和重複次數
100 磅（45.5 公斤）	槓鈴 ✕ 3-5 65 ✕ 3 80 ✕ 1（可以的話加腰帶）
200 磅（90.9 公斤）	槓鈴 ✕ 5-10 95 ✕ 3 115 ✕ 3 135 ✕ 1（可以的話加腰帶） 155-175 ✕ 1
300 磅（136.4 公斤）	槓鈴 ✕ 10-15 95 ✕ 5 135 ✕ 3 185 ✕ 1（可以的話加腰帶） 225 ✕ 1 250-275 ✕ 1
400 磅（181.8 公斤）	槓鈴 x 10-15 135 ✕ 5 185 ✕ 3 225 ✕ 3 275 ✕ 1（加腰帶） 315 ✕ 1 350-365 ✕ 1
500 磅（227.3 公斤）	槓鈴 ✕ 10-15 135 ✕ 5 185 ✕ 3 225 ✕ 3 275 ✕ 1 315 ✕ 1 365 ✕ 1 405 ✕ 1（加腰帶） 455 ✕ 1（可以的話穿上硬舉服）

起始重量	磅數和重複次數
600 磅（272.7 公斤）	135 × 5 225 × 3 315 × 1 405 × 1（加腰帶） 495 × 1（可以穿戴全套裝備）
700 磅（318.2 公斤）	135 × 5 225 × 5 315 × 3 405 × 1 495 × 1（加腰帶） 585 × 1（可以穿戴全套裝備）
800 磅（363.6 公斤）	135 × 5 225 × 5 315 × 3 405 × 1 495 × 1（加腰帶） 585 × 1 675 × 1（全套裝備）

　　然而，並不是所有的比賽現場都備有按摩師，而且花費往往也是個問題。泡棉滾筒是一種可以放鬆肌肉的自助按摩工具，也是比較便宜的替代方案。使用泡棉滾筒時，只需將它放在地上並將肌肉靠著來回滾動即可。如果你感到疼痛，則表示有硬結或沾黏。疼痛是因硬結或沾黏斷裂所引起的。在許多情況下，疼痛會導致你不想做用泡棉滾筒，但你應該反其道而行，就算疼痛，仍堅持使用，直到疼痛消失為止。一次療程不可能修復長期存在的沾黏，但能讓肌肉更柔軟並緩解關節疼痛。

　　關節痛不一定是關節本身受傷，反而是不同部位肌肉發生問題的徵兆。例如，膝蓋痛和背痛通常是髂脛束帶、髖屈肌或大腿後肌的問題引起的。肩痛則是由胸肌或背闊肌的問題引起的。泡棉滾筒滾過有問題的肌肉後，關節疼痛通常就消失了。這將幫助你完成比賽，並讓你知道在下一場比賽來臨前需要解決什麼問題。

試舉選擇

　　試舉的選擇及其變化是有理論可依循的。一種理論適用於大型比賽，另一種則適用於小型比賽。較大的比賽包括區域錦標賽、全國錦標賽和世界錦標賽，而較小的比賽則指在地的小型比賽。

選擇開場試舉

　　對於新手來說，想確定開場試舉該如何，最簡單方法是使用你可以舉起的最大重量來穩健完成健力三項。比賽當天，你會面臨許多訓練過程中料想不到的因素，比如裁判

過程和觀眾。通常，第一次參加比賽的人會在例如「下蹲該蹲多深」、「停頓該停多久」等因素上突然有所了悟。通常，訓練過程並不會考慮到你在比賽日做臥推和硬舉所經歷的疲勞。在訓練中，你會區分深蹲日、臥推日和硬舉日，而不是一天兼顧三項。這就是為什麼在每項比賽時，你仍應以訓練時習慣的重量開場。通過這種方式，你確保可以克服在舉重或裁判判決過程中可能遇到的任何技術困難或問題。你做準備的目的在求成功而非失敗。在隨後的試舉中，你可以嘗試增加多一點的重量，但請把握務實的原則。下一次試舉比上一次增加100磅（45.5公斤），進階的舉重運動員可以這麼做，但如果你是新手，那就應該保守一些。畢竟，如果你是第一次參加比賽，不管你的成績如何，那都是你個人的最佳紀錄。

大多數的進階舉重運動員已有開場試舉的經驗，因此每次參賽都以相同的重量開場。你開場舉的重量應該夠大，這樣才能展現良好的技術，但也不應該太大，以免心生焦慮，甚至挫了自信。在有裝備的訓練中，如果槓鈴的重量不足以達到深蹲時該有的深度或臥推時觸及胸部，參賽者會硬讓它達到。每當舉重者改變身體角度和槓桿作用時，就會發生這種情況。一些舉重運動員會內縮膝蓋或拱起背部以讓裝備稍微鬆弛，以便蹲到足夠深度，有些則會做出圓肩姿勢。在臥推時，有些人會將槓鈴放在比最佳位置更靠近腹部的地方，或者做出圓肩姿勢以讓臥推衫較為鬆弛。雖然這樣做可能讓你蹲的深度合於規定或讓槓鈴觸及胸部，但這會造成身體承受壓力的不安全環境，從而大大增加受傷的機率。因此，你應該在槓鈴上負載足夠的重量，這樣方能以良好的姿勢完成舉重。

你在開場試舉時應抱著必然過關的信心。如果你需要以個人紀錄或更大的重量開場才能完成標準的動作形式，那麼也許應該更換尺寸較大的裝備了。有些人穿著較寬鬆的裝備開場，隨後再換上較緊身的。這樣開場會較輕鬆，不會引發焦慮。接著，一旦進入比賽，他們就會換成較緊、較貼身的裝備，並且大幅跳躍以達成適當的深度。在舉重比賽中，贏得比賽的不一定是最強壯的選手，而是最聰明的那一個，因為他理解並知道如何善用自己的裝備。

大型比賽

在大型比賽中，沒有人關心你的個人紀錄。他們只看你當場表現如何，而你當然希望盡量取得較好的排名。若想達到這目標，請努力爭取較高的總成績，較高的總成績則取決於選手能否恰當配置重量，以便做到九次試舉都成功的佳績。務必記住，你失敗的部分是不計入總成績的。如果你在試舉時採取保守策略，那就保證你可能舉起的最大重量會被計入總成績。例如，如果有位選手從600磅直接跳到650磅，但650磅卻比他實際能舉起的重了10磅，那麼計入其總成績的只會是600磅。然而，如果他舉600磅、625磅和640磅並且全部過關，那麼他總成績的重量將增加40磅。你沒能舉起的重量不會被記錄下來，只有你成功舉起的才會。舉重比賽比較像國際象棋，而不是西洋跳棋。請特

別認真規畫你的試舉配置。

接下來是了解競爭對手的優勢和劣勢。他們是不是只擅長深蹲，而臥推和硬舉就差了一截？還是深蹲和臥推表現平平，但硬舉卻無人能望其項背？如果你知道他們的長處和弱點，並拿來和你的弱點加以比較，你可以在知己知彼的情況下有效率地規畫你的試舉，並讓自己處於主動的地位。請了解他們最佳的個人舉重紀錄，以及他們重現這些紀錄的頻率。如果有人在舉重職涯中，拉起700磅的重量達十五次，那麼你可以相信，比賽當天他能交出700磅的硬舉成績。但是，如果有人在三年前曾成功硬舉過700磅，但是之後沒能再超過675磅，那麼你可以推知對方的實力可能只有675磅左右。要是一個舉重運動員不斷成功舉起某一巨大重量，那麼他們在比賽時再次舉起這樣的重量機會很大，因為那完全在他的能力範圍之內。比方，你知道競爭對手需要硬舉550磅才能打敗你，但這重量他在職涯中只成功舉起過一次，這樣你就可以估計自己的贏面很大。但是，如果對方在最近的十場比賽中有九場成功舉起了550磅，那麼你很可能要舉起比預計更大的重量，才有機會贏得比賽。

你無法控制比賽的一切，但你可以控制自己的試舉，讓試舉依自己的規畫進行。你無法控制你的競爭對手，但你可以盡量讓他捏一把汗。你應以較保守的態度規畫試舉重量，這樣就能一步步贏得你想要的，並讓競爭對手擔心。大多數情況下，如果你採保守攻勢並盡可能累積較高的總分，那麼你就可以控制競爭對手，他多少會感到焦慮，並可能造成試舉失敗一次。

另一個做法是讓你的訓練員在比賽當天記錄競爭對手的舉重成績。如果你知道對方的表現趨勢和得分情況，你就可以十分明白，他們究竟需要舉出什麼成績才能打敗你或者被你打敗，而這都取決誰的總分保持領先。態度保守能幫你累積最高的總分。你只需要舉起能讓你獲勝的重量，而這可能低於你個人的最佳紀錄。

小型比賽

你參加小型比賽是為了締造個人最佳紀錄。說白了，就是你應該舉起最大重量的場合。在這時間點，在這地點上，你要嘗試各種試舉規畫，以便取得最漂亮的個人紀錄。如果旨在贏得勝利，那就參加大型比賽，因為沒人在乎你如何舉重，只想知道你的名次如何。參加小型比賽目的在於盡量舉起最大重量，而且由於競爭較少，萬一搞砸了什麼，也沒什麼大不了的。你花得起時間經常去小型比賽裡看看玩玩，所以是你充分了解自己技術和裝備的場合。參加小型比賽磨練自己，是為大型比賽鋪路。

比賽規則改變時，最好能去參加一下小型比賽。例如，美國健力聯合會在2009年改變了臥推中有關槓鈴胸部觸點的規定。對於選手而言，全國錦標賽是他們第一次按照這個新規則出賽的場合（可能當年的全國比賽正是該規則第一次實施的時候），並且由於規則更動，許多人臥舉項目無法過關。假設他們此前能夠先參加小型比賽來嘗試新規

則，那麼全國錦標賽的結果可能會大不相同。

規則的小小更動是司空見慣的。有些無關痛癢，但有些可能在比賽當天你需要改變表現的方式。幸好大多數的聯合會都會在自己的網站上發布規則更動的消息。務必在比賽前的階段檢查一下主辦單位的規則，以便為比賽預作準備。

參加單個還是多個聯合會的比賽？

若想參加多個聯合會的比賽，那麼該如何做才正確？關於這個問題各方的仍有爭論。這些爭論本質上可以歸結為下面這一句：你是一有比賽就參加，還是像忠於配偶一樣，只忠於某一聯合會主辦的比賽？

選手如果遇賽便去，通常因為他們金錢有限、日程安排較緊。無論哪個聯合會主辦比賽，只要會場位於幾小時的車程範圍內，或是比賽日期你正好騰得出時間，那就是你可以參加的。你喜歡競爭，但機會不多，所以就會把握住每一個機會。比賽規則雖然略有不同，但你可以接受，反正你只想站上賽台。此外，除了掌握不同聯合會舉辦比賽的時間，你還須選出自己最喜歡的是哪一個聯合會，同時打聽誰會參加哪場比賽。

另一種論點則強調你必須忠於某一特定的聯合會。舉重運動員熱愛特定聯合會的一切，對其規則感到滿意，並希望支持該會。他們會設法拉所有的朋友入會，絕不考慮將錢捐給其他的聯合會。他們想，何必換環境比賽呢？這個場地很完美呀！他們想助它提升水準。

這兩群人似乎都對自己選擇的參賽方式充滿熱忱。有時，他們彼此看不順眼，也會說出誹謗的話。也許有人真心喜歡某聯合會，但該會在他較有閒暇的時候偏偏沒有舉辦比賽，所以他也只好參加不同的比賽。關鍵是，舉重運動員做決定時，背後都是有原因的。如果你喜歡某個聯合會，並且有錢有閒，可以遠道前去參加它所主辦的比賽，而且非這種比賽不參加，那就太棒了。不妨繼續展現你的高度忠誠。但如果你沒時間遠赴外地比賽，那麼一定要參加在你地區所辦的賽事。很多賽事總監都會強調對單一聯合會的忠誠如何必要，而他們的所作所為也反映自己的信念。然而，如果你沒能參加他們的比賽，也不要因志在忠誠而不參加其他的比賽。

抽筋

抽筋通常是肌肉過度緊繃、脫水或缺乏電解質所導致。這些現象中的每一種都很容易處理。

如果肌肉過度緊繃，那麼靜態伸展、主動獨立伸展和泡棉滾筒都可以解決問題。靜態伸展是比較傳統的伸展，你可以做出其中一種姿勢並暫時保持不動。在主動獨立伸展

中，你做出一連續性的動作，並在動作做到最大範圍時維持伸展1至2秒，然後重新執行該運動的全部範圍。主動獨立伸展在《主動獨立伸展：馬特方法》（Aaron L. Mattes, 2000）和《瓦爾頓伸展手冊》（Jim Wharton and Phil Wharton, 1996）等書中均有詳細介紹。這些書介紹如何藉由改變練習和關節角度來伸展每塊肌肉，並且主張，主動獨立伸展可以增加動作的運動範圍，而不會降低肌肉生成肌力的能力。基本上，你一方面得益於伸展，一方面不需承受因爆發力減低而產生的不良副作用。

在前面硬舉熱身的部分曾介紹過，泡棉滾筒是一塊長圓柱形的泡棉，質地非常致密，大多數運動和健身用品專賣店以及網路上都買得到。使用泡棉滾筒時，請將其置於地板，然後在其上來回滾動，直到找出痛點為止。痛點經過泡棉滾筒處理後，肌肉通常就會鬆弛得多。

缺乏電解質常引起脫水。一旦脫水，最好喝白開水。白開水吸收得很快，並且不含運動飲料中的糖分。要想了解自己脫水的程度，稱體重就是個好辦法。無論你的體重（以磅為單位）比正常低多少，你都可以將該數字乘以24，並喝下等量盎司的水。例如，減重3磅（1.4公斤）的舉重運動員應該喝72盎司的水（3×24=72）（剛好超過2公升），這樣才能確保補水作用。也別忘記觀察尿液的顏色，二者也是有用的指標。

電解質是體內的鹽分，會經汗水流失。如果你出汗時特別容易排鹽，那麼在比賽過程中可能需要把鹽補回來。如果運動時穿的黑色T恤變白了，你就知道自己容易流失鹽分。這種體質的人不妨選喝佳得樂飲料。然而，這樣也許還不足以防止抽筋，所以你可以去藥房買電解質混合劑和鹽錠來補強。不過有些人服用這麼多鹽胃部會不舒服。這裡也推薦倍得力，這是一種給癒後兒童補充水分的飲料，味道很好，電解質的含量又高。如能買到，快速補水電解質飲料和泡菜運動飲料也都是極佳的電解質來源。

比賽當天的營養

比賽當天不要吃任何你以前沒吃過的東西。倒不是說要吃個漢堡也非得去你經常光顧的餐廳不可，這裡的意思是，如果你一般不吃辛辣的食物，就不應該點洋蔥墨西哥胡椒漢堡。除此之外，你可能得限制當天纖維的攝入量，而且主要食用流質食物。比賽當天你最不想做的事就是為了排便而脫掉舉重服。蛋白質奶昔和佳得樂不至於令胃部不適，前提是你之前就經常服用。

最好隨身攜帶一個裝有佳得樂、三明治肉片、麵包和其他零食的冷藏箱。不要帶牛奶或可能會變質的調味品。

另外，進食務求少量多餐。消化的過程中，胃部需要血液，但你在進行體能鍛鍊時，血液會被調離胃部，結果食物只會留在胃裡，不會消化。身體開始全力工作時（例如試舉），它會自行設法清除胃中食物，結果引發噁心、嘔吐，而這兩者都是舉重運動

員的大忌。在賽台上嘔吐會耽誤賽程，還可能惹得別人背後給你取綽號呢。

如果你有食物過敏的問題，比賽當天請務必自帶所有的食物。交叉污染的風險加上比賽造成的腎上腺素分泌旺盛，可能會引發可怕的後果。

比賽當天的心態

比賽當天無論你多麼緊張，都要顯得親切隨和。你可流露自信的神態，但自信不等於冷漠。你應該對自己信心十足，畢竟你已經為這次比賽訓練了幾個星期，又全心全意將動作形式做到完美無缺的地步，此外也在營養攝取方面竭盡所能，以確保自己準備好了，可以出發赴賽了。你已經完善規畫了開場和隨後所有的試舉，也已知道如何駕馭你的裝備。你知道自己的優點和短處，也明白自己在面對任何情況時應該如何因應。你已經多次想像自己參賽的過程以及自己獲勝的樣子，所以你不是第一次參加這種比賽，而是參加過千百次了。你很自信，因為步入賽場時，你知道自己不可能準備得更充分了。

走向賽台時，始終認定自己必能成功舉起槓鈴。俗話說：「不管你認為自己做不做得到，反正都沒有錯。」這句話用在舉重運動中再真切不過了。如果選手登上賽台時，還對自己的舉重能力存有一絲懷疑，那麼該次試舉就先天不足了。如果選手懷著志在必得的決心走向槓鈴，那麼該次試舉就能圓滿。一名成功的舉重運動員必須高傲與謙遜兼備。幾十年來一直從事這項運動並有傑出表現的運動員即已證明了這一點，例如邁克・布里奇斯、比爾・吉萊斯皮、丹・奧斯汀和路易・西蒙斯等人都是。他們高調展現自己，展現自己的舉重技術，但是你始終聽不到他們吹噓自己的舉重能力。他們不管和誰都可以坐下來談舉重訓練，一談就是好幾小時，並且提供建議。路易・西蒙斯是「西部槓鈴健身房」的創辦人，由於這一光環再加上他的成就和倡議，有些人一直不敢接近他。然而，所有接觸過路易・西蒙斯的人都對他感到驚訝，因為他對訓練持開放的態度，有時邀請那些人到健身房，而且一談就是兩個小時。

減重

減重是比賽當天或比賽前幾天一等一的大事。下面列出幾種方法，所有方法都與排除水分有關。

大多數運動員減重都從營養下手。這種方法對比賽當天的肌力影響最小，而且循序漸進，不需要額外的訓練，因此不會在比賽當天造成選手疲勞。一些運動員偏好在比賽前幾天到幾週內吃喝低碳水化合物的飲食。1公克的碳水化合物會吸附3公克的水，而1公克的蛋白質和脂肪只會吸附等重的水。少吃碳水化合物的話，體重會因水分降低而減少。可能也有少量的脂肪會分解掉（即「脂肪燃燒」），但減去的重量大部分還是水分。

　　為了減掉幾磅體重，一些運動員會限制鈉的攝取。鹽是滲透梯度的一部分，而滲透梯度則是人體自然過程的一部分。生物學告訴我們，水會穿過阻隔，從鹽濃度較高的地方流向鹽濃度較低的地方。如果減少體內的鹽含量，會有更多的水排出去，這是因為水未被滲透梯度維持在那裡。身體流失的水越多，運動員的體重就越輕。

　　許多舉重運動員利用三溫暖或保暖服來幫助排汗。過磅前進三溫暖，體重可以減輕5%到10%。但是這種方法可能很危險，因為身體核心溫度升高和體液減少會引發許多健康問題。如果你只要減掉1到2磅（0.5-0.9公斤），這方法可能非常有效。不過，如果你的減重目標是10到15磅（4.5-6.8公斤），則會對肌力和整體健康產生不利的影響。

　　還有其他的減重方法，但上面這些是最常見的。不管什麼方法都會讓體內流失水分和電解質，必須補充回來。過磅後，適量補充水分是非常重要的。佳得樂是減重後補充水分的絕佳飲品，因為其中含有能使肌肉細胞留住水分的電解質和葡萄糖。如果你只喝水補充水分，身體可能不會留住那麼多，如果沒有葡萄糖來留住水分或鈉，那麼就無法恢復滲透平衡。過磅後，大多數選手習慣喝下一加侖的佳得樂，然後再去用餐。身體沒有足夠的水，就無法恰當消化食物。過磅後的晚餐就是一場競賽，要盡量讓身體吸收營養和水分。據說服用布洛芬等非類固醇抗發炎藥對於補水頗有助益，因為這種藥也能使身體留住水分。

　　人們用來補充水分的另一種方法是靜脈注射輸液。這顯然很不方便，因為取得靜脈注射液以及找到能幫你注射的人都不容易。有些舉重運動員在沒有專業協助的情況下進行靜脈注射，結果造成靜脈萎陷與比賽時無法舉重的遺憾。

　　比賽當天，那些以平時正常體重參賽的人通常能取得最好的成績。那些常年關注自己體重的人，不必經歷劇烈的減重和增重過程。通常，凡是為了過磅而大幅減重和增重的人會遇到裝備不合身的麻煩。他們說體重恢復了，沒錯，但恢復在不該恢復的地方。這種體態變化會導致裝備上的問題，並且是許多裝備被撐破的原因。有時，選手恢復重量過了頭，最後走入賽場時，顯得體態顯得臃腫。如此劇烈的復重結果讓裝備無法適當穿戴，而且選手如果沒有準備適合復重後的備用裝備，通常舉重很難成功。

　　那些以平時正常體重登上賽台的人，知道自己的裝備如何適合自己，所以可以舉起預計的重量。經歷減重和復重過程的人還需解決另一個問題：所有的壓力都以同樣的方式影響身體，所以除了賽事本身的壓力外，身體還要負荷減重和復重所造成的額外壓力。

總結

　　大多數舉重運動員在訓練計畫方面做得很好。然而，有些人在比賽當天馬失前蹄，因為對於賽事本身計畫不周。許多選手竟忘記準備像腰帶或深蹲服一類重要的東西。有些人可能還沒安排好合適的住宿或用餐地點，就倉促赴賽了。有些人可能沒備妥補充品就上路了。有些人由於缺乏計畫或沒有考慮到體重的問題，過磅時不是過重就是太輕。這些問題當中的任何一個都可能對參賽當天造成不良影響。詹姆斯・帕默・曼中校是美國陸軍的一名後勤軍官，曾做過多場演講，主題大部分圍繞著他所謂的六個P。如下是根據有關那六個P的陳述所改寫的句子：

Proper planning prevents pathetically poor performance.
合宜的計畫能防制可悲的彆腳表現。

　　務必利用各種清單和事前考量來恰當安排你的參賽日。請讓舉重成為比賽當天唯一重要的事，不要因為該吃什麼食物或是上哪裡去找布洛芬的問題讓自己煩心。

健力運動之父比爾‧克拉克的故事

　　每年七月中旬，在密蘇里州寧靜的哥倫比亞市都會舉辦一場推拉比賽，是一年一度廣及全州的「索證之州運動會（Show-Me State Games）」的一部分，涵蓋一切你想像得到的運動項目。該推拉比賽在一所初中的多功能教室裡舉行。一位少說有七十歲的白髮紳士蹣跚走進門為活動開場。這人走起路來好像身上每個關節都換上人工的（其實也差不多是這樣了），但仍然是個力氣不小的大塊頭，一副誰也招惹不起的模樣。他的低沉吼聲和儀態舉止在在凸顯出他的來頭。每年的比賽規則介紹都以同樣的說明開始：「我不在乎你效忠哪個聯盟，也不管你的規矩是哪一套，反正今天就要按這裡的規矩。如果你照做了，就不會有問題了。」

　　有些人聽了很不高興，或者乾脆不參加了。他們心想：「嘿，這誰呀？為什麼輪到他來指揮我怎麼做？這運動我都玩五年了。」這個人是比爾‧克拉克，就是健力運動委員會還活著的最後一名創會委員。

　　克拉克先生在卡車司機休息站裡的一家咖啡館接受採訪。他告訴我們健力運動的起源以及自己參與其中的經歷。他一談就是好幾個小時，分享健力、奧林匹克舉重、跑步、賞鳥和平日生活的點點滴滴。

　　最早只有奧林匹克舉重。這是一項比賽肌力的運動，由「業餘運動聯盟」（簡稱AAU）贊助並擬定規則，而在1981年以前，該聯盟幾乎負責所有的運動項目。美國的奧林匹克舉重有超過10000名從在地級到國際級的各級選手。1960年，另一種較量肌力的運動出現了。那個年代，每個接受奧林匹克舉重訓練的人都會以深蹲和硬舉作為補充。因為競爭對手就愛相互比較，所以大家聚在一起，籌辦起尚未獲得認可的比賽，看看在深蹲和硬舉這兩個練習中，誰舉得最重。起先，深蹲和硬舉是與架上挺以及規矩很嚴格的彎舉結合在一起。（雖然前三個練習與提升奧林匹克舉重的能力直接相關，但最後一項之所以會被包括進來，主要是因為大家都喜歡做彎舉。這一點一直以來沒有太大的變化。）比爾記得：「奧林匹克舉重運動員不太做臥推，主要因為他們不想讓肩膀變緊。不過其他人都在做，所以臥推很快就成了非正式舉重比賽的項目。」後來非正式的舉重被標準化了，新式比賽包括臥推、深蹲、硬舉、架上挺和競賽舉重，但很快架上挺就被彎舉取代了。

　　到了1963年，克拉克和其他一些先驅決定與AAU接觸，希望透過申請，讓自己的

組織取得小組委員會的地位。在AAU看來，健力或將成為奧林匹克舉重的一個分項，AAU可以支持錦標賽的舉辦，並負責驗證紀錄。奧林匹克舉重委員會斷然拒絕。雖然有人說了重話，但投票結果仍是不准。1963年舉行第一次全國健力比賽，但該比賽未獲認可，只能稱為公開賽而不是錦標賽。由於AAU的過度干預，該比賽不能定義為錦標賽。大家注意，此時AAU仍掌控著美國每種運動項目的方方面面。全國健力公開賽正是在密蘇里州比爾・克拉克的家鄉哥倫比亞舉行的。

經過1964年的第二次申請，健力終於成為一項被認可的運動。不過，這一次奧林匹克舉重界內部的意見卻不一致。許多人都聽過在賓夕法尼亞州約克市經營「約克槓鈴公司」的鮑勃・霍夫曼和他的傳奇。約克槓鈴是所有肌力相關事物的聖地，從時事通訊到補充品、從設備再到奧林匹克舉重。鮑勃・霍夫曼是當時奧林匹克舉重界最受推崇和尊敬的人。比爾・克拉克在青年奧林匹克舉重全國錦標賽和少年奧林匹克舉重全國錦標賽籌辦的過程中，結識了霍夫曼先生。由於克拉克協助舉辦這兩次比賽，這份友誼得以充分發展。後來克拉克再度提議投票，這次終於險勝過關，讓健力運動在AAU全國主席戴夫・馬特林的任內獲得認可。為了彰顯這項新運動的地位，為它而設的全國錦標賽應運而生。舉辦地將由下列兩個城市中票選出來：賓夕法尼亞州的約克和密蘇里州的哥倫比亞。約克以多出一票的結果獲得在約克槓鈴公司舉辦全國錦標賽的權利。

克拉克的影響力不僅止於健力運動的肇始階段。克拉克在監獄體系及其舉重社群投入很多心力。1962年起，克拉克在堪薩斯州萊文沃思的萊文沃思監獄，為囚犯舉辦奧林匹克舉重比賽。1964或65年，他擴大賽事範疇，將健力也涵蓋進去。監獄裡有很多健壯的人在玩舉重。雖然許多人擔心，監獄引進舉重運動將會造就出力氣更大、身形更魁梧的罪犯，但克拉克卻認為囚犯能藉此學會遵守紀律，且能讓他們天天都有期待、有目標。這項運動可以燒掉曾經驅使他們惹是生非的過剩精力，而實際上他們也變得較為平和。克拉克說，每當他和助手來監獄為囚犯主持比賽時，警衛都很歡迎。囚犯輸了比賽後，會想要更加努力接受訓練，專注於超越對手，以至於未來還會把這種自律精神轉移到生活的其他面向上。克拉克認識幾個因舉重而改變日後生活的監獄囚犯，他們都變成了極具生產力且守法的公民，同時它也發起了美國全國監獄郵政舉重錦標賽。囚犯當然不能走出監獄圍牆到外面參加比賽。為了彌補這一缺憾，在為期兩週的時間裡，每座監獄都會各自舉辦比賽，並請裁判進來觀賽。每次比賽的成績都會從全國各地發送給克拉克，而且等成績全部送達，就會進行匯總和排名，然後據此選出冠軍。參加錦標賽的監獄後來增加到五十多座。

克拉克在女子舉重運動的創立上亦居功甚偉，並且於1976年籌辦了第一次選手皆為女性的舉重比賽。他運用了一些言詞技巧才讓AAU批准那次比賽，但比賽結束後大家才意識到那是怎麼回事，有些人因此感到很不舒服。此次是傳奇人物朱蒂・格倫尼第一次參加比賽，也為她開啟一條道路，讓她以舉重者和普通個人的身分成為健力運動中

深具影響力的女性。

　　克拉克的健力之旅是一條非常曲折的道路。這趟旅程始於1951年，當時他去當兵，看到一些人在舉重房裡從事的活動。1953年，他被派往韓國，卻誤打誤撞到了日本。在這兩國，他目睹了小個子竟能舉起驚人重量的場面，從此深深被迷住了。不過，由於當年他缺乏持續練習舉重的機會，所以只能將興趣擱置下來。

　　克拉克於1958年回到美國，為家鄉哥倫比亞的問題青年創辦了拳擊俱樂部。1959年拳擊賽季結束後，克拉克的弟子決定在休賽期找點事做，並認為練舉重是個好主意。在一次偶然的機會裡，克拉克在密蘇里州的富爾頓遇到了唐·威克爾。唐是1940年那個年齡段的奧林匹克舉重比賽州冠軍，而且家裡碰巧有一套舊的舉重設備。於是克拉克那批練拳擊的弟子，在淡季時開始練起了舉重。他們在克拉克的指導下變得十分強壯，並認為自己已經強壯到可以參加舉重比賽了。密蘇里州沒有這類比賽，因此，克拉克聯繫了州主席約瑟夫·範努耶博士，請他主辦一場。這原本可能弄得一團糟，因為這類比賽克拉克甚至連一場都未見識過，更別說籌畫了。幸好其中有位參賽者恰好曾經拿下全國冠軍，而他的教練也願挺身而出，急就章地帶頭協助他們如何辦理比賽。

　　克拉克不折不扣是個純粹主義者，也難怪他那麼認真，畢竟他曾參與制定這項運動的每一條規則。他不喜歡選手穿戴臥推衫、腰帶、護膝護腕，看不慣蹲得不夠深、停頓時間短或者任何背離比賽規則字面和精神原旨的東西。克拉克目前參與和肌力運動相關的部分，只剩下自己經營的克拉克健身房（日常訓練加上偶爾舉辦的非正式舉重比賽）以及「索證之州運動會」的健力項目。

　　克拉克曾在北美各國為棒球界發掘明日之星、贏得健力和舉重的大師賽、創立「美國之心馬拉松」（公認為是美國難度第二高的馬拉松比賽），總之見多識廣並親身參與。因為他對許多運動付出心力，值得所有運動員和運動迷推崇並尊敬。很榮幸能認識這位對舉重運動做出巨大貢獻的人。

作者簡介

丹‧奧斯汀（Dan Austin），肌力與體能訓練大師，南卡羅萊納大學運動效能中心助理主任。他從2002年以來即在該大學的田徑隊和馬術隊任職。在加入南卡羅萊納大學之前，他是俄克拉荷馬州立大學、密西西比州立大學、內華達大學拉斯維加斯分校、田納西州立大學和德州奧斯汀佩伊州立大學的首席肌力教練。在俄克拉荷馬州立大學期間，他獲選為「12大聯盟（Big 12 Conference）」的年度肌力和體能教練。奧斯汀在紐貝里學院取得健康暨體育學系的教育學士學位，其後又畢業於德州奧斯汀的佩伊州立大學的碩士班。他擔任肌力與體能教練已超過二十五

年。奧斯汀獲得美國舉重協會、國際體育科學協會、全國速度與爆發力協會，以及大學體能教練協會的認證，同時也是運動體能專業的二級專家。他是大學肌力與體能訓練大師（MSCC），而該頭銜是肌力教練可以獲得的最高認證。奧斯汀投身健力超過三十五年，並於2011年入選健力運動名人堂。在他的職業生涯中，總共贏得十次世界健力錦標賽冠軍和十八次全國冠軍，同時保持著硬舉和組合重量總成績的多項世界紀錄。他獲選為有史以來148磅級最傑出的健力運動員，也是第一位體重148磅以下、硬舉成績超過700磅的舉重選手。

布萊恩·曼（Bryan Mann）博士，認證體能訓練專家（CSCS），自1996年以來即投身健力運動，迄今在高中組、青少年組和年輕運動員組中締造了無數的佳績。在高中和大學的整個階段中，曼曾四度獲得國家級、二度獲得世界級自然運動員力量協會（Natural Athlete Strength Association）的健力比賽冠軍，並公認為同年齡段世界排名前二十的運動員。曼目前是邁阿密大學運動科學與肌動學的臨床助理教授。此外，他還自願為體育系奉獻，為許多隊伍的訓練方法和計畫提供建議。在這之前，他曾擔任密蘇里大學、密蘇里州立大學、塔爾薩大學和亞利桑那州立大學的體能

教練。在擔任肌力和體能教練期間，他曾與許多有志邁入體育職涯的運動員以及奧運選手合作。曼於2003年獲得密蘇里州立大學的健康促進學位，於2004年獲得體育管理研究生證書，於2006年獲得健康教育與促進的碩士學位，最後於2011年獲得健康教育與促進的博士學位。曼是國家體能訓練協會（NSCA）認證的體能訓練專家。

中英名詞對照表

人物

三至五畫

大衛・考克　David Cook

山姆・薩馬涅戈　Sam Samaniego

丹・奧斯汀　Dan Austin

丹尼・梅洛　Dani Melo

比爾・卡茲邁爾　Bill Kazmaier

比爾・吉萊斯皮　Bill Gillespie

比爾・克拉克　Bill Clark

加里・海西　Gary Heisey

布拉德・吉林漢姆　Brad Gillingham

布萊恩・曼　Bryan Mann

布萊恩・薩姆納　Blaine Sumner

布賴恩・奧德菲爾德　Brian Oldfield

弗雷德・哈特菲爾德　Fred Hatfield

六至十畫

列昂尼德・馬特維耶夫　Leonid Matveyev

吉姆・威廉斯　Jim Williams

多伊爾・肯納迪　Doyle Kenady

安迪・博爾頓　Andy Bolton

托尼・博洛尼奧　Tony Bolognone

托馬斯・德洛姆　Thomas DeLorme

朱蒂・格倫尼　Judy Glenney

艾普爾・馬西斯　April Mathis

艾薩克・牛頓　Isaac Newton

克里斯蒂安・坎特威爾　Christian Cantwell

克羅頓的米洛　Milo of Croton

希爾德堡・哈格達爾　Hildeborg Hugdal

李・莫蘭　Lee Moran

里克・麥奎爾　Rick McGuire

里基・戴爾・克雷恩　Rickey Dale Crain

亞歷山大・普里勒平　Alexander Prilepin

帕特・凱西　Pat Casey

拉扎爾・巴羅加　Lazar Baroga

拉里・帕西菲可　Larry Pacifico

拉馬爾・甘特　Lamar Gant

拉爾夫・維納基亞　Ralph Vernacchia

查克拉・霍爾科姆　Chakera Holcomb

柯克・卡沃斯基　Kirk Karwoski

珊德拉・坎珀　Sandra Cumper

約瑟夫・範努耶　Joseph Van Nuye

約翰・因澤　John Inzer

迪克・哈策爾　Dick Hartzell

香農・納什　Shannon Nash

唐・布魯　Don Blue

唐・威克爾　Don Wickle

唐尼・湯普森　Donnie Thompson

埃德・科恩　Ed Coan

泰德・阿爾西迪　Ted Arcidi

十一畫以上

基思・卡頓　Keith Caton

深蹲博士　Dr. Squat

傑伊・弗萊　Jay Fry

傑伊・施羅德　Jay Schroeder

傑森・佛萊　Jason Fry

喬治・贊加斯　George Zangas

斯蒂芬・科維　Stephen Covey

斯蒂芬妮・科恩　Stefanie Cohen

普里西拉・里比奇　Priscilla Ribic

塔馬斯・阿讓　Tamás Aján

瑞奇・戴爾・克萊恩　Rickey Dale Crain

蒂尼・米克　Tiny Meeker

詹妮弗・湯普森　Jennifer Thompson

詹姆斯・內斯梅特少校　Major James Nesmeth

詹姆斯・帕默・曼　James Palmer Mann

路易・西蒙斯　Louie Simmons
漢斯・塞利　Hans Selye
維克多・弗蘭克爾　Viktor Frankl
鮑勃・霍夫曼　Bob Hoffman
戴夫・沃丁頓　Dave Waddington
戴夫・帕薩內拉　Dave Pasanella
戴夫・馬特林　Dave Matlin
邁克・布里奇斯　Mike Bridges

運動專有名詞

三至五畫

J曲線臥推　J-curve bench press
T槓划船　T-Bar Row
V型拉力桿　V-handle
V形坐姿　V-sit
W型彎曲槓　EZ curl bar
力量波動　strength grooves
力學優勢　mechanical advantage
三頭肌轉動伸展　Rolling triceps extension
上上下　Up-Up-Down
下斜臥推　decline press
弓步走　walking lunge
弓背早安式　arched-back good morning
弓箭步　lunge
不穩定表面訓練　unstable surface training
中立握支撐胸部划船　Neutral-grip chest-supported row
中立握姿滑輪下拉　Neutral-grip pull-down
中步距深蹲　Medium Squat Stance
反向彈力帶臥推　Reverse Band Bench Press
反握滑輪下拉　Reverse-grip pull-down
引導放鬆　guided relaxation
引體向上　pull-up
引體向上單槓　pull-up bar
手槍式深蹲　pistol squat

支撐胸部划船　chest-supported row
木塊墊高硬舉　deadlift off a block
小牛槓　buffalo bar
牛駝式伸展　cow-camel stretch
主動獨立伸展　active isolated stretching
凸輪　cam
加速肌力　accelerative strength
半跨欄　Half hurdler
古巴上推　Cuban Press
可調式槓鈴架　a b rack
四塊臥推板臥推　Four-board press
四環彈力帶　Quadruple one individual band
布拉德福德推舉　Bradford Press
平板支撐　Plank
平衡單腿深蹲　Counterbalance Single-Leg Squat
正反手並用握法　the alternate grip
正手　pronated (overhand) grip
正面聳肩　Shrugs in Front

六至十畫

仰臥扭轉軀幹　Lying reverse trunk twist
仰臥臂屈伸　Skull Crusher
仰臥軀幹扭轉　lying trunk twist
仰臥懸垂臂屈伸　Inverted Row
地板臥推　floor press
地毯臥推　Carpet Press
安全深蹲槓　Safety Squat Bar
安全槓　safety bar
早安式　Behind-the-head good morning
曲膝橋式　Glute Bridge
次大重量法　submaximal weight method
肌力連續區　strength continuum
肌肥大　hypertrophy

自由重量　free weight

自動調節漸進式阻力運動法　autoregulating progressive resistance exercise (APRE)

伸腿訓練機　leg extension machine

低強度　dynamic lower

佛薩瓦氏壓力均衡法　Valsalva Maneuver

坐姿上搏　seated clean

坐姿低划船　seated low row

坐姿抓舉　Seated Snatch

坐姿啞鈴抓舉　Seated dumbbell snatch

坐姿滑輪纜繩訓練機　Seated Cable Row

坐姿槓鈴過頭推舉　Overhead Pin Press

坐姿髖關節 90/90　90/90

坐姿纜繩划船　Seated Low-Cable Row

完全力竭　training to failure

快速深蹲　Speed Squat

抓舉高拉　high-pull snatch grip

赤字硬舉　Deficit Deadlift

足背屈　dorsiflexion

固定弓步蹲　Stationary lunge

屈腿訓練機　leg curl machine

帕諾拉下壓　Panora Push-Down

延遲轉換效應　delayed transformation effect

拉雪橇　Sled pulls

放鬆日　light day

直立划船　upright row

直腿硬舉　Stiff-Legged Deadlift

直線臥推　straight-line bench press

肩帶　straps

肩關節囊後方伸展　posterior capsule stretch

臥推平衡板　Board

長毛象深蹲槓　mastodon

阻力性裝備　restrictive gear

阻力訓練　resistance training

非均勻訓練　chaos training

保加利亞分腿深蹲　Bulgarian Split Squat

保險槓片　bumper plate

前抱式深蹲　Zercher squat

前深蹲　front squat

後三角肌平舉　Rear Delt Raise

後跨步　reverse lunge

拱形槓　cambered bar

架上臥推　rack press

架上挺　jerk from the rack

架上硬舉　rack pull

活塞下推　Piston Push-Down

科技混紡帆布　canvas hybrid

迪梅樂硬舉　Dimel Deadlift

重度架上硬舉　heavy rack pulls

重複竭力法　repetitive effort method

俯身划船　bent-over row

俯身臂屈伸　kickback

俯臥直腿後擺　reverse hyper

倒 U 理論　inverted-U theory

借力推舉　push press

庫克模型　Cook's model

徒手深蹲　body-weight squat

核心舉重　core lift

特定適應性訓練　SAID principle

窄距臥推　close-grip bench press

窄距傾斜推舉　close-grip incline press

站姿藥球肱三頭肌伸展　Medicine ball standing triceps extension

胸前負重臀腿抬升　Glute-ham raise with weight held on chest

高容量推舉　volume press

高峰階段　Circa-Max Phase

高腳杯式深蹲　Goblet squat

高槓式　high bar placement

十一至十五畫

健力　powerlifting

健美　bodybuilding

動量運動　movement of momentum

啞鈴弓步蹲　dumbbell lunge

啞鈴划船　Dumbbell Row

啞鈴架　weight tree

啞鈴俯身前平舉　Dumbbell bent-over front raise

啞鈴俯身飛鳥　Dumbbell bent-over fly

啞鈴側弓步蹲　Dumbbell side lunge

啞鈴側平舉　Dumbbell lateral raise

啞鈴深蹲　Dumbbell squat

啞鈴單手抓舉　Dumbbell one-arm snatch

啞鈴登階　Dumbbell step-up

啞鈴聳肩　Dumbbell Shrug

啞鈴羅馬尼亞硬舉（RDL）　Dumbbell Romanian deadlift (RDL)

將壺鈴高舉過頭的農夫走路　Overhead farmer's walk

推拉比賽　push-pull meet

深蹲回彈掛勾　monolift

深蹲架膝蓋鎖定　Rack Lockout at the Knees

猛拉　Herky-jerky

速潛技術　dive technique

連接環　collar

傑佛遜式舉重　Jefferson Lift

單手壺鈴底朝上式肩推　Kettlebell military press

單臂啞鈴划船　Single-Arm Dumbbell Row

壺鈴　Kettlebell

壺鈴直立划船　Kettlebell upright row

壺鈴深蹲　Kettlebell squat

壺鈴單臂划船　Kettlebell one-arm row

壺鈴單臂擺動　Kettlebell one-arm swing

壺鈴硬舉　Kettlebell deadlift

壺鈴瞬發上搏　Kettlebell power clean

壺鈴擺盪　Kettlebell Swing

奧林匹克深蹲　Olympic squat

提踵　Calf Raise

普里勒平表　Prilepin's Table

最大負重日　maximal effort day

最大負重法　maximum effort method

最大負重試舉　maximal attempt

最大舉重　maximal lifts

最高速度日　dynamic effort day

最高速度法　dynamic method

發力率（RFD）　rate of force development

硬舉　deadlift

等長性肌肉收縮運動　isometric position

絕對肌力　absolute strength

超級組合　superset

超速離心運動　overspeed eccentric motion

超量補償　supercompensation

圓背硬舉　rounded-back deadlift

微蹲　quarter squat

滑輪下拉　Lat pull-down

腦後深蹲借力推舉　Behind-the-head squat push/press

腹翅　ab wings

跪姿髖關節伸展　Kneeling quad/hip flexor

跳箱　box jump

運動徵召　motor recruitment

過頭划船　overhead rowing

過頭推舉　overhead press

過頭深蹲　Overhead Squat

懸吊式划船　Suspension Row

懸垂壺鈴臥推　Suspended kettlebell bench

懸垂式上搏　hang clean

彎舉　curl

變動阻力　accommodating resistance

鸚鵡螺機　nautilus machine

人體

一至五畫

一氧化氮　nitric oxide

二頭肌　biceps

三角肌　deltoid

三頭肌　triceps

三磷酸腺苷—磷酸肌酸系統　ATP-PC energy system

大肌肉運動　gross movement

大圓肌　teres major

大腿後肌　Hamstring

中樞神經系統　Central Nervous System

內收肌　Adductors

六角槓聳肩　Trap Bar Shrug

心肌梗塞　myocardial infarction

心肺的　cardiorespiratory

心輸出量　cardiac output

比目魚肌　Soleus

毛細血管　capillaries

主肌群　major muscle group

半腱肌　semitendinosus

半膜肌　semimembranosus

外肌膜　epimysium

左心室　left ventricle

平行彈性組織　parallel elastic component

生理學／生理現象　physiology

甲狀腺激素　thyroid hormone

六至十畫

多巴胺　dopamine

收縮力　contraction force

收縮組織　contractile components

有氧代謝　aerobic metabolism

肌力　strength

肌小節　sarcomere

肌內　intramuscular

肌肉大小　size

肌內膜　endomysium

肌肉學習　muscle learning

肌束膜　perimysium

肌原纖維　myofibril

肌動蛋白　actin

肌球蛋白　myosin

肌間　intermuscular

肌腱　tendon

肌腱炎　tendinitis

肌纖維　muscle fiber

自主交感神經系統　sympathetic autonomic nervous system

血管收縮　vasoconstriction

血管擴張劑　vasodilator

串聯彈性組織　eries elastic component

作用肌　agonist

快縮肌纖維　fast-twitch fibers

抗分解代謝　anticatabolic

肝糖　Glycogen

足弓　arch

沾黏　adhesion

乳酸　lactic acid

乳糖不耐症　lactose intolerance

呼吸速率　respiratory rate

股二頭肌　biceps femoris

股二頭肌長頭　long head of biceps femoris

慢縮肌纖維　slow-twitch fibers

滲透梯度　osmotic gradient

精胺酸　arginine

腿後肌　hamstrings

輔助肌　secondary mover

增進機能的　ergogenic

膕肌　popliteus

彈卡計　bomb calorimeter

豎脊肌　spinal erector

橫膈膜　diaphragm

磷酸肌酸　creatine phosphate

臀大肌　Gluteus maximus

臀中肌　Gluteus medius

闊筋膜張肌　tensor fasciae latae

爆發力　power

穩定肌　stabilizer

穩定肌群　stabilizing muscles

關節軟骨　joint cartilage

髂脛束　IT band

髖屈肌　hip flexor

補充品和營養素

γ-胺基丁酸（GABA）　gamma aminobutyric acid

一水肌酸　creatine monohydrate

升糖指數　glycemic index

加乘效果　synergistic effect

布洛芬　ibuprofen

瓜胺酸　citrulline

合成代謝激素　anabolic hormone

肌酸　creatine

利尿劑　diuretics

巨量營養素　macronutrient

泡菜運動飲料　pickle juice

佳得樂　Gatorade

咖啡因　caffeine

非必需胺基酸　nonessential amino acids

本內胺酸　phenylalanine

倍得力　Pedialyte

氨氣嗅鹽　Ammonia caps

胺基酸　amino acid

胺基糖　amino sugar

能量膠　gel

脂溶性維生素　fat-soluble vitamins

偽麻黃鹼　Pseudo-ephedrine

條件式必需胺基酸　conditionally essential amino acid

蛋白粉　protein powder

軟骨素　Chondroitin

嗅鹽　Nose Tork

羥甲基丁酸鈣（HMB） Hydroxymethylbutyrate

葡萄糖胺　Glucosamine

酪胺酸　tyrosine

電解質　electrolyte

滲透平衡　osmotic balance

碳水化合物　carbohydrate

碳酸鈣　calcium carbonate

靜脈注射輸液　intravenous (IV) fluid

麩醯胺酸　Glutamine

褪黑激素　melatonin

磷酸肌酸　creatine phosphate

檸檬酸肌酸　creatine citrate

檸檬酸鈣　calcium citrate

纈草　valerian

鹽錠　salt tablet

其他

代頓　Dayton

正壓力　eustress

生命線　Lines for Life

伊利諾州　Illinois

全國精神疾病聯盟　National Alliance on Mental Illness

西部槓鈴健身房　Westside Barbell

芝加哥　Chicago

俄亥俄州　Ohio

思考中斷法　Thought Stoppage

洛杉磯　Los Angeles

流體球效應　fluid ball effect

美國全國監獄郵政舉重錦標賽　U.S. National Prison Postal Weightlifting Championship

美國全國衛生基金會　NSF International

美國健力（USAPL）　USA Powerlifting (USAPL)

美國健力聯合會　United States Powerlifting Federation (USPF)

美國國家體能協會　National Strength and Conditioning Association (NSCA)

軍人球場　Soldier Field

哥倫比亞市　Columbia

埃文斯頓　Evanston

索證之州運動會　Show-Me State Games

國家預防自殺生命線　National Suicide Prevention Lifeline

國際世界運動會協會　International World Games Association (IWGA)

國際健力聯合會（(IPF）　International Powerlifting Federation (IPF)

國際奧林匹克委會　International Olympic Committee (IOC)

國際舉重聯合會　International Weightlifting Federation

密蘇里州　Missouri

產品目標　product goals

堪薩斯州　Kansas

富爾頓　Fulton

萊文沃思　Leavenworth

業餘運動聯盟　Amateur Athletic Union (AAU)

過程目標　process goals

《主動獨立伸展：馬特方法》　*Active Isolated Stretching: The Mattes Method*

《出奇制勝從心開始》　*Coaching Mental Excellence*

《瓦爾頓伸展手冊》　*The Whartons' Stretch Book*

《高效人士的七個習慣》　*The 7 Habits of Highly Effective People*

《舉重：適合一切運動》　*Weightlifting: Fitness for All Sports*

健力三項鍛鍊全書
訓練 × 飲食 × 心態 × 比賽

作者　丹・奧斯汀（Dan Austin）、布萊恩・曼博士（Bryan Mann, PhD）
內頁攝影　Adam Bratten Photography／©Human Kinetics
譯者　翁尚均
審定　Frankenstein Strength System 健力團隊（第一至第三章）、
　　　Pigs Barbell 健力三項團隊（其餘章節）
主編　劉偉嘉
校對　魏秋綢
排版　謝宜欣
封面　萬勝安
社長　郭重興
發行人　曾大福
出版　真文化／遠足文化事業股份有限公司
發行　遠足文化事業股份有限公司
地址　231 新北市新店區民權路 108 之 2 號 9 樓
電話　02-22181417
傳真　02-22181009
Email　service@bookrep.com.tw
郵撥帳號　19504465 遠足文化事業股份有限公司
客服專線　0800221029
法律顧問　華陽國際專利商標事務所　蘇文生律師
印刷　成陽印刷股份有限公司
初版　2023 年 4 月
定價　600 元
ISBN　978-626-96958-0-5

有著作權，侵害必究

歡迎團體訂購，另有優惠，請洽業務部 (02)2218-1417 分機 1124

特別聲明：有關本書中的言論內容，不代表本公司／出版集團的立場及意見，由作者自行承擔文責。

國家圖書館出版品預行編目 (CIP) 資料

健力三項鍛鍊全書：訓練 × 飲食 × 心態 × 比賽／丹・奧斯汀（Dan Austin）、
　布萊恩・曼博士（Bryan Mann, PhD）著；翁尚均譯 . -- 初版 . -- 新北市：
　真文化，遠足文化事業股份有限公司，2023.04
　　面；公分 -- （認真生活；13）
譯自：Powerlifting : the complete guide to technique, training, and competition, 2nd ed.
ISBN　978-626-96958-0-5（平裝）
1.CST: 舉重 2.CST: 體能 3.CST: 健身
528.949　　　　　　　　　　　　　　　　　　　　　　　112002970